SCORPIO

LISA MESTARS

ERFOLGREICH UND GLÜCKLICH MIT

HUMAN DESIGN

LEBE DEINE AUTHENTISCHE ENERGIE

SCORPIO

Dieses Buch hält unglaublich viele Selbsterkenntnisse für dich bereit und oft kommt dann die Frage auf: »Und wie setze ich das jetzt alles für mich um?«

Um dir dabei Schritt für Schritt zu helfen, habe ich dir für jedes Kapitel eine kleine Videolektion und/oder Meditation aufgenommen, die du in meinem kostenfreien **Online-Bonus-Umsetzungskurs** abrufen kannst.

Hier kannst du dir ebenfalls kostenfrei deine Human-Design-Chart erstellen, mit der du optimal mit diesem Buch arbeiten kannst.

SCAN MICH

INHALT

Kapitel 2

DIE FÜNF HUMAN-DESIGN-TYPEN 37

Kapitel 3

DIE ENTSCHEIDUNGSAUTORITÄTEN 119

Kapitel 4

DIE PROFILE 137

Kapitel 5

DIE NEUN ZENTREN UND IHRE ENERGETISCHE WIRKUNG 163

EINLEITUNG

HAST DU SCHON MAL einen gutaussehenden Mann in einem maßgeschneiderten Anzug gesehen oder vielleicht selbst schon mal einen getragen? Einen Anzug, der wirklich exakt zu dem einzigartigen Körper passt, der darin steckt. In einer Farbe, die die Augen zum Strahlen bringt und dem Hautton perfekt schmeichelt. Die Ärmel und Hosenbeine in genau der richtigen Länge und die Schulternaht so, dass es sexy und edel zugleich aussieht. Und wahrscheinlich hast du auch schon mal einen Mann in einem Anzug gesehen, der so aussah, als würde er ihn seit seiner Konfirmation tragen oder einen, der wirkt, wie vom größeren und schwereren Bruder geerbt? Und natürlich auch alle Nuancen dazwischen. Trotzdem gibt es vor jedem Bekleidungsgeschäft (egal, welche Preisklasse) immer Plakate mit Männern, denen der Anzug von der Stange wie angegossen sitzt. Wenn man sie von hinten sehen würde, könnte man die vielen Klammern sehen, die den Stoff für den Fotomoment wie angegossen fallen lassen und die Illusion perfekt machen, dass du hier für 89,95 Euro DEN Anzug für deinen einzigartigen Körper findest.

Genauso ist das auch mit Ratgebern, Onlinekursen und Coaches. Was du zu sehen bekommst, ist eine geklammerte Version eines Anzugs oder Kleides von der Stange, die dir verkauft wird als DIE Lösung für deinen Erfolg, die beste Beziehung, Ernährungsweise oder deine Gesundheit. Und unter uns gesagt, mit Social Media ist das auch megaleicht. Jeder zeigt einfach nur die Version seines Alltags, die erfolgreich, leicht und traumhaft aussieht, mit der Frage »Willst du das auch?« – und natürlich willst du das! Allerdings ist es da genau wie mit dem Anzug oder Kleid, der bzw. das an dem Model auf dem Plakat so gut aussah. Du probierst dasselbe Kleidungsstück, selbe Farbe, selbe Größe. Doch dich lässt dieser angesagte Farbton kalkweiß aussehen, die Ärmel sind etwas zu kurz oder weit, und das Ganze spannt über dem Bauch oder wirft Falten, wo es keine werfen sollte. Es ist okay – aber du fühlst dich nicht wohl. Es lässt dich nicht Strahlen und es hebt schon gar nicht die schönsten Seiten deines Körpers hervor – warum? Es ist eben von der Stange oder auch »one size fits all«.

Wenn dieses Buch zu dir gefunden hat, fühlst du dich sicher schon längere Zeit nicht mehr wohl in deinem beruflichen Umfeld. Natürlich macht beruflicher Erfolg nicht unser alleiniges Lebensglück aus, aber wenn wir in unserer Arbeit keine Sinnhaftigkeit spüren, keine Freude empfinden, kein Flow entsteht, fehlt ein ganz wesentlicher Teil zum Glücklichsein. Das habe ich am eigenen Leib erfahren und deshalb bin ich Business-Coachin geworden, um anderen Menschen dabei zu helfen, ihre wahre Berufung zu finden. Möglicherweise spürst du also, dass du ein Leben lebst, das sich nicht (mehr) richtig anfühlt, und bist schon länger auf der Suche nach einer Lösung, hast aber noch keine Ahnung, in welche Richtung es gehen soll. Noch wahrscheinlicher ist allerdings, dass dich dieses Buch angesprochen hat, weil du schon lange den Traum in dir trägst, einen Sinn mit deiner Arbeit zu erfüllen, Wertschätzung zu erfahren und das Gefühl, am richtigen Platz angekommen zu sein zu erleben. Du hast vermutlich ein Herzensprojekt, das du in die Welt bringen möchtest. Und vielleicht hast du auch bereits einiges ausprobiert: Glaubenssätze transformiert, meditiert, ein Visionboard gebaut und nachgemacht, was man dir als Erfolgsgaranten verkauft hat. Du hast den einen oder anderen Onlinekurs erworben und die Dinge auch umgesetzt. Du hast dich wirklich bemüht, aus deiner Komfortzone zu treten. Allerdings ist bis heute der große Erfolg ausgeblieben, dieser Erfolg, den du mit Leichtigkeit, Freude und Entspannung erreichst, von dem alle erzählen. Dein Business fühlt sich vielleicht so an, als hätte man dich in ein zu kleines oder viel zu großes Kleidungsstück gesteckt. Es zwickt und zwackt, es schmeichelt dir nicht, sondern sorgt eher dafür, dass du das Gefühl hast, den ganzen Tag mit eingezogenem Bauch herumlaufen zu müssen.

Ich habe schon viele Coaches, Berater, Unternehmer und Freelancer beobachtet, die versucht haben, mit wohlklingenden und allgemeingültigen Business-Tipps von der Stange erfolgreich zu sein, und auch ich habe genauso angefangen.

Und obwohl ich unglaublich viel und hart arbeitete, kam ich über einen gewissen Punkt nicht hinaus. Ich konnte zwar nach drei Jahren deutlich besser von meinem Business leben, als in meinem angestellten Job als Physiotherapeutin, doch die Leichtigkeit, der Flow, das entspannte schöne Leben und die finanzielle und örtliche Freiheit, die ich mir davon versprochen hatte, waren immer noch nicht eingetreten.

Ich wusste nicht, was ich verkehrt machte – ich hatte so vielen Business-Mentoren gelauscht und ihren perfekten Plan umgesetzt, doch ich war weder mega erfolgreich noch glücklich. Irgendwann hatte ich das Gefühl, ich bin falsch, wenn es doch scheinbar bei allen anderen klappt und nur bei mir nicht.

Kennst du dieses Gefühl? Eigentlich ist es dir und mir klar, oder? Du bist einzigartig, individuell und besonders, wie könnte dir dann ein »ready made Business« perfekt passen? Denn hier geht es ja genau darum, deine Individualität strahlen zu lassen, deine Stärken sichtbar zu machen und das Beste aus dir herauszuholen: im Marketing, in der Struktur deines Business, in der

Arbeit mit deinen Kunden, deinen Mitarbeitern, in jedem Aspekt. Du brauchst ein maßgeschneidertes Business!

Anfang 2020 fand Human Design zu mir. Ich erfuhr, dass ich Projektorin bin, die Videos, die ich mir dazu anschaute, trieben mir Tränen in die Augen. Endlich fühlte ich mich erkannt, verstanden und realisierte tief in mir, warum sich mein Leben und mein Business so unpassend anfühlten. Je tiefer ich in das Thema eintauchte, umso mehr bekam ich die Gewissheit: »Ich bin richtig und perfekt designed für dieses Leben«. Ich erkannte, dass mir die ganzen Business-Tipps von der Stange nicht helfen konnten, weil ich individuell und einzigartig bin. Und du bist das auch!

Human Design ist der Schlüssel zu deinem Potenzial. Deine Chart zeigt all deine Stärken und Schwächen, deine innere Magie und das, wofür du brennst. Du erfährst über deine Bedürfnisse, wie du am leichtesten mit Menschen interagierst und die richtigen Entscheidungen triffst. Human Design hilft dir, deine ursprüngliche Energie wieder auszugraben, mit der du auf diese Welt gekommen bist und die durch Eltern, Familie, System, Erfahrungen etc. verschüttet und verdrängt worden ist.

Dein Human Design zeigt dir die Maße, nach denen deine Business-Kleidung geschneidert werden sollte. Es offenbart dir genau die Aspekte, die du besonders betonen darfst, damit du in deinem Outfit strahlend, schön und gelassen durchs Leben gehen kannst.

Und das Beste ist: Du bist nicht darauf angewiesen, dass jemand dein Business für dich schneidert. In diesem Buch bekommst du die Anleitung, es selbst zu tun.

Du findest auf den folgenden Seiten alle Informationen, die du für den ersten und wichtigsten Schritt zu deinem erfolgreichen Unternehmen mit Leichtigkeit, Entspannung und Freude benötigst. Du lernst, was deinen Human-Design-Typen so besonders macht, und wie du diese Energie leben und kommunizieren kannst.

Außerdem erfährst du, wie du am besten mit anderen Menschen interagierst und die richtigen, kraftvollen Entscheidungen triffst. Die Energiezentren der Chart werden dir verraten, welche Energie du natürlich ausstrahlst und welche Energie du bei anderen Menschen besonders gut lesen kannst. Und zu guter Letzt sagt dir dein Profil etwas über deine Bedürfnisse, deinen Führungsstil und wie du am besten in deine eigene Kraft kommen kannst.

Dieses Wissen beinhaltet den Schlüssel zu deinem Erfolg und wie es dir gelingt, deine Fähigkeiten authentisch und erfolgreich zu leben. Du wirst sehen, es fühlt sich einfach bombastisch an.

Wenn du dieses Wissen allerdings nur mental integrierst, es aber nicht praktisch umsetzt, wird es dich kein Stück weiterbringen. Viele Coaches und Klienten finden Human Design und die Magie dahinter superspannend und lassen sich ihre Chart lesen und erklären. Doch dann kehren sie in ihren Alltag zurück und machen alles wie immer – nichts ändert sich. Mit diesem Buch, den Beispielen aus dem Coaching und den konkreten Tipps, möchte ich dir helfen, Human Design auch zu *leben* und dich wirklich zu verändern. Durch diese Veränderung im Innen geschieht dann die pure Magie im Außen.

Also, erstelle dir als Erstes deine Chart, arbeite parallel zum Buch mit dem Bonusprogramm (**hd-buch.com/bonus**) und schau dir jeden Tag die mit deinen eigenen Notizen versehene Chart-Vorlage an (siehe Seite 169), um dich zu motivieren.

Ich wünsche dir von Herzen, dass du dich darauf einlassen kannst, deine Geschenke für diese Welt zu erkennen und mutig und entschlossen deine wundervolle Energie auszustrahlen. Denn ich bin mir sicher, nur dann, wenn jeder von uns seine Magie entfaltet, können wir auf dieser Welt etwas verändern – und das ist dringend nötig.

Bist du bereit, deine authentische Energie zu entdecken und in die Welt zu bringen?

Hier siehst du eine Beispiel-Chart.
In diesem Fall ist es meine Human-Design-Chart.
So kannst du mich, wenn wir die einzelnen Aspekte
besprechen, auch ein bisschen besser kennenlernen.

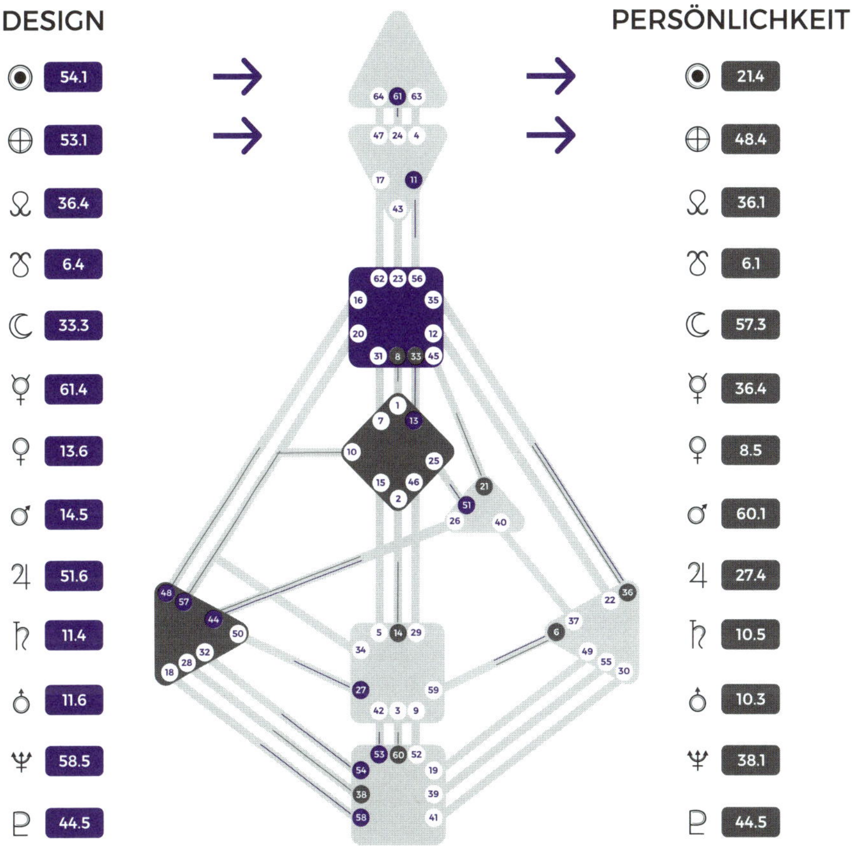

Kapitel 1

WAS IST HUMAN DESIGN UND WIE IST ES IN DIESE WELT GEKOMMEN?

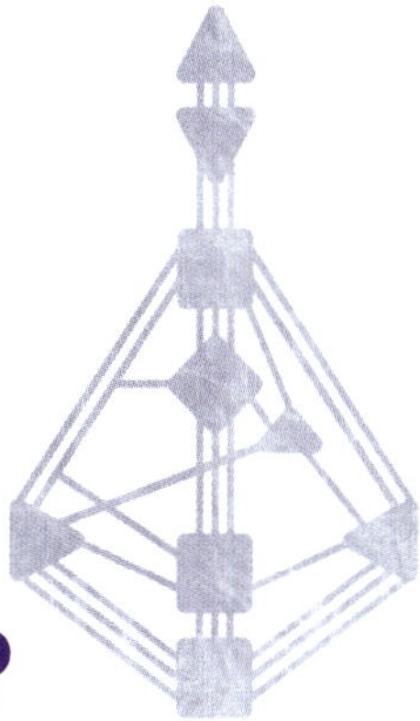

HUMAN DESIGN ist der Schlüssel zu deiner Einzigartigkeit, die du vielleicht schon immer gefühlt hast, aber nicht so genau benennen konntest. Mit deiner Human-Design-Chart kannst du deine Potenziale entdecken und sie mit den Tipps aus diesem Buch sichtbar und spürbar für andere machen. Dieser Prozess ist voller tiefer Erkenntnisse über dich und dein Leben und absolut berührend.

So ging es jedenfalls mir, als ich das erste Mal mit Human Design und meinem Persönlichkeitstyp konfrontiert wurde. Ich habe mich sofort tief erkannt gefühlt und in mir war die Resonanz, dass dieses Wissen mich wirklich weiterbringen wird. Während des ersten Videos, das ich zu Human Design gesehen habe, wurde der Projektor ziemlich zum Schluss vorgestellt. Die Worte trafen mich mitten ins Herz und ich saß schluchzend in der Küche vor dem Handy. Es war dieses Gefühl: »Endlich sieht mich jemand, so wie ich bin. Endlich verstehe ich, warum ich mich immer anders gefühlt habe.«

Warum trägt Human Design eine so große Weisheit in sich und ist gleichzeitig so präzise und individuell? Lass uns dafür zuerst in die Geschichte eintauchen und verstehen, was dieses System ausmacht und wie es funktioniert.

DAS HUMAN-DESIGN-SYSTEM

Human Design funktioniert über dein Geburtsdatum, die möglichst genaue Geburtszeit und den Geburtsort. Eine Software errechnet den Stand der Planeten und Planetenpunkte zu diesem individuellen Moment und kreiert daraus eine Chart, deinen Human-Design-Bodygraph. Zu Beginn wirken die Flächen, Striche, Farben, Zahlen und Symbole eher kryptisch und undurchschaubar. Doch keine Sorge, wir werden gemeinsam einen wichtigen Teil deiner Chart in diesem Buch entschlüsseln. Human Design ist keine klassische Wissenschaft, es ist durch jeden Menschen erfahrbar, der sich entschließt, das Experiment zu wagen und das Wissen in seinem Leben anzuwenden. Gleichwohl ist es auch kein Hokuspokus, den man glauben kann oder nicht, sondern sehr wohl ein belegbares, fundiertes Modell.

Human Design besteht aus vier großen spirituellen Systemen, die aus unterschiedlichen Kulturkreisen dieser Welt stammen. Die Weisheit, die Mechanik und die Erfahrungen aus dem chinesischen I Ging vereinen sich mit der Chakrenlehre aus Fernost, der jüdischen Kabbala und der westlichen Astrologie. Die Fusion dieser Systeme ermöglicht eine ganz neue Tiefe und einen umfassenden Blick auf dich und deine einzigartige Energie.

Dein energetischer Fingerabdruck

Human Design ist die Gebrauchsanweisung für deine eigene Energie und dafür, wie du die für dich richtigen Entscheidungen treffen kannst. Du bist mit einem Seelenplan auf diese Welt gekommen und dein Design unterstützt den Plan deines Lebens. Es ist komplett auf dich abgestimmt – für dich gemacht.

Aus deiner Chart kannst du lesen, was deine Stärken und was

deine eventuellen Schwächen sind. Du lernst, wie du am besten mit anderen Menschen agierst und mit Leichtigkeit das in dein Leben ziehst, was für dich gedacht ist. Human Design beschreibt die Energie deines Lebensthemas, deine einzigartige Aufgabe in dieser Inkarnation, und ruft dir Eigenschaften ins Bewusstsein, die du vielleicht bis heute noch nicht bemerkt hast.

Human Design ist wie dein einzigartiger energetischer Fingerabdruck. Deines ist einzigartig für dich und in der Tiefe nahezu so außergewöhnlich wie der Fingerabdruck deines Zeigefingers.

Mit dem Wissen aus den Tiefen des Human Design erfährst du, welche Energie dir ständig zur Verfügung steht und auch in welchen Bereichen du von deiner Familie oder der Gesellschaft tief konditioniert worden bist und vielleicht heute eine Version von dir lebst, die so nicht gemeint war. Mit diesem Buch wirst du dich und deine Energie entdecken und ein völlig neues Gefühl für deine Stärken und einzigartigen Fähigkeiten entwickeln. Wenn du es schaffst, mit diesem Buch zu arbeiten und das Gelernte umzusetzen, wird es dir leichtfallen, dein Leben und dein Business im Einklang mit deiner Energie zu gestalten, in deiner Mitte anzukommen und mit absoluter Freude und Leichtigkeit deinen Weg zu gehen.

Um dich in dem Prozess der Umsetzung zu unterstützen und dir zu helfen über die Selbsterkenntnis hinaus auch Veränderungen in deinem Leben zu implementieren, haben wir dir einen kostenfreien Onlinekurs aufgenommen, der dich durch die Kapitel dieses Buches begleitet und dir hilft, dich Stück für Stück zu entwickeln. Hier geht's zu deinem Kurs: **hd-buch.com/bonus**

SCAN MICH

Schön, dass du dich auf die Reise zu dir selbst begibst.

RA URU HU – ODER WIE DAS WISSEN AUF DIESE WELT KAM

Robert Alan Krakower ist der Mensch – er war Milz-Manifestor 5/1 –, der Human Design in diese Welt gebracht und bis zu seinem Tod andere Menschen in diesem Wissen unterrichtet hat. Für ihn war klar, dass der Mensch nur seine eigene Lebensaufgabe lösen kann, wenn er dem Human Design, seinem inneren Bauplan, folgt. Er erkannte, dass die meisten Menschen ihre wertvollsten Ressourcen, ihre Zeit und Energie, für etwas verschwenden, was ihnen nicht liegt, da sie durch ihre Erziehung und weitere Einflüsse nicht mehr sie selbst sind. Und er wusste, wie wichtig es ist, zu erkennen, wo die eigenen Stärken und Fähigkeiten liegen, um ein erfülltes, authentisches Leben zu führen.

Robert Alan Krakower hatte 1987 eine Nahtoderfahrung. Er bezeichnete sich selbst zu diesem Zeitpunkt als »Freak ohne Geld und Zuhause«. In seiner Erfahrung, der Begegnung mit einer Stimme, erhielt er in acht Tagen und Nächten Erkenntnisse, die uns Menschen normalerweise verborgen bleiben. Diese Stimme diktierte ihm das Wissen um Human Design. Er beschrieb, dass es ihm ins Gehirn gepflanzt wurde und sich die Worte weiter entfalteten, wann immer er unterrichtete. Nach diesen acht Tagen nannte er sich Ra Uru Hu, denn Robert Alan Krakower war von da an »gestorben«.

Das gesammelte Wissen

1991 schrieb Ra Uru Hu alles, was er empfangen hatte, nieder, das »Black Book« entstand. Zum ersten Mal hat er dem Wissen einen Namen gegeben: die Human-Design-Matrix. Seine Interpretation der Matrix (also wie wir Menschen in dieser Welt funktionieren) nannte er Human-Design-System.

Weil das erste Buch den Menschen zu mystisch war, entstand das »White Book« mit dem Titel »From the book of letters«. Als Ra die Stimme damals gefragt hat, woher all das Wissen stamme, hatte die Stimme genau das geantwortet: »From the book of letters«. Er interpretierte diese Aussage als gesammeltes Wissen der Menschheit, auch *Akasha Chronik* genannt.

Nach Ra Uru Hu ist Human Design ein System, das für jeden Menschen nutzbar ist. Unabhängig davon, welcher Religion oder Kultur er angehört. Es geht darum, das Menschsein und dessen unermesslichen Wert zu verstehen.

Das gesamte Wissen ist also viel größer, als unser menschliches Gehirn begreifen kann. Human Design ist nur ein kleiner Teil davon. Ra Uru Hu bezeichnete diesen kleinen Teil als »Comic-Version«. Dieses Buch hilft dir, diesen Wissensschatz greifbar zu machen und ihn für dich und deinen Erfolg im Leben umzusetzen.

> *»Wenn du deine persönliche Energie lebst, gibt es nichts Weiteres mehr zu tun. Alles, was passieren soll, geschieht. Und du stehst dem Leben nicht mehr im Weg.«*
>
> RA URU HU

BERECHNUNG DEINER CHART

Um deine individuelle Human-Design-Chart zu berechnen, benötigst du dein Geburtsdatum, deinen Geburtsort und eine möglichst genaue Geburtszeit.

Falls deine Eltern oder die vorhandenen Unterlagen dir hier nicht weiterhelfen können, kannst du deine Geburtszeit im Standesamt deiner Geburtsstadt erfragen, sie steht im Geburtenregisterauszug. Eine andere Variante ist, sie mithilfe eines Kinesiologen oder einer astrologischen Rückführung herauszufinden.

Die Chart im Einzelnen

Der Chart-Generator nutzt deine Daten, um die Stellung der Planeten und Punkte (zum Beispiel der Mondknoten, die keine Planeten, sondern errechnete Schnittpunkte der Umlaufbahn der Sonne und der des Mondes sind) im Universum zur Minute deiner Geburt bzw. drei Monate davor zu berechnen und daraus das Bild deiner Chart zu generieren. Du siehst rechts und links neben deiner Chart eine Liste von Planeten und Zahlen. Auf der linken Seite befindet sich die Design-Seite. Das ist die Energie deines Körpers, sie ist dir selbst weniger bewusst, wird aber von anderen Menschen sehr deutlich wahrgenommen. Hier ist die Position der Planeten ca. drei Monate, bevor du geboren wurdest, entscheidend. Human Design geht davon aus, dass im Übergang vom zweiten zum dritten Trimester die Bildung deines Körpers abgeschlossen ist und deine Persönlichkeit einzuziehen beginnt. Die rechte Seite ist die Seite deiner Persönlichkeit, die mit dem Zeitpunkt deiner Geburt in der Entwicklung abgeschlossen ist und durch die Stellung der Planeten festgehalten wird. Diese Seite ist für deinen Verstand bewusst greifbar und du kannst dich mit diesen Informationen sehr leicht identifizieren.

Die Position der Planeten zu diesen beiden Zeitpunkten aktiviert unterschiedliche Tore in der Chart. Diese werden dann in zwei Farben in der Chart eingefärbt oder auch aktiviert. Oft in schwarz für die Persönlichkeitsseite und rot für die Design-Seite, in diesem Buch dunkelgrau für die Persönlichkeitsseite und lila für die Design-Seite. Ist ein Tor sowohl durch die Design-, als auch die Persönlichkeitsseite aktiviert, wird es zweifarbig dargestellt. Werden zwei gegenüberliegende Tore der Chart aktiviert, entsteht ein Kanal. Dieser Kanal verbindet zwei Zentren miteinander, diese werden nun farbig oder definiert dargestellt. Nur die Zentren, die auch durch einen Kanal verbunden sind, können definiert sein. Das bedeutet, eine Chart hat entweder keine definierten Zentren oder zwei bis neun (alle) definierte Zentren (siehe unten »Human-Design-Begriffe und ihre Erklärungen«).

Die Aspekte (Tore, Zentren, Kanäle), die in der Chart farbig dargestellt sind, sind deine Potenziale, die du mit auf diese Welt gebracht hast und die du benötigst, um deinen Sinn des Lebens zu erfüllen. Diese Energien strahlst du wie ein Sender nach außen, und andere Menschen können sie spüren. Im Prinzip sind alle diese definierten Teile dein ganz persönlicher und individueller Radiosender, auf dem die Welt um dich herum deine »Musik« hören kann. Alle weißen Aspekte sind offen und empfänglich. Du kannst damit andere Menschen sehr gut spüren und bist hier durch Energien oder Konditionierungen beeinflussbar. Mehr dazu im nächsten Abschnitt.

Human-Design-Begriffe und ihre Erklärungen

Lass mich an dieser Stelle einige typische Begriffe von Human Design kurz erklären.

Der **Human-Design-Typ** oder Energietyp ist die Einteilung in verschiedene Menschentypen, die eine besondere Energie mit sich bringen. Was für ein Typ du bist, entscheidet sich durch die Kombination der definierten Zentren, die du in deiner Chart hast. Ein Reflektor hat zum Beispiel gar keine definierten Zentren oder ein Generator und ein Manifestierender Generator haben immer ein definiertes Sakralzentrum.

Zu jedem Typen gehört eine Strategie, sie ist immer direkt mit dem jeweiligen Typen verknüpft. Alle Projektoren haben somit beispielsweise die gleiche Strategie. Die Strategie ist der Weg, wie jeder Typ auf seine Weise mit sich und der Welt in Einklang kommen kann. Hier kannst du ablesen, wie du am besten auf andere Menschen, Situationen und Gelegenheiten reagierst und in Verbindung gehst.

Jeder Energietyp hat eine **spezifische Energie**. Die höchste Energie nennt man »**Signatur**« und die tiefste Schattenenergie »**Not-Self**«. An diesen Emotionen oder Verhaltensweisen kannst du erkennen, wie sehr du bereits deine Energie lebst. Ist ein Manifestor zum Beispiel ständig wütend, lebt er eher seine niedrige Energie, anstatt die höchste, die in diesem Beispiel innerer Frieden wäre.

Die **Autorität** beschreibt, wie du dich am besten entscheiden darfst, um das zu tun, was deiner Energie und deinem Seelenplan auf dieser Erde entspricht. Welche unterschiedlichen Autoritäten es gibt und was sie bedeuten, siehst du ab Seite 119.

In jeder Chart gibt es neun **Energiezentren** (siehe Grafik rechts bzw. Seite 165), die den Chakren entsprechen. Jeder Mensch hat die gleichen Zentren, es besteht allerdings ein Unterschied darin, ob sie definiert (farbig) oder offen (weiß) sind und wie sie miteinander verbunden sind.

Es gibt 64 **Tore** in der Chart. Das sind die Zahlen in den Zentren. Bei jedem Menschen befinden sich diese Tore an derselben Stelle. Sie können durch die Planeten (die Leisten rechts und links) bewusst und unbewusst definiert werden. Ist ein Tor definiert, wird es im Zentrum markiert und gleichzeitig färbt sich ein Stück des angrenzenden Kanals ein. Im Beispiel rechts siehst du das Tor 58 unbewusst definiert (der angrenzende Kanal ist lila) und findest die 58 auch auf der Design-Seite bei den Planeten. Ein definiertes Tor, von dem ausgehend ein Kanal eingefärbt ist, ist also in deiner Chart angelegt und stellt einen festgelegten Anteil deiner Persönlichkeit dar. Ist der Kanal, der vom jeweiligen Tor ausgeht, nur zur Hälfte gefärbt, ist das Zentrum nicht aktiv, jedoch das Tor, das sich in diesem Zentrum befindet.

Die **Kanäle** verbinden alle Zentren miteinander. Insgesamt gibt es 36 Kanäle. Ein Kanal ist erst dann aktiv, wenn beide Tore definiert sind und sich eine farbige durchgehende Verbindung von einem Zentrum zum anderen darstellt. Im Beispiel auf

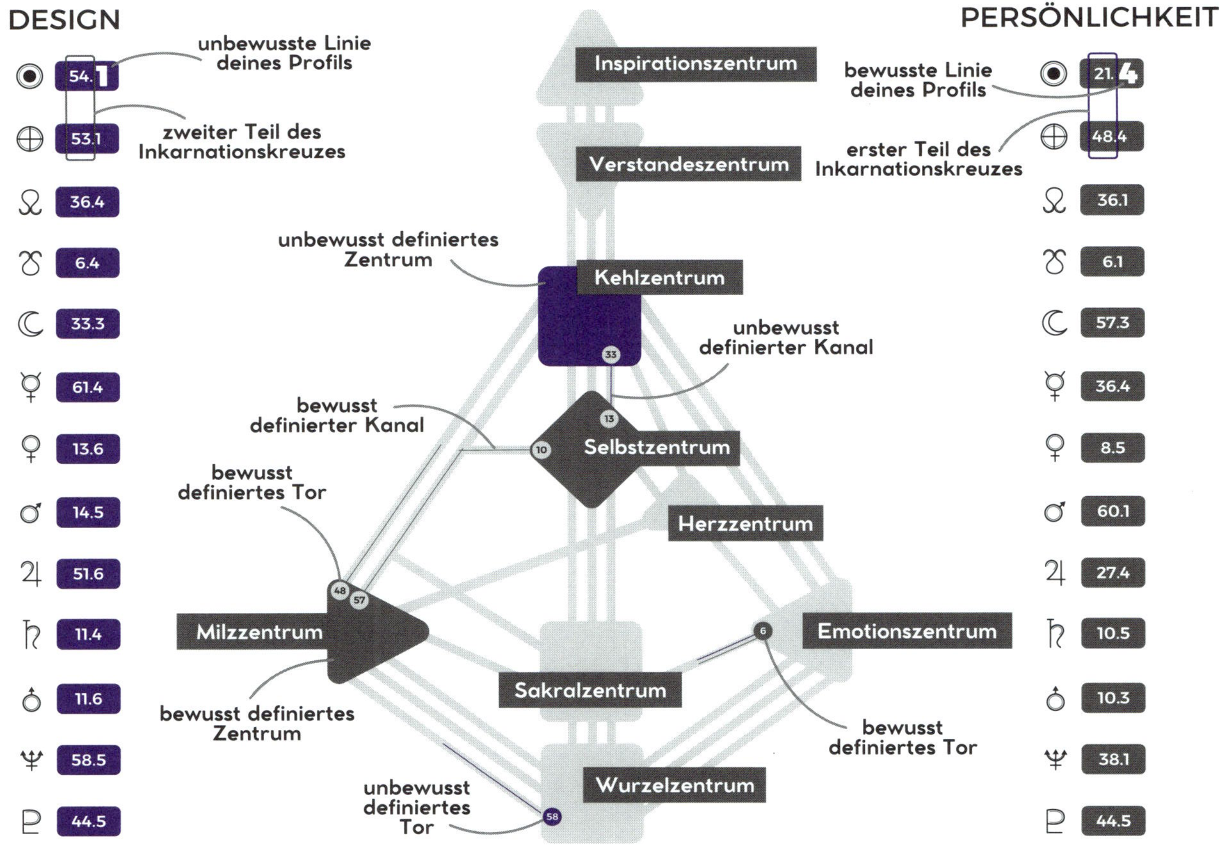

Beispielchart mit Planeten, Zentren, Toren und Kanälen

Seite 27 siehst du zwei aktive Kanäle. Einer geht von der Milz zum Selbstzentrum und der andere vom Selbstzentrum zur Kehle.

Das **Profil** deiner Chart findest du in den **Linien** – das sind die Zahlen hinter dem Punkt des Tores – der bewussten und unbewussten Sonne. Also ganz oben rechts und links hinter dem Punkt des Tores. In unserem Beispiel also rechts die 4 und links die 1.

Die vier Tore aus der bewussten Sonne/Erde und aus der unbewussten Sonne/Erde (die ersten beiden Symbole in der Liste rechts und links, im Beispiel 21 und 48 bzw. 54 und 53) bilden gemeinsam dein **Inkarnationskreuz.** Hier versteckt sich dein **Lebensthema**, also deine Aufgabe, die du in diesem Leben hast.

Vom richtigen Zeitpunkt

Vielleicht fragst du dich jetzt auch, was ist, wenn eine Geburt eingeleitet wurde, ein geplanter Kaiserschnitt erfolgte oder ein Kind zu früh zur Welt kam? Ich gehe davon aus, dass jede Seele ihre Ankunft auf dieser Welt genau »geplant« hat, auch wenn es in unserem menschlichen Verständnis anders erscheint. Du kannst also davon ausgehen, dass der Zeitpunkt deiner Geburt genau der Zeitpunkt ist, der von deiner Seele beabsichtigt war und damit auch perfekt als Energie für dich in diesem Leben ausgewählt wurde.

Auch bei Zwillingen erreicht mich oft die Frage, wie es sein kann, dass zwei Kinder so unterschiedlich sind, obwohl ihre Charts komplett identisch sind. Oft ist es so, dass die Charts nicht wirklich identisch sind und die feinen, aber sehr mächtigen Unterschiede unter der Oberfläche in normalen kostenfreien Chart-Generatoren gar nicht angezeigt werden. Hinzu kommt, dass die Human-Design-Chart zwar das Potenzial darstellt, mit dem du auf diese Welt kommst, aber nicht, in welcher Art du dieses Potenzial auslebst.

WIE DU DIE INFORMATIONEN AUS DIESEM BUCH NUTZT

Erstelle dir, bevor du weiterliest, unbedingt deine eigene Human-Design-Chart, um mit den Informationen aus diesem Buch arbeiten zu können.

Am besten tauchst du mit den Kapiteln dieses Buches Schritt für Schritt tiefer in deine Chart ein und entdeckst, welche Potenziale dir in diesem Leben mitgegeben wurden und wie du sie für deinen beruflichen Erfolg einsetzen kannst.

Vom Umgang mit Widersprüchen

Sehr wahrscheinlich wirst du irgendwann auf scheinbare Widersprüche stoßen und im ersten Moment keine Ahnung haben, wie du all diese Energien in deinem Leben und deinem Beruf ausdrücken kannst.

Genau an diesem Punkt war ich auch recht schnell in meiner Chart. Viele Aspekte fordern Hingabe und Fluss mit dem Leben. Mein Lebensthema ist aber das Tor 21 – das Tor der Kontrolle –, was bedeutet, dass ich es liebe, alles unter Kontrolle zu haben und lernen darf, diese Energie zu leben, ohne sie zu übertreiben. Mein Verstand hat sofort blockiert und hatte keine Ahnung, wie sich diese Energien vereinen lassen. Mit jedem tieferen Blick in das Human-Design-System wird klar: Widersprüche gehören zum Leben. Die Welt und die Natur um uns herum sind voller scheinbarer Widersprüche, wenn du einzelne Aspekte betrachtest. Das große Ganze ist allerdings ein wundervolles Zusammenspiel und es wird klar, dass es genau diese Reibung braucht, um die Magie zu entfalten.

Im Human Design entdecken wir überall Gegensätze, die im

88-Grad-Winkel zueinanderstehen. Diese Winkel ergeben sich aus der Position der definierten Tore im Rad zueinander (siehe Grafik). Ein Beispiel dafür ist deine Design- und deine Persönlichkeitsseite. Dein Design ist ca. drei Monate, also 88 Grad im Rad, vor deiner Persönlichkeit entstanden und damit gibt es eine natürliche Reibung zwischen ihnen. Stell dir mal ein Haus vor, in dem es keine 90-Grad-Winkel gibt, sondern immer 88 Grad. Die Spannung, die dort entsteht, spiegelt auch die Spannung deines Designs wider. Und genau diese Spannung durchzieht das Leben, unsere Persönlichkeiten und auch das Human Design. Einzigartig und voller Wunder.

Daher lade ich dich ein, die Widersprüche in deinem Design weniger mit dem Verstand erklären zu wollen, als mit deinem Herzen und deinem inneren Wissen zu fühlen. Das macht es dir viel einfacher, dein Potenzial zu begreifen und für andere sichtbar und spürbar zu machen. Alle wirklich anziehenden Dinge sind nicht perfekt und aalglatt, sie haben eine natürliche Spannung und es knistert ein bisschen. Genauso verhält es sich mit diesen inneren Gegensätzen. Feiere sie und lebe alle Aspekte deines Seins in deinem Leben.

Entdecke deine ursprüngliche Energie und experimentiere damit

Human Design zeigt dir die Energie, mit der du auf die Welt gekommen bist. Dein ursprüngliches Potenzial und wahres Wesen. Dazu kommen deine Erfahrungen, deine Konditionierungen, Glaubenssätze und die Energie deiner Familie. All diese Dinge haben sich als Schichten um deinen ursprünglichen Kern gelegt. Manche Schichten sind sehr dienlich als Fähigkeiten und Fertigkeiten, andere haben dich von deiner Aufgabe, die du in diesem

Hier siehst du das komplette Rad um die Chart dargestellt mit den 64 Toren des I Ging. Jedes Tor hat ein Hexagramm (sechs Linien). Die durchgezogenen Linien verkörpern den männlichen, die durchbrochenen Linien den weiblichen Aspekt. Jedes Tor besteht also aus unterschiedlichen Zusammensetzungen der Ur-Energien und drückt unterschiedliche Themen aus. Das Tor 1 (du findest es ungefähr bei ein Uhr) ist das reine männliche Prinzip mit sechs durchgezogen Linien und das Tor 2 (genau gegenüber im Rad, bzw. im 176-Grad-Winkel dazu) das rein weibliche Prinzip mit ausschließlich durchbrochenen Linien. Wenn du von Tor zu Tor blickst, verändert sich immer nur eine Linie des Hexagramms, sie beschreiben also den Prozess der Wandlung.

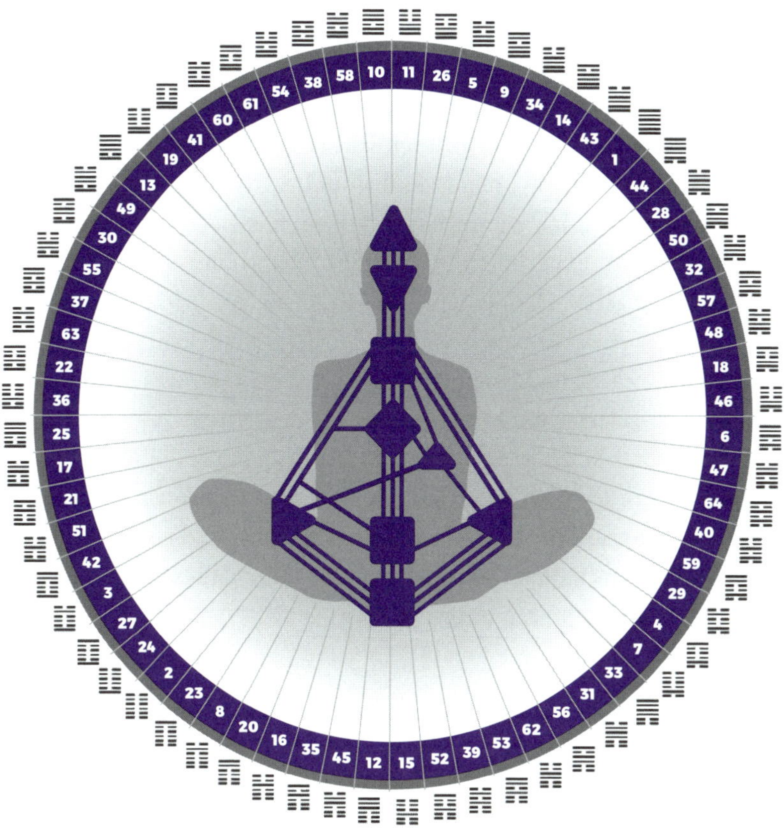

Leben hast, entfernt und dir das Gefühl gegeben, dass du anders sein solltest, um für dein Umfeld gut genug zu sein.

Ich wünsche mir für dich, dass du mit Human Design deinem wahren Kern immer näherkommst und es für dich möglich wird, deine ursprüngliche Energie zu erfahren, sie zu lieben und auszudrücken. Wenn es dir auf deinem Weg zu deinem wahren Kern gelingt, deine »Konditionierungsschichten« nach und nach abzulegen, und wenn du den Mut hast, deine Ursprungsenergie umzusetzen, wird sich eine Magie in deinem Leben entfalten, die du dir wahrscheinlich heute noch nicht vorstellen kannst.

Nutze Human Design als einen Schlüssel, um deine ursprüngliche Energie freizulassen. Erlaube dir das, was du in diesem Buch liest, für dich zu testen und auszuprobieren. Ra Uru Hu hat schon vor ein paar Jahren gesagt, dass es nicht mehr die Zeit ist, blind hinter anderen herzulaufen und deine Macht an Autoritäten und Gurus abzugeben. Auch ich möchte nicht, dass du Human Design oder mir blind glaubst und es als die einzige Wahrheit betrachtest. Ich wünsche mir, dass du mit diesem Wissen und deiner Chart experimentierst, Dinge ausprobierst und mutig neue Wege gehst. Dein inneres Wissen, deine Autorität wird spüren, was richtig ist, auch wenn sich vieles vielleicht zu Beginn komisch anhört und genau gegenteilig zu dem ist, was du bisher über dich gelernt und erfahren hast.

Ich wünsche dir ganz viel Freude bei deinem persönlichen Human-Design-Experiment. Und um dir den Druck zu nehmen: Lass dir damit Zeit. Ein Veränderungszyklus und die Integration dieses Wissens in der Tiefe darf mehrere Jahre dauern und ist erst nach ca. sieben Jahren abgeschlossen.

DIE MACHT UNSERER KONDITIONIERUNG

… oder warum du dich manchmal ganz anders fühlst, als es in deiner Human-Design-Chart steht!

Wenn Menschen über ihr Human Design erfahren, dann gibt es manche, die sehr berührt sind, direkt die Wahrheit in ihrem Inneren spüren, damit in Resonanz gehen und anfangen zu experimentieren. Viele Menschen erleben allerdings eine Diskrepanz zwischen der Energie, die Human Design ihnen zuschreibt, und dem, wie sie sich selbst fühlen und wahrnehmen.

Oft liegt es daran, dass sich in ihrem Leben Schicht um Schicht Konditionierungen um den authentischen Kern gelegt haben.

Die vier Arten der Konditionierung

Human Design unterscheidet vier Arten der Konditionierung. Die erste betrifft alle offenen (weißen) Aspekte deiner Chart. Mit diesen Aspekten fühlst du andere Menschen und bist tief beeinflussbar. Bereits als Kind können Glaubenssätze in dir entstehen oder der Gedanke, dass dir etwas fehlt, um dich vollkommen zu fühlen. Projektoren mit undefiniertem Sakralzentrum, die mit Eltern aufgewachsen sind, die zum Beispiel Generatoren mit definiertem Sakralzentrum sind, könnten sich ständig ungenügend fühlen, weil sie nicht so viel Kraft haben, Dinge durchzuziehen, wie ihnen das von ihren Eltern vorgelebt wurde. Vermutlich wären sie schon als Kind lieber zu Hause geblieben, und hätten sich gewünscht, dass ihre Eltern allein zum Fußballtraining fahren und sich selbst austoben. Wenn Eltern versuchen, ein solches Kind zu einem Powerpaket zu erziehen, weil sie selbst eines sind, hecheln diese als Erwachsene meist mit viel zu viel Gas durchs

Leben, wissen nicht, wann genug ist, und verausgaben sich und ihre Energie ständig.

Die zweite Form der Konditionierung ist das **Imprinting**. Hier beeinflusst dich die Energie deiner Mutter schon im Mutterbauch, aber auch die Energie der Menschen, mit denen du aufwächst oder mit denen du viel Zeit verbringst. Wenn du dir ein kleines Kind vorstellst, leuchtet dir diese Beeinflussbarkeit sicher gleich ein, denn Kinder sind noch vollkommen abhängig von ihren Bezugspersonen und ihr Bewusstsein ist noch nicht so ausgebildet, dass sie sich gegen den Einfluss schützen können. Doch die energetische Beeinflussung ist laut Human Design immer gleich. Das Design des Kindes und des Erwachsenen ist gleich, und so wirst du energetisch in einer intensiven Beziehung heute noch genauso stark beeinflusst. Wenn du dich also lange in der Aura eines anderen Menschen aufhältst, fühlst du dessen definierte Aspekte auch in dir, hast die Wahrnehmung, als gehörten sie zu dir, obwohl sie in Wirklichkeit nicht Teil deiner Energie sind. Diese Konditionierung darfst du in einem »Abnabelungsprozess« loslassen, um zu entdecken, wer du ohne die anderen Menschen bist. Dir dein eigenes Design bewusst zu machen und seine Energie zu leben, führt dich Schritt für Schritt zu dir und weg von den konditionierten Energien.

Die dritte Form der Konditionierung ist die **Generationsenergie**. Es ist die Familiendynamik, die aus dem Zusammenspiel der Energien in deiner Familie entsteht und besonders zwischen dir und deinen Großeltern sichtbar wird. Eigentlich wird das Human Design nicht im klassischen Sinne vererbt, allerdings finden sich sehr häufig erstaunliche Parallelen in den Charts von Großeltern und deren Enkeln, unabhängig davon, ob du viel Zeit mit ihnen verbracht hast oder nicht.

Die vierte Form der Konditionierung erhältst du über die **Genetik**, also den Einfluss deiner physischen DNA und der Eigenschaften, die du tatsächlich vererbt bekommen hast. Dazu gehören vor allem dein Aussehen, deine Haar- und Augenfarbe, dein körperliches Erscheinungsbild, aber auch deine Organfunktionen, Reaktionsmuster oder eine höhere Wahrscheinlichkeit für Krankheiten und Dysbalancen. Auch die Themen, Herausforderungen und Erlebnisse deiner Ahnen und der Generationen vor dir, sind in deiner DNA abgespeichert. Sie finden sich in deinem Leben und konditionieren dich auf eine ganz andere Art und Weise.

Ein unvoreingenommener Blick auf die Chart

Versuche dich und dein Human Design möglichst neutral und ohne das feste Bild, das du von dir im Kopf hast, zu entdecken. Betrachte dich und deine Energie als das Wunder, das du bist.

Wenn ich auf eine Human-Design-Chart schaue und die Lebensgeschichten meiner Klienten höre, überkommt mich oft Gänsehaut, ein wohliger Schauer. Denn die ganz eigene Magie, die das Leben ausspielt, um dich mit deiner Kraft in Kontakt zu bringen und das manchmal sehr vehement, ist von außen wunderschön zu sehen. Du wirst im Laufe deines Lebens immer wieder durch die Transite (die Stellung der Planeten zu unterschiedlichen Zeitpunkten), die unterschiedliche Herausforderungen und Energien hervorbringen, vom Leben/Universum gezwungen, dir bestimmte Themen anzusehen und aufzulösen. Einen großen Umbruch erleben wir alle meist um das 30. Lebensjahr. Denn dann kehrt der Saturn wieder in die Position zurück, die er zu unserer Geburt hatte, das nennt man »Saturn Return«. Oft entsteht in dieser Phase mehr Klarheit über das, was wir wirklich im Leben wollen, und das zeigt sich in einem Wechsel im Beruf, einer Trennung oder einer anderen Veränderung. Rund um diesen Zeitpunkt gehst du durch einen ganz besonderen Prozess des

Erwachsenwerdens, meist gepaart mit vielen individuellen Erkenntnissen, wer du bist und wo dein Weg hinführt.

Du trägst die Energie des ganzen Universums in dir. Du bist einzigartig und auf deine Art perfekt. Lass uns deine authentische Energie gemeinsam entdecken!

BUCH-BONUS:
Schau dir zusätzlich zu diesem ersten Grundlagenkapitel das Video von mir an, in dem ich dir noch einmal Human Design erkläre und dir einige Tipps zur Arbeit mit deiner eigenen Chart auf den Weg gebe: **hd-buch.com/bonus**

Kapitel 2

DIE FÜNF HUMAN-DESIGN-TYPEN

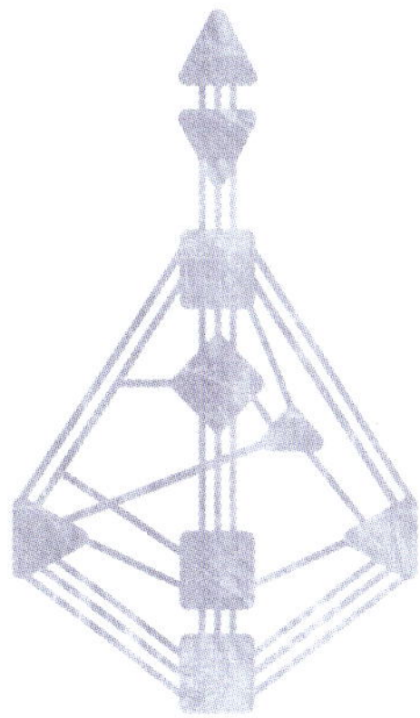

DAS ERSTE, was du über Human Design hörst, sind meistens die fünf Energietypen. Im Ursprung gibt es vier Typen, deren Auraformen und Energien sich sehr stark unterscheiden. Grundsätzlich gibt es Generatoren, Projektoren, Manifestoren und Reflektoren. Wobei die größte Gruppe der Generatoren sich noch einmal in die Generatoren und Manifestierenden Generatoren aufteilt. Da ich diese beiden Typen als sehr unterschiedlich wahrnehme, werde ich in diesem Buch Generatoren und Manifestierende Generatoren getrennt voneinander betrachten.

Es gibt auf die Weltbevölkerung gesehen ungefähr 36 Prozent Generatoren, 34 Prozent Manifestierende Generatoren, 21 Prozent Projektoren, 8 Prozent Manifestoren und 1 Prozent Reflektoren. Je nach Planetenstellung gibt es in manchen Jahrgängen ein verstärktes Aufkommen einiger Typen als zu anderen Zeiten.

Die fünf Energietypen sind die Grundlage, um dich und deine Potenziale besser kennenzulernen. Sie sind von Anfang an leicht greifbar, und das Wissen lässt sich für dich direkt in der Praxis umsetzen. Wie bei einem Eisberg liegen aber die größten und bedeutendsten Informationen unter der Oberfläche. Von daher tickt auch zum Beispiel nicht jeder Generator wie ein anderer

Generator und es braucht einige Informationen mehr, als nur den Typen, um dich selbst bzw. deine Mitmenschen zu verstehen und deine bzw. ihre Bedürfnisse und Eigenschaften anzuerkennen. Das Denken in Schubladen und Typen macht das energetische Verständnis zu Beginn leichter, achte aber darauf, dass du hier nicht zu starr wirst oder gar frühzeitig über Menschen urteilst. Jeder von uns ist so viel mehr als nur der Human-Design-Typ!

Lass uns also mit der Spitze des Eisbergs starten und zunächst die Informationen anschauen, die dich und mich sichtbar unterscheiden, um den perfekten Einstieg in dieses System zu nehmen und dir die ersten Selbsterkenntnisse zu bescheren. In diesem Kapitel findest du auch praktische Tipps, mit denen du in deinem Leben und deinem Business experimentieren kannst, um die Magie einzuladen.

DER MANIFESTOR

8 Prozent der Bevölkerung
Geschlossene und zurückweisende Aura
Signatur: Frieden, innerer Frieden
Not-Self: Wut
Strategie: informieren

Als Manifestor bist du hier, um deinen Weg zu gehen. Hör damit auf, anderen Menschen gefallen zu wollen!

Ich freue mich, dass du hier bist, lieber Manifestor. Du hast eine ganz besondere, starke, königliche Energie. Du stammst energetisch von den alten Herrschern ab: Könige und Pharaonen, die diese Welt einst gelenkt und visioniert haben. Vielleicht fragst du dich manchmal, wo eigentlich dein Königreich und die ganzen Untertanen hin sind und warum du in diesem Leben alles selbst tun sollst?

Vielleicht kribbelt bei diesen Worten etwas in dir, vielleicht fühlen sie sich viel zu groß an. Lass sie ruhig auf dich wirken und erlaube dir diese Frequenz, diese Energie, als Teil von dir. Manifestoren, insbesondere Frauen, sind meist tief konditioniert und manchmal auch innerlich zerbrochen. Als Kinder sind sie noch unglaublich stark, unantastbar und gehen ihren Weg nach ihrem Willen und ihrer Vision. Ein Manifestor-Kind fragt nicht, was es zu essen gibt, es verlangt das, was es möchte. Wenn es entdeckt hat, wie die Haustür aufgeht, gibt es nichts, was es in den vier Wänden hält, schließlich gibt es da draußen eine Welt zu erkunden, und zwar auf eigene Faust und ohne jemandem Bescheid zu sagen. Warum auch? Wenn ein Manifestor etwas kann (zum Beispiel Türen öffnen), dann tut er es, weil es sein angeborenes Recht ist.

Zusätzlich signalisiert die Manifestor-Aura noch: »Lass mich allein.« Man kann sie kaum durchdringen und man hat keine Ahnung, was wirklich hinter der Fassade los ist. All diese Aspekte machen es Eltern, Partnern und auch der Gesellschaft schwer, mit einem Manifestor umzugehen. Und vielleicht kannst du deshalb diesen kraftvollen, königlichen Anteil in dir kaum noch spüren, weil die Menschen in deinem Umfeld schon früh versucht haben, diesen Teil in dir zu beeinflussen und so klein zu machen, dass du irgendwie in diese Welt passt. Häufig sind erwachsene Manifestoren, denen es verboten war, ihre Energie auszuleben, »People Pleaser«, also Menschen, die es anderen Menschen um jeden Preis recht machen wollen, um keinen Stress und keinen Ärger (mehr) zu haben. Sie haben gelernt, sich kleiner zu machen, um weniger anzuecken und mehr gemocht zu werden.

Ein Manifestor passt nur gut in diese Gesellschaft, wenn er vergessen hat, wie machtvoll er ist

Hast auch du deine Macht vergessen? Denkst du, dass du anderen Menschen gefallen musst? Deine Aura und deine starke Energie werden immer polarisieren. Es wird immer Menschen geben, die dich für deine Art lieben, und es wird immer noch mehr Menschen geben, die es nicht tun. Es ist normal, nimm das an, denn du bist auf dem richtigen Weg, wenn du *nicht* Everybody's Darling bist.

Als Manifestor kannst du manifestieren. Deine Chart ist dafür gemacht, dich, andere und das Universum in Bewegung zu bringen. Du gibst Anstöße und bewirkst, dass sich alles in die Richtung entwickelt, wie du es haben willst. Du bist ein Katalysator, stark, machtvoll, unnahbar und unbesiegbar. Ein Teil in dir lehnt Obrigkeiten, Gesetze und Regeln ab. Du willst einzig und allein deinen Weg gehen. Deine Strategie, das Informieren, hilft dir und deiner Energie, gesellschaftsfähig zu sein. Gleichzeitig ist es für dich nicht natürlich, andere zu informieren, du willst dich eigentlich direkt in Bewegung setzen. Diese Brücke zu den Menschen in deinem Leben zu bauen, hilft dir aber, mit ihnen in Kontakt zu bleiben und Frieden statt Wut und Frustration zu erleben.

Oft sind Manifestoren innerlich sehr wütende Menschen, ohne dass ihnen das bewusst ist oder ihnen der Grund dafür klar wäre. Der tief verborgene Grund für die Wut ist, dass sie zugelassen haben, dass andere sie klein gemacht haben und sie immer noch geduckt durch ihr Leben gehen. Als Manifestor magst du keinen Widerstand, du willst Frieden und deine Ruhe. Einfach das tun, was dir in den Sinn kommt, ohne dafür bestraft zu werden. Leider finden Manifestoren aus diesem Grund nicht so häufig zum Thema Human Design, da sie sich schon vor der Welt verschlossen haben.

Umso schöner, dass du heute hier bist. Denn du bist wichtig! Es ist wichtig, dass du deine Macht und deine Kraft erkennst. Dass du zu einer Gefahr für die Komfortzonen anderer Menschen wirst, unberechenbar und kraftvoll. Wir brauchen dich gerade jetzt auf dieser Welt, denn du hast die größten Visionen und fantastischsten Ideen. Für diese Visionen loszuziehen und in deinem schnellen Tempo voranzugehen, wird dafür sorgen, dass sich automatisch Menschen anschließen, die diese Vision mit dir erarbeiten und tragen werden.

In dieser Energie bist du schneller und kraftvoller als jeder andere Typ im Human Design. Die anderen können da nicht mithalten. Das löst auf der einen Seite Bewunderung und auf der anderen Seite auch Neid aus. Menschen in deinem Umfeld versuchen dich vielleicht auszubremsen, aus Angst, nicht mehr Schritt halten zu können. Aber all das darf dir gleich sein, denn du hast eine Mission, eine Aufgabe in diesem Leben.

Allein deine Energie und Anwesenheit kann Menschen aus dem Gleichgewicht bringen oder sie motivieren und voranbringen. Wie deine Energie wahrgenommen wird und ob sie unterstützt oder wütend sabotiert wird, entscheidest du, indem du nach deiner Autorität und Strategie handelst. Dazu erfährst du später mehr.

Sei aktiv als Manifestor, schieb die Energien an, lass dich nicht ausbremsen, denn sonst fühlst du dich wie der Löwe im Käfig. Arbeite täglich mit dem Satz: »Wäre es nicht cool, wenn …« und lass darauf die größten Visionen folgen, lass sie jeden Tag wachsen. Auch mit dieser kraftvollen Energie wirst du starke Bindungen zu Menschen aufbauen – zu denen, die zu dir passen.

Du schaffst es, Schritt für Schritt in dein kraftvolles Design einzutauchen und deinen Einflussreichtum zu leben, indem du nach deiner Autorität handelst (siehe ab Seite 119). Deine Autorität ist dein Wegweiser in dein machtvolles Leben. So trittst du aus der Leere in dir hinaus und findest deinen persönlichen Frieden.

Die Manifestor-Aura

Die Manifestor-Aura ist geschlossen und zurückweisend. Die Auren der anderen Typen können nicht in sie eindringen. Es ist aufgrund dieser Aura unmöglich, hinter eine Manifestor-Fassade zu blicken und zu prüfen, ob jemand so ist, wie er sich gibt, oder ob ihm zu trauen ist. Als Projektorin kann ich Generatoren und Manifestierende Generatoren wie ein offenes Buch lesen. Manifestoren sind nicht so leicht zu knacken. Sie können sehr nett und höflich agieren, aber was sie wirklich bewegt, erfährt man nur, wenn sie sich einem freiwillig mitteilen.

In Beziehungen und Familien ist es daher sehr schwer, sich mit dir zu verbinden. Deine Aura ist nicht gemacht, um mit einer anderen Aura zu verschmelzen, wie es beispielsweise zwischen zwei Generatoren der Fall ist. In einer Beziehung mit dir darf

dein Partner oder deine Partnerin damit leben, dass er oder sie nie wirklich an dich herankommt.

Als Manifestor kannst du erst dann Liebe und Verbindung erfahren, wenn du korrekt in deinem Design agierst. Als »People Pleaser«, der es allen anderen Menschen recht macht, wirst du immer wissen, dass die Zuneigung und Liebe der anderen nicht dir gilt, weil du dich anders gibst, als du in Wahrheit bist. Der erste Schritt, aufrichtig in Beziehung zu gehen, ist es also, deine authentische Macht und Kraft zu leben.

Durch diese geschlossene Aura-Energie erleben Manifestoren in ihrem Alltag oft Widerstand. Die anderen Menschen wollen wissen, was hinter der Fassade steckt, energetisch und in ihrem Handeln prüfen sie den Manifestor, um ihn irgendwie einschätzen zu können. Wenn du als Manifestor einen Raum betrittst, dann heißt dich dort keine Energie willkommen. Du wirst eher misstrauisch beäugt, energetisch abgetastet und unsicher umtanzt. Menschen können nicht wissen, ob du sie magst oder nicht, sie wissen nicht, ob du sie respektvoll behandelst und ob du ihnen etwas Gutes oder etwas Böses willst. Sie können es einfach nicht spüren, anders als bei den restlichen Typen, wo sie es sofort, meist unbewusst, wahrnehmen.

Vielleicht gehen sie sogar nach einem Kontakt mit dir ihren Weg und sagen: »Der war aber gar nicht nett«, obwohl du freundlich warst. Eigentlich meinen sie: »Ich bekomme keinen Zugang und das macht mich unsicher.« So erfährst du oft Ablehnung und hast nichts dafür getan. Das kann in dir Wut, Unverständnis und den Wunsch nach Rückzug aus der Gesellschaft wecken, um endlich Ruhe und Frieden zu finden.

Du darfst verstehen, dass deine Aura einfach nicht mit deinem Umfeld interagiert, jedenfalls nicht automatisch. Deine Aura sorgt dafür, dass du deine innere Welt nicht gut mit anderen teilen kannst, ein Manifestor fühlt allein. Wenn du doch in intensive Interaktion gehst, fühlt es sich meist wie richtige Arbeit an. Ein Punkt, der für dich in der Interaktion sehr hilfreich ist, ist deine Strategie. Die schauen wir uns im nächsten Absatz an.

Vorher möchte ich aber noch einmal betonen, dass du diese starke Aura bekommen hast, weil du hier bist, um einen Unterschied zu machen und diese Welt zu verändern. Deine starke Energie wird bemerkt, positiv oder negativ, und sie beeinflusst andere Menschen. Alles, was du tust, wenn du dich beschwerst und schlecht drauf bist oder wenn du die Weichen für eine bessere Zukunft stellst, beeinflusst die Menschen. Dieser Einflussreichtum, mit dem du jeden erreichst, der irgendwie mit dir in Kontakt kommt, ist deine natürliche Superpower.

Du bist nicht hier, um mehr über dich zu erfahren (Generatoren) oder die Mechanik der Welt und die der anderen Menschen zu verstehen (Projektoren), du bist hier, um zu beeinflussen.

Das bedeutet auch: Wenn du eine Vision hast, dann darfst du die ersten Schritte in Richtung deiner Vision sofort gehen. In dieser Phase werden dir viele Menschen mit Widerstand und Unverständnis gegenübertreten, bis sie bemerken, was du verändern kannst, und dann werden sie dich bedingungslos unterstützen und mit dir an deiner Vision arbeiten. Über diesen ersten unangenehmen Teil musst du aber immer selbst und aus deiner Kraft hinweggehen, um dann Unterstützung zu erfahren.

Authentische Energie und Konditionierungen

Als Manifestor ist deine authentische Energie ein Zustand voller großer Visionen und Träume, voller Mut, über die Grenzen dieser Welt hinaus zu denken und egal, was alle anderen sagen, den ersten Schritt zu tun. Der Satz »Wäre es nicht wundervoll, wenn …« darf jeden Tag wieder die Einleitung dafür sein, dass du deine Visionen mit der Welt teilst.

In dir entstehen Ideen, die das Leben einzelner Menschen, einer Stadt, eines Landes oder auch gleich der ganzen Welt verändern können. Mit deiner Energie gibst du den Anstoß zu Veränderungen und Neuerungen auf dem Gebiet, das dir besonders wichtig ist.

Dabei geht es nie darum, mit jedem Menschen befreundet zu sein und von allen gemocht zu werden. Wer über den Tellerrand hinausdenkt, wird immer schief angeschaut oder vielleicht sogar bekämpft. Du darfst einfach weitergehen, denn die richtigen Menschen werden deine Vision erkennen und mit dir kommen.

Manifestoren sind oft sehr konditioniert, ihre Energie zurückzuhalten. Angenommen, ein kleines Manifestor-Kind geht zu seiner Mama und sagt: »Mama, stell dir mal vor, wie cool es wäre, wenn wir in einem riesigen Haus leben, direkt am Meer, mit einem eigenen Boot, mit dem wir dann die ganze Welt bereisen können!« An dieser Stelle wäre jetzt wache Elternschaft gefragt und Bewusstsein über die Energie des Kindes. Eine mögliche wundervolle Antwort wäre: »Wow, das hört sich toll an. An welchem Meer wäre es denn richtig und was könnten wir heute tun, um diesem Ziel ein Stück näherzukommen?« So würde die Manifestor-Energie gestärkt, ohne eingegrenzt und verurteilt zu werden. Der kleine Manifestor könnte sich nun auf die Suche machen und die Meere dieser Welt studieren, den idealen Ort finden und auch einen Weg, wie das für die Familie umsetzbar wäre.

Ich vermute jedoch, dass die meisten Eltern in so einem Moment sagen: »Oh Schatz, das können wir uns nicht leisten, schau mal, wir müssen doch arbeiten gehen« oder »Spinn nicht rum, mach jetzt lieber deine Hausaufgaben« oder »Konzentrier dich jetzt bitte, zieh deine Schuhe an, wir müssen los!« Wahrscheinlich geht es auch im Kindergarten und in der Schule so weiter, wenn das Manifestor-Kind vorschlägt, Dinge anders zu machen, große Ausflüge zu unternehmen oder ganz entschieden sagt »Ich spiele da nicht mit«. In unterschiedlichen großen und kleinen Situationen wird die Manifestor-Energie gebrochen, klein gemacht und an die Norm angepasst. Die meisten Manifestoren, denen ich begegne, leben weit entfernt von ihrer ureigenen Kraft.

An dieser Stelle möchte ich noch hinzufügen, dass deine Visionen völlig unterschiedlich sein können, von Sushi mitten in der Nacht, einer Revolution im Schulsystem, neuartige Strukturen in deiner Firma, bis hin zu Visionen zur Lösung von großen Menschheitsthemen.

Widme dich genau dem, was dich begeistert, einem Thema nach dem anderen, und verändere so die Welt, das Bewusstsein von Menschen und entdecke immer mehr deine Macht und Manifestationskraft.

Erinnere dich an deine Kraft und begegne dem Widerstand um dich herum mit einem wissenden Lächeln. Du wirst nie Everybody's Darling sein und das ist auch gut so, denn nur so kannst du wirklich etwas bewegen.

Die Strategie der Manifestoren

Die Manifestor-Strategie ist nicht natürlich für dich, betrachte sie als wertvolles Instrument, das dir hilft, in Frieden zu leben. Deine Strategie ist das Informieren. Dabei geht es nie darum, um Erlaubnis zu fragen oder um etwas zu bitten, sondern anderen lediglich zu vermitteln, was du vorhast.

Die Eltern eines Manifestor-Kindes würden es am liebsten mit einem Geschirr oder einem Peilsender ausstatten und sie versuchen deshalb oft, es mental unter Kontrolle zu halten. Auch als Erwachsener würden Menschen, die mit dir eine Beziehung eingehen, dir gerne eine Leine umlegen, denn sie haben das Gefühl, dir nur vertrauen zu können, wenn sie die Zügel in der Hand haben. Das ist ein meist unbewusstes Verhalten, aufgrund der Undurchschaubarkeit deiner Aura.

An dieser Stelle wird deine Strategie als Instrument wichtig. Da andere Menschen nicht spüren können, was du vorhast oder aus welcher Intention heraus du etwas tust, ersparst du dir bohrende Fragen, Widerstand, Ärger und Stress, wenn du sie einfach kurz informierst. Ra sagte dazu: »Ich spiele das Manifestor-Spiel. Ich bin nett und freundlich, ich informiere sie und dann habe ich meine Ruhe.«

Für dich bedeutet das, wenn du nach dem Essen aufstehst und das Haus verlässt, sag einfach kurz, was du vorhast und wo du hingehst. Das sorgt dafür, dass die Menschen in deinem Umfeld das Gefühl haben, dich einschätzen zu können, und nicht auf die Idee kommen, dass du sauer oder gekränkt bist. Du gibst ihnen das Gefühl, dass du berechenbar bist und sie dir wichtig sind.

Diese Strategie ist kein natürliches Verhalten, anders als deine Entscheidungsautorität (zu der kommen wir später), die tief in der Mechanik des Human Designs verankert ist. Möglichst früh im Leben darfst du also lernen, dein Umfeld zu informieren. Du brauchst nicht um Erlaubnis zu fragen, sondern lediglich zu sagen, was du als Nächstes tun wirst: »Ich gehe jetzt in mein

Arbeitszimmer, in Ruhe einen Film ansehen.« Keine Frage, ob das okay ist, kein »Hast du etwas dagegen?«, sondern einfach reine Information. Wenn du das tust, sorgt es dafür, dass du als Manifestor in dieser Gesellschaft anerkannt wirst und der Widerstand und das Misstrauen deiner Mitmenschen nachlassen. Es ist das Spiel, das du für die anderen, aber letztlich auch für dich selbst spielst, um in Ruhe und Frieden leben zu können.

Das etwas krasse Beispiel, das Ra anführt, um diese Strategie zu verdeutlichen ist: Du fährst als Manifestor in einem großen Truck durch das Land, dein Fuß ist immer auf dem Gaspedal, volle Fahrt voraus. Sollte jemand vor dir die Straße queren, ist deine einzige Aufgabe zu hupen (zu informieren, dass du kommst). Du änderst nicht die Route, du trittst nicht auf die Bremse und gehst noch nicht einmal vom Gas. Du bleibst bei deinem Plan. Das Einzige, was du tust, ist rechtzeitig zu informieren. Wer dir dann nicht aus dem Weg gegangen ist, der hat quasi Pech gehabt!

Nutze dieses Werkzeug der Strategie für deinen alltäglichen Frieden, sie kann dein Leben und deine Beziehungen retten.

EIN BEISPIEL AUS DEM COACHING

In meinem Mentoring hatte ich eine kraftvolle Manifestorin mit einem riesigen Network-Marketing-Team. Sie kam zu mir, um ihr Business weiter nach vorne zu bringen, denn in den letzten Monaten hatten etliche Partner ihr Team verlassen und sich wütend von ihr abgewandt. Was war passiert? Diese Manifestorin hatte die wundervolle Idee gehabt, für jedes Team-Mitglied über eine Organisation einen Baum pflanzen zu lassen und allen die Baumpflanz-Urkunde als Zeichen der Anerkennung zu schicken. Es sollte eine Überraschung für ihr Team sein und wenige Wochen später hatte sie alles erledigt, die Urkunden beschriftet und an ihre Partner geschickt. Eigentlich eine gute Sache, oder? Allerdings hatte sie hier initiiert, ohne zu informieren. Einige Partner dachten, dass sie ihre privaten Daten (Name, Adresse etc.) ungefragt an das Unternehmen weitergegeben hätte, das die Bäume pflanzt und die Urkunden ausstellt. In Wirklichkeit hatte meine Klientin die Urkunden blanko bekommen und selbst beschriftet. So sorgte diese vorher nicht angekündigte Aktion bei einigen Partnern nicht für den erhofften Beifall. Im Gegenteil ärgerten sich manche so sehr darüber, dass sie aus dem Team austraten. Für die Manifestorin war diese Reaktion völlig unverständlich. Warum freuten sich die Menschen nicht einfach über ihre nette Geste?

Die Antwort ist: Die Information hatte gefehlt. Das Team kann die Aura seiner Leaderin nicht lesen und sie demnach schlecht einschätzen. Das sorgt generell immer wieder für Misstrauen und in diesem Fall führte es zu der Annahme, dass die persönlichen Daten weitergegeben wurden. Die Folge war eine Reihe von Kündigungen.

Im Mentoring konnte ich ihr nahebringen, dass diese Widerstandsenergie und die Wut auf sie eingeprasselt waren, weil sie den Schritt des Informierens ausgelassen hatte. Eine klare Kommunikation des Plans, der Absicht und der Durchführung hätte ihr viel Ärger und so manche Konfrontation erspart.

Die Strategie ist also wirklich als wertvolles Instrument zu sehen, das dir hilft, Menschen zu finden, die deine Manifestationen und Pläne unterstützen, und das gleichzeitig dafür sorgt, dass der Widerstand gegen deine kraftvolle Energie so gering wie möglich bleibt. Es ist dein Schlüssel, um friedvoll mit der Energie der anderen Menschen leben zu können.

Der Manifestor im Business

Du bist hier, um mit deinem Business oder in deinem Job einen neuen Standard zu etablieren und Menschen auf eine ganz neue Frequenz zu heben. Du hast ein Produkt (oder wenige) und bist genau darauf mit allem, was du hast, fokussiert. Als Manifestor erinnerst du andere Menschen, sich ebenfalls zu fokussieren und ihre Energie nicht mehr wahllos in der Welt zu zerstreuen.

Mit deiner Sicht auf die Welt, deinen Visionen und Taten weckst du Menschen auf, zeigst ihnen, was noch alles möglich ist, und bietest absolute Klarheit. Zu dir finden Rebellen, Visionäre und First-Mover, die sich von dir angezogen fühlen. Das bedeutet nicht, dass deine Energie aggressiv oder kämpferisch sein muss, sondern, dass du klar und integer bist.

Hab den Mut, in deinem Business anders zu agieren, nach deinen Regeln. Initiiere die Zusammenarbeit, auf die du Lust hast, und mach dir deine Welt, wie sie dir gefällt.

Wichtig ist, dass du nicht aus dem Verstand heraus initiierst. Also nicht rein strategisch schaust, was dich jetzt weiterbringt, sondern auf dein inneres Gefühl und deine Autorität achtest. Es wird beispielsweise eher nicht funktionieren, dir einfach einen großen Instagram-Account zu suchen, nach dem Motto: »Wenn ich mit diesem Menschen einen Live-Talk mache, dann bekomme ich Follower«. Das wäre sehr strategisch aus dem Kopf initiiert und wenn dein Gegenüber in seiner Autorität fest verankert ist (siehe ab Seite 119), wird ein klares »Nein« die Antwort sein. Ganz anders wird es laufen bei einer Anfrage, die aus deinem inneren Gefühl oder deiner Intuition entstanden ist, und die den anderen Menschen wertschätzt.

Nutze deine natürliche Chef-Energie, um zu führen, und triff authentische Entscheidungen, deren Klarheit von anderen Menschen gespürt werden kann.

Sei dir auch bewusst, dass du dein Business nicht für die breite Masse aufbaust. Du polarisierst mit deiner Energie und somit auch mit deinem Geschäftsmodell. Je deutlicher deine Positionierung ist, umso mehr echte Fans, Follower und Kunden wirst du anziehen, die deine Arbeit absolut lieben. Vielleicht hast du Sorge, dass nicht genug Menschen zu dir finden könnten?

Lass uns dafür einmal gemeinsam rechnen. Im deutschsprachigen Raum leben ca. 100 Millionen Menschen, und noch einmal ca. 80 Millionen sprechen deutsch als Fremdsprache. Wenn davon 99 Prozent nichts mit deiner Energie anfangen können oder dich sogar ablehnen, dann bleiben immer noch 1,8 Millionen Menschen, also das eine Prozent, um dich zu feiern und bei dir zu kaufen. Reicht das aus? Auf jeden Fall – und sicher wirst du auch nicht mit der Quote 99 zu 1 polarisieren.

Das bedeutet, entspann dich in deinem Business und lebe deine Energie aus. Die richtigen Menschen werden dich finden und mit dir etwas Wundervolles kreieren.

Bleibe bei deinem Arbeitsmodell auf dich selbst bezogen, lebe deine schönste und kraftvollste Energie. Achte aber auch gleichzeitig darauf, was es mit den anderen macht. Nutze deine Strategie des klaren Informierens, um gute Beziehungen aufzubauen und Menschen das Gefühl von Zusammenarbeit auf Augenhöhe zu vermitteln.

In dem, was du tust, und in der Richtung, die du einschlägst, bist du schnell und wendig. Du bist in Lichtgeschwindigkeit unterwegs, allerdings nicht über einen längeren Zeitraum, denn im Gegensatz zum Generator oder Manifestierenden Generator fehlt dir die dauerhafte Motorenergie des Sakralzentrums. Deshalb agiere auch im Business eher im Sprinter- als im Marathon-Modus und sorge für ausreichend Pausen, allein nur mit dir selbst, ohne andere Menschen, um dich zu erholen.

Deine Energie ist kraftvoll und du beeinflusst mit dem, was du tust, andere Menschen. Nutze diesen Einfluss aktiv und sei dir sehr bewusst, was du mit deiner Energie bewirkst. Bist du konstruktiv oder destruktiv unterwegs mit deiner Macht? Haben Menschen nach einer Begegnung mit dir ein besseres Gefühl als vorher, oder fühlen sie sich schlecht? Mit großem Einfluss kommt große Verantwortung und die darfst du in diesem Leben tragen.

EIN BEISPIEL AUS DEM COACHING

Michelle ist Manifestorin. Als ich ihr zum ersten Mal in meinem Human-Design-Business-Mentoring begegne, ist sie gerade auf dem Weg in die Reha-Klinik. Sie hat ein Burn-out, ist erschöpft und ausgebrannt, arbeitet schon ein halbes Jahr nicht mehr in ihrem Job. Von ihrem Human Design ist sie fasziniert, aber so richtig kann sie nicht glauben, dass sie wirklich Manifestorin ist. Sie fühlt sich weder kraftvoll noch machtvoll, eher im Gegenteil. Im Laufe unserer Session spürt sie immer wieder eine tiefe Resonanz mit all den Themen und Dingen, die ich ihr aus ihrer Chart erzähle. Irgendwo in ihr wird die Manifestorin wachgeküsst und es fallen ihr immer mehr Geschichten aus ihrer Kindheit und Jugend ein, die ihr ursprüngliches Sein unterdrückt haben und sie mehr und mehr zu einer Frau geformt haben, die es allen recht macht, gefallen will und einfach nur dazu gehören möchte. Michelle nutzt die Zeit allein in der Reha, um sich wieder in ihre ursprüngliche Energie zu begeben. Sie übt Grenzen zu setzen, nimmt sich viel Zeit für sich selbst und steht für sich ein. Ihr wird Schritt für Schritt klar, dass nicht der Job die Ursache für ihren Burn-out ist, sondern ihr alltägliches Handeln. In den letzten Jahren hatte sie immer mehr zugelassen, dass in der Arbeit und auch im privaten Umfeld alles vor allem konfliktfrei, harmonisch und ordentlich abläuft. Sie hatte, um den Erwartungen ihres Umfelds und der Gesellschaft gerecht zu werden, ihre eigene Energie seit Jahren ausgesperrt und hatte einen Menschen »gespielt«, den alle mögen und gern haben.

Die Verwandlung der letzten Monate hat Michelle viel Mut gekostet. Und auch nach einiger Zeit fällt es ihr nicht immer leicht, wirklich sie selbst zu sein und nicht mehr gefallen zu wollen. Als Geschenk ist dafür wieder richtig viel Energie in ihr Leben zurückgekehrt. Ihr inneres Strahlen ist spürbar, und sie fühlt sich kraftvoll und machtvoll. Meistens … denn manchmal klopft immer noch dieses »Burn-out-Gefühl« an, und zwar immer dann, wenn sie ihre eigenen Bedürfnisse über einige Tage ignoriert hat. Es ist ihr Hinweisschild und Wegweiser geworden, viel bewusster und achtsamer durch ihr Leben zu gehen.

Natürlich darf sie sich des Öfteren anhören »Du hast dich ganz schön verändert« und manche Beziehungen sind in die Brüche gegangen, doch sie weiß, dass dies zu ihrem Weg in ihre volle Power dazugehört. Und in der letzten gemeinsamen Session habe ich deutlich in ihren Augen gesehen, wie sehr es sie mittlerweile freut, andere Menschen zu triggern und mit ihrer Art zu polarisieren. Die Manifestorin in ihr bahnt sich einen Weg.

Tipps für Manifestoren

- Deine Energie polarisiert, versuche nicht, dies zu vermeiden, sondern kommuniziere klar und deutlich.
- Halte den Fokus auf das gerichtet, was dir wichtig ist, damit du in diesem Bereich auf das nächste Level kommen kannst.
- Hilf anderen Menschen, fokussiert und klar durch ihr Leben zu gehen, und nutze deine einflussreiche Energie für das Gute.
- Triff Entscheidungen aus deiner Autorität und lebe diese in voller Klarheit.
- Kümmere dich gut um deine Energie. Verbringe Zeit allein und gönne dir ausreichend Pausen.
- Dimme dein Licht nicht, um es anderen vermeintlich leichter zu machen. Drehe es eher möglichst hell auf, um auch anderen eine Inspiration zu sein, hell zu leuchten.
- Nutze deine Strategie zu informieren möglichst oft, damit andere Menschen dich besser einschätzen können und vertrauensvolle Beziehungen entstehen können.
- Du bist ein First-Mover, finde neue Wege und verändere damit die Welt – im Großen oder im Kleinen.

Affirmationen und Powersätze für Manifestoren

- Ich erkenne meine einflussreiche Kraft und nutze sie für das Gute.
- Ich bin klar und fokussiert in einer Welt, in der sich alle anderen zerstreuen.
- Ich vertraue meinem inneren Wissen, kommuniziere voller Klarheit und bin damit Vorbild für andere Menschen.
- Ich lebe laut, schnell und mit voller Energie – jeden einzelnen Tag.
- Ich nehme mir Pausen und Zeit, die ich ganz allein für mich verbringe, abseits von anderen Menschen oder Tieren.
- Ich weiß, dass die Energie in mir ist, um Magie zu erschaffen, die diese Welt so dringend braucht.
- Ich erinnere mich jeden Tag: Wenn ich nicht initiiere, wer tut es dann?

BUCH-BONUS:

Im Buch-Bonus findest du eine Meditation zur Energie dieses Human-Design-Typs, ein Video, wie du diesem Typ Anerkennung und Wertschätzung ausdrücken kannst, und zwei Handy-Hintergründe, die dich täglich an diese einzigartige Kraft erinnern. Hier geht's zum Buch-Bonus: **hd-buch.com/bonus**

DER GENERATOR

36 Prozent der Bevölkerung
Offene und umarmende Aura
Signatur: Befriedigung und Freude
Not-Self: Frustration
Strategie: Auf das Leben antworten/reagieren

Ein Generator zu sein bedeutet: Raus aus dem Kopf, rein in den Körper. Verstand aus – Lebensenergie an.

Schön, dass du da bist, du Powerpaket mit deiner stetigen Lebensenergie und der Kraft, all das in deinem Leben umzusetzen, was dir so richtig Freude bereitet. Als Generator gehörst du zu der größten Gruppe an Menschen. Diese Welt ist eine Generatoren-Welt. Du hast die einfachste Strategie und gleichzeitig die schwierigste, wenn bis jetzt dein Kopf und dein Verstand dein Leben regiert haben und die Entscheidungen treffen.

Du bist vom Universum perfekt designed. Dein Körper reagiert und antwortet mit seiner Energie auf das, was das Leben dir bringt. Du spürst das vielleicht in Form eines Kribbelns im Bauch, wenn etwas Positives geschieht, oder merkst, dass sich dein Magen schmerzhaft zusammenzieht, wenn etwas gar nicht passt. Wenn du deiner Energie über einen längeren Zeitraum nicht folgst, wird dein Körper dir das irgendwann durch Krankheitssymptome zeigen.

Deine Fähigkeit, intuitiv zu erspüren, was dir guttut, ist deine Strategie, dein Erfolgsgeheimnis, um mit deiner gesamten Energie in den Fluss des Lebens einzusteigen. Leider sind die meisten Menschen so erzogen und konditioniert, dass sie darüber nachdenken, was für sie richtig ist, und mit dem Verstand entscheiden.

Für dich ist es aber am besten, wenn du bei den wichtigen, großen Fragen deines Lebens deine Körperweisheit, dein Bauchgefühl, einsetzt und deinen Verstand außen vorlässt.

Deine Körperweisheit sitzt im Sakralzentrum (siehe ab Seite 190), diesem kraftvollen Lebensenergiezentrum in deiner Körpermitte, das ganz genau weiß, was gut für dich ist. Es feuert seine anziehende und starke Lebensenergie immer dann, wenn du deiner Freude folgst, und bestätigt dir damit, dass du das tust, was dir wirklich entspricht. Vielleicht warst du schon einmal in deinem Leben im Flow. Die Zeit ist vergangen, ohne dass du es gemerkt hast, du warst so in deine Arbeit vertieft, dass du vergessen hast zu essen und zu trinken, und trotzdem hattest du, als du wieder aufgetaucht bist, mehr Energie als vorher, lag auf deinem Gesicht ein strahlendes Lächeln und du fühltest dich befriedigt und voller Freude. Genau für diesen Zustand bist du gemacht!

Vielleicht hat man dir schon in der Kindheit erzählt, dass das Leben nicht immer so sein kann. Dass man auch Dinge tun muss, die sich anstrengend und schwer anfühlen, die man eigentlich nicht machen will und durch die man sich durchbeißen muss. Wenn dein Leben zum größten Teil aus diesen Energien besteht (und das tut es leider bei den meisten Generatoren), dann fühlst du tiefe Frustration und deine gesamte Körperenergie ist mit diesem Gefühl durchtränkt. Für mich als Projektorin ist diese Frustrations-Energie als vorherrschende Energie in unserer Gesellschaft omnipräsent. Die meisten Menschen (Generatoren) sind zutiefst frustriert und unzufrieden mit ihrem Leben, ihrem Job, ihrer Partnerschaft und vielen weiteren Aspekten. Warum ist das so? Sie haben die Entscheidungen in ihrem Leben mit ihrem Verstand getroffen, den vernünftigen Beruf gewählt, den Partner geheiratet, der offensichtlich zu ihnen gepasst hat, Kinder bekommen, weil man das eben so macht, und sie arbeiten in einem Job, der ihnen eigentlich keine Freude bereitet, da der Verstand sagt: Du verdienst doch gut und dieser Arbeitsplatz ist sicher.

Ein Generator kann sich nur dann verwirklichen, wenn er nach dem Motto lebt: Verstand aus, Bauchgefühl an

So oft gehen Menschen mit einem schlechten Gefühl, mit Bauchschmerzen, zur Arbeit oder fühlen sich ständig kraftlos und ausgelaugt. Es bedeutet, dass ihre reaktive Körperenergie laut Nein schreit, während ihr Verstand vernünftige Argumente findet, weiterzumachen wie bisher. Die Bauchstimme wird permanent überhört und weggedrückt – denn in unserer Gesellschaft zählt der Kopf mehr als der Bauch, oder? Die Folge sind Frustration, Energielosigkeit, Burn-out oder Bore-out und das Gefühl, nur in den 30 Tagen Urlaub, die man im Jahr hat, wirklich zu leben.

Als Generator bist du hier, um deiner Körperweisheit zu folgen, das zu tun, was dir wirklich Freude macht und dir tiefe Befriedigung verschafft. Du bist hier, um dich zu verwirklichen und deine Aura und gesamte Energie in Freude zu tränken, sodass du so anziehend und magnetisch für dein Umfeld bist, wie es für dich natürlich ist.

Du bist mit deiner Art so wundervoll wie das Leben selbst und am besten, wenn du dich dem Fluss der Dinge ganz hingibst. Lies gerne nur die Kapitel in diesem Buch, die dich betreffen, das ist völlig okay. Denn es geht für dich als Generator in erster Linie darum, dich selbst zu verstehen und deine Energie zu leben.

Ein Generator zu sein bedeutet: »Raus aus dem Kopf, rein in den Körper«. Dadurch, dass du so früh gelernt hast, eher aus dem Kopf als aus dem Bauch zu entscheiden, bist du vielleicht heute so weit von deiner wahren Persönlichkeit entfernt, dass du dich fragst, ob »pure Lebensenergie« wirklich die richtige Beschreibung für dich sein kann. Deine Herausforderungen im Alltag halten dich dermaßen auf Trab, dass du weit weg davon bist, ein Gefühl für dich selbst und deine ureigene Energie zu entwickeln. Die meisten Generatoren wissen nicht, wofür sie auf dieser

Welt sind, sondern nur, was sie beweisen wollen oder was sie leisten müssen, um irgendwie mitzuspielen. Du musst niemandem etwas beweisen und du musst auch nicht mitspielen. Human Design hilft dir, aus den Regeln und der Abhängigkeit auszusteigen und deinen Flow, deine Begeisterung und eine tiefe Befriedigung zu finden.

In dir schlummert eine unglaubliche Power. Eine stetige Kraft, die das Potenzial hat, diese Welt zu verändern. Dafür braucht es den Mut, auf das Leben mit deinem Körper zu reagieren und Entscheidungen nach deiner Autorität zu treffen (mehr dazu in Kapitel 3). Es braucht deine Bewusstheit und den Wunsch, dein Leben zu transformieren – bist du bereit, dir dein Leben voller Freude zu erschaffen?

Die Generator-Aura

Das Energiefeld um einen Menschen (die Aura) ist das Element, das uns offensichtlich voneinander unterscheidet. Der Generator hat eine weite, offene Aura. Egal, wo jemand oder etwas um dich ist, du wirst es spüren und in dich aufnehmen. Genauso funktioniert deine Aura andersherum. Alle Menschen, die in deinem Energiefeld sind, spüren deine Energie, werden von ihr umarmt und durchflutet, und das über zwei bis vier Meter Entfernung rund um deinen Körper und sogar durch Wände und Gegenstände hindurch.

Und jetzt stell dir mal ein Großraumbüro mit lauter frustrierten Generatoren vor, die nur in die Arbeit gehen, um Geld zu verdienen. Menschen, die ihre Freude verlernt haben und auf die Rente hinarbeiten. Die Energie in diesem Büro verstärkt sich, die Frustration springt über und jeder, der mit neuer Energie aus dem Urlaub zurückkommt, wird direkt wieder in dieses Feld eingesogen.

Stell dir nun einen Generator vor, der seinen Traum lebt. Angenommen, es ist eine Grafikerin und sie ist erfüllt von der Arbeit

mit ihren Kunden an neuen Logos und Designs. Ihre ganze Aura besteht aus Freude, Befriedigung, Lebensenergie.

Wir wissen beide, mit wem wir uns lieber zum Kaffee verabreden würden, oder? Die Energie eines freudvollen Generators ist anziehend. Menschen möchten in deiner Energie sein, mit dir Zeit verbringen und deine Kunden oder Partner in deinem Business werden.

Deine Aura und damit auch deine Ausstrahlung repräsentieren deine innere Welt. Für deinen Business-Erfolg ist es also unabdingbar, die Dinge zu tun, die dir Freude bereiten und deinen Alltag zum größten Teil genau danach zu gestalten. Denn dann ziehst du auf einmal andere Menschen und Dinge in dein Leben, die wirklich zu dir passen und auf die du wieder mit deiner

Lebensenergie reagieren kannst. Deine Aura ist auch dein Magnet für dein perfektes Leben.

Eine deiner Hauptaufgaben als Generator ist es, deine Aura mit positiver Energie zu fluten und das geht nur, wenn du diese Energie auch tief in dir wahrhaftig fühlst. Dieses Energiefeld kannst du nicht faken und einfach so tun, als ob. Hier braucht es deinen Mut und deine Bereitschaft, deine Freude wiederzufinden und sie zu leben.

Keine Sorge, die kommenden Kapitel dieses Buches werden dich immer mehr mit allen individuellen Aspekten deiner Chart bekannt machen, und ich bin mir sicher, du bekommst, je weiter du fortschreitest, eine Idee, was dir wirklich Freude macht und wie du diese Energie in dein Leben bringst.

EIN BEISPIEL AUS DEM COACHING

Karin ist Generatorin, Mutter von zwei Kindern und im Network-Marketing. Zu Beginn hatte sie unglaublich viel Freude an dem neuen Job, den sie perfekt mit ihrer Familie verbinden konnte. Sie sprudelte nur so vor Energie und Begeisterung für die Produkte und das Geschäftsmodell. Am laufenden Band gewann sie Kunden und Partner, und jeden Abend liebte sie die Zeit, die sie in ihr Business investierte. Dann kam ein Wendepunkt. Kollegen wollten von ihr wissen, ob sie nicht das Gefühl hätte, anderen Menschen nur etwas aufzuschwatzen, und dass doch bestimmt alle in ihrem Umfeld denken würden, dass sie es nur auf das Geld abgesehen hätte. Diese Sätze weckten Karins Verstand. Sie begann sich Gedanken über dieses Thema zu machen, zügelte ihre Begeisterung und hatte von nun an das Gefühl, genau aufpassen zu müssen, was sie sagt, damit die anderen Menschen nicht schlecht über sie denken. Ihr Erfolg schwand, weniger neue Kunden und Partner fanden zu ihr, der Verstand wurde immer lauter und die Frustration größer. Nichts wollte mehr klappen …

In ihrem Human-Design-Business-Mentoring konnte ich ihr die Funktion ihrer Aura näherbringen. Zu Beginn war sie voller Freude, Begeisterung, warm und absolut einladend – ein Magnet für jeden Menschen. Und kaum hatte der Verstand die Entscheidungen übernommen, dominierten Unsicherheit, Angst und Frustration. Eine Energie, die andere Menschen wahrnehmen, selbst wenn die Worte, die gesagt werden, identisch sind.

Gemeinsam entdeckten wir die Stärken ihrer Chart und die Dinge, die ihr wirklich Freude machen, in ihrem Alltag und ihrem Job. Karin begann, wieder auf ihren Bauch zu hören, und schon nach wenigen Tagen kam die Energie für ihr Business in Schwung. Das erhöhte wiederum ihre Freude und die Begeisterung und sorgte dafür, dass ihre Aura neu erstrahlte und magnetisch Menschen und Gelegenheiten anzog. Karin hat ihre gesteckten Ziele mit Leichtigkeit erreicht und weiß jetzt, wie genial ihr Energiefeld für sie arbeitet.

Authentische Energie und Konditionierungen

Als Generator bist du in deiner authentischen und besten Energie, wenn du deiner inneren Freude folgst. Immer wenn du nachdenkst, was du tun müsstest, was eigentlich gut wäre und was die anderen denken könnten, hast du die Ebene deines Lebenskraftzentrums verlassen und bist in deinem Verstand gelandet.

Immer, wenn du im Flow bist, einen Prozess genießt, ein befriedigendes Ergebnis siehst und von innen heraus strahlst, dann bist du in der Energie, die Magie in dein Leben bringt.

Wahrscheinlich hast du aber schon in den ersten Monaten und Jahren deines Lebens gelernt, nicht auf deinen Bauch zu hören. Deine Eltern haben dir beigebracht, dass man überlegen muss, was richtig ist. Als Kind hast du auch gelernt, dass wenn deine Eltern Lust auf etwas hatten, zum Beispiel spazieren zu gehen, du mitkommen musstest und dein klares Bauchgefühl, das laut rief »Ich will lieber spielen«, nicht zählte. Wenn du nicht in die Schule wolltest, nicht mehr zum Fußball oder eine Verabredung ausgemacht wurde, dann war es nicht okay, dich umzuentscheiden und deinem Bauchgefühl zu folgen. Du hast gelernt, dass es Regeln gibt, die wichtiger als dein Lebenskraftmotor sind. Man hat dir gesagt, dass Arbeit hart sein muss und du viel tun musst, um richtig erfolgreich zu sein. Du bist in dieser Gesellschaft konditioniert worden, deinem Verstand zu folgen und nicht deiner inneren Lebenskraft. Du hast gelernt, Dinge trotzdem zu tun, auch wenn du Bauchschmerzen hattest und du gehst vielleicht jetzt noch morgens mit einem flauen Gefühl in die Arbeit oder kuschelst mit deinem Partner oder deiner Partnerin auf dem Sofa, obwohl dein Bauch dabei fest wird und deine Energie schwindet.

Wenn du nun bei vielen dieser Beispiele innerlich nickst oder ein »mmh« aus deinem Bauch nach oben dringt (darf ich vorstellen: Das ist deine Bauchstimme!), dann darfst du wissen, du bist nicht allein. Viele Generatoren, die ich schon in meinem Mentoring begleiten durfte, führen ein Leben, das in den meisten Bereichen ihrer Lebensenergie zuwiderläuft. Warum ist das so? Sie lernen nicht nur strategisch dem Verstand zu folgen, sondern auch wie Manifestoren zu agieren, anstatt ihrer Strategie zu folgen. Die *Strategie* und die *Autorität* in deinem Design sind die beiden wichtigsten Punkte, die dich genau zu dem Leben führen, das für dich gemacht ist. Diese einfachen Hinweise zeigen dir den Weg zu deiner Freude und deiner Lebensenergie. Allerdings braucht es dafür Mut, neue Entscheidungen zu treffen und Wege einzuschlagen, die jetzt zu deiner Energie passen. Es braucht besonders als weiblicher Generator den Mut, »NEIN« zu sagen und deine Energie neu auszurichten.

Die Strategie der Generatoren

Deine innere körperliche Weisheit ist darauf ausgelegt, auf Fragen, Menschen, Vorschläge und Gelegenheiten zu reagieren.

»Möchtest du eine Pizza essen?« – auf diese Frage kann deine sakrale Energie mit »mmh«, also mit Zustimmung, Öffnung, einem Energieschub und Lust reagieren. Das bedeutet dann ein klares Ja, egal, ob dein Verstand findet, dass es jetzt noch zu früh oder schon zu spät für Pizza ist. Reagiert dein Bauch aber mit »nnh« mit Ablehnung, zusammenziehend, weniger Energie oder sogar einem unangenehmen Gefühl, dann ist die Antwort Nein. Ganz egal, ob dein Partner, dann sauer ist oder dein Umfeld enttäuscht, weil du etwas anderes oder zu einem anderen Zeitpunkt essen willst als sie.

Die Strategie und die Autorität gelten immer nur für dich. Es geht nicht darum, anderen zu gefallen oder Konfrontationen zu vermeiden. Es geht darum, deiner Energie zu folgen und das Leben zu kreieren, das für dich am besten ist.

Es hilft dir sehr, wenn Menschen dir Ja/Nein-Fragen stellen. Auf diese geschlossenen Fragen kannst du, wie im Beispiel eben, mit deiner Körperenergie reagieren. Bekommst du aber die Frage »Was willst du heute essen?«, dann wird es für dich schwierig. Dein Bauch kann nicht reagieren, dein Verstand kommt rein und gleichzeitig fühlt sich diese Frage für Generatoren meist eher nervig an, weil sie es einfach nicht wissen.

Auch im Business ist es daher wichtig, dass du Entscheidungsfragen gestellt bekommst und keine offenen Fragen mit zu vielen Möglichkeiten. So kannst du sehr viel einfacher deiner Strategie folgen. Diese Fragen dürfen ruhig immer genauer gestellt werden: »Kannst du dir vorstellen eine Kooperation mit Firma XY einzugehen?« JA. »Wäre es gut, mit ihnen ein Interview über das Thema X zu führen und es zu veröffentlichen?« JA. »Willst du das Interview in der kommenden Woche führen?« NEIN. »Sollen wir Frau Y fragen, ob sie das Interview führen mag?« JA. (Dir diese Fragen selbst zu stellen, um zu einer Entscheidung zu kommen, funktioniert grundsätzlich auch, allerdings längst nicht so gut, weil meist dein der Verstand dazwischenfunkt.)

Wie du siehst, reichte die erste Frage nicht aus, um eine umfassende Klarheit über den Weg zu erhalten. Es ist daher am besten, immer konkreter nachzufragen, um zu erfahren, ob deine Lebensenergie für ein Thema zur Verfügung steht, oder nicht. Auch in Beziehungen (privat oder geschäftlich) sollten Generatoren kommunizieren, dass man ihnen am besten sehr konkrete Fragen stellt, um zu erfahren, wie genau das Zusammenleben oder die gemeinsame Arbeit aussehen darf.

Auf das Leben mit deinem Bauch zu antworten, heißt aber auch, dass du als Generator nicht initiieren solltest. Dein Erfolg und deine Befriedigung kommen nicht in dein Leben, wenn du dir in deinem Verstand ausdenkst, dass es jetzt sehr schlau wäre, einen Onlinekurs zum Thema XY zu machen. Du hast gelesen, dass es dir einen passiven Einkommensstrom bringt, und dein Verstand beginnt direkt zu planen, Webseiten zu bauen und loszulegen. Später stellst du fest, dass sich niemand so wirklich für deinen Kurs interessiert, du bist frustriert und fragst dich, warum ein Onlinebusiness bei anderen funktioniert und bei dir nicht. Die Wahrheit ist, es funktioniert auch bei dir, allerdings nur dann, wenn du auf das Leben reagierst: Vielleicht schickt dir jemand ein Thema, über das er/sie mehr erfahren möchte. Vielleicht siehst du einen Onlinekongress, der noch Referenten sucht, und dein Bauch schreit Ja. Vielleicht fragt dich jemand nach einer Zusammenarbeit und in dir hüpft alles vor Begeisterung. Vielleicht zieht sich auch bei dem Gedanken alles zusammen und dann kann der andere oder dein Verstand noch so gute Argumente liefern – die Antwort darf Nein sein.

Im Fluss des Lebens zu sein, bedeutet, du bekommst eine Stellenanzeige zugeschickt, anstatt selbst voller Frustration alle Jobbörsen durchzusuchen, oder jemand schlägt dir vor, Nachmieter in seiner Wohnung zu werden und dein Körper gibt dir das Signal »Yeah«. Diese Reaktion deines Körpers ist der Startschuss für deine Lebensenergie. Diese positive Reaktion auf das Leben schmeißt deinen inneren Motor an. Deine Energie steigt, du kannst loslegen und auf einmal kommt alles wie von allein. Du bist in dieser Sache im Flow und nichts und niemand kann dich aufhalten.

Natürlich setzt das eine Menge Vertrauen ins Leben voraus und ist in den Human-Design-Coachings auch immer ein großes Thema – diesen Fluss zuzulassen, statt ihn kontrollieren zu wollen. Aber niemand verlangt, dass es von heute auf morgen gelingt.

Deine sakrale Reaktion (dein Bauchgefühl) ist gleichzeitig der Indikator, ob du für etwas oder jemanden Lebensenergie zur Verfügung hast oder nicht. Lass uns ein Beziehungsbeispiel nehmen: Du triffst als Generatorin einen attraktiven Mann abends in der Bar. Das Gespräch ist nett, du genießt die Stunden mit ihm. Schließlich fragt er dich, ob du mit zu ihm kommen willst. Dein Bauch zieht sich zusammen und du weißt: Das ist ein Nein! Doch dein Kopf sagt: »Warum nicht? Ich hatte schon lange keine so nette Begegnung mehr, was soll schon passieren? Ich will keine Langweilerin sein und ihm auch kein schlechtes Gefühl geben.« All das spielt sich in Sekundenbruchteilen in dir ab, und weil du gewohnt bist, auf deinen Verstand zu hören, gehst du mit der neuen Bekanntschaft nach Hause. Die gemeinsame Nacht ist weder schön noch herzöffnend. Du spürst, dass deine Entscheidung ein Fehler war. Deine Lebensenergie hat zum Gespräch in der Bar Ja gesagt, aber das Nein auf die Frage »Kommst du mit zu mir?« hast du überhört.

Als Generator kannst du an deiner momentanen Gefühlssituation sehr gut erkennen, welche Entscheidungen du in den letzten Monaten und Jahren getroffen hast – je mehr Frustration, je weniger hast du mit deinem Sakralzentrum korrekt auf das Leben reagiert.

Der Generator im Business

Als Generator bist du ein Umsetzer und dafür gemacht, Dinge zu erschaffen und in diese Welt zu bringen. Dauerhaft nichts tun ist überhaupt nicht dein Ding.

Im Business wie im Leben darfst du mehr vertrauen und reagieren, als initiieren und planen. Die richtigen Jobs und Gelegenheiten werden dich automatisch anziehen und du sie. Investiere deine Energie ausschließlich dann, wenn du ein klares inneres Ja spürst. Alles, was du nach deinem Bauch entscheidest, wird dir leichter fallen, weniger anstrengend sein und dich genau auf deinen Weg führen. Auch wenn das nicht immer bedeutet, dass du in der Komfortzone bleibst. Denn wenn du gefragt wirst, ob du vor 1000 Menschen auf einer Bühne sprechen magst und dein Bauch direkt kribbelt, du von innen beginnst zu glühen und Begeisterungsschübe spürst, dann kann dein Kopf dir sagen: »Das kann ich nicht. Ich weiß nicht genug. Ich werde mich blamieren. Das ist zu gefährlich«. Und du tust es trotzdem, denn deine Körperenergie hat Ja gesagt, auch wenn es kilometerweit außerhalb deiner Komfortzone ist.

Du tust auch im Business genau das, was du liebst. Alle anderen Aufgaben darfst du abgeben oder zumindest ein gesundes 80/20-Verhältnis einhalten, damit du deine Magie entfalten kannst. Hüte dich vor allem davor, dich von anderen Menschen ausnutzen oder dich vor ihren Karren spannen zu lassen.

Als Generator kannst du positive Energie kreieren und diese in Gruppen und Projekte hineinfließen lassen. Schon während der Arbeit sprühst du nur so vor Energie und kannst andere damit anstecken und begeistern. Genau über diese Energie gelangst du auch in Führungspositionen. Du tust, was du liebst, und andere werden dir als Vorbild folgen und von dir lernen. Konzentriere dich immer mehr auf deine Freude als darauf, wie du am meisten Macht und Einfluss gewinnen kannst.

Folge ehrlich dem, was dich zum Strahlen bringt. Du kannst

dieses Strahlen nicht erzwingen oder nur so tun, als ob. Andere werden es spüren, wenn es authentisch ist, du wirst es spüren und mit Leichtigkeit deinen Weg gehen.

Vielleicht springt dir gerade andauernd dein Verstand in den Weg und behauptet, dass Business so nicht funktioniert. »Dinge müssen eben getan werden und niemand hat nur Freude …«

An dieser Stelle meine Einladung, in deine Körpermitte zu spüren – geht dein Lebenskraftzentrum mit dieser Beschreibung in Resonanz? Spürst du die Wahrheit? Ja? Das reicht für diesen Moment. Der Rest ist Training im Alltag, ausprobieren und in den Prozess einsteigen.

Prüfe in deinem Business bei allem, was du tust, ob es mit dir räsoniert oder ob du es nur machst, weil die anderen nun auch Videos statt Blogartikel machen oder Reels statt Storys bei Instagram. Wo leuchtet deine Energie, was fühlt sich leicht an?

Deine Generator-Entwicklung findet in Schüben statt. Zwischen enormen Antriebsphasen und großen Erfolgen erlebst du Plateaus. Oft stellt sich hier Frustration ein und alles wird infrage gestellt. In Wahrheit ist das Plateau das Luftholen deiner Körperenergie für den nächsten großen Sprung nach oben. Wenn du dir aber die Pause und die Stagnation nicht erlaubst, sondern beginnst, aus Frustration zu initiieren, dann trittst du länger auf der Stelle. Also auch hier: Fließe mit dem Leben und mit deiner Energie.

Dein innerer Motor, dein Akku, braucht neben diesen Plateau-Phasen auch weitere kleine Pausen, weniger als die meisten anderen Typen und trotzdem sind sie wichtig. Dein Motor möchte sich erst komplett auspowern, bevor du schläfst oder Pause machst. Nutze die Energie, bringe deine Vorhaben bis zum Ende und gehe dann unmittelbar schlafen, um dich gut zu erholen. Generator-Kinder erkennst du daran, dass sie auf das Stichwort »ab ins Bett« noch einmal die ganze Wohnung auseinandernehmen und sich so richtig auspowern, bevor sie einfach umkippen und einschlafen. Erlaube dir, es ähnlich zu machen und abends noch die Küche aufzuräumen oder etwas wegzuarbeiten, bevor du dich dann, wenn du müde bist, am besten sofort hinlegst. Generatoren kommen recht schnell »über den Punkt«, wo sie nicht mehr einschlafen können. Deshalb achte auch hier auf deinen Körper und deine innere Energie.

Als Generator bist du für Höchstleistungen gemacht. Du hast als einziger Typ die stetige Energie, um einen Bereich oder eine Fähigkeit bis zur Meisterschaft zu bringen. Du hast die Ausdauer und das Durchhaltevermögen, dich mit deiner ganzen Leidenschaft einem Thema zu widmen. Positioniere dich damit gerne als Experte in deiner freudvollsten Energie.

Auch im Leadership hast du den Drang, immer besser und besser zu werden, achte darauf, mit den richtigen Menschen und im richtigen Business zu sein, damit sich deine Energie leicht entfalten kann.

Deine stetige Energie lädt Menschen dazu ein, langfristig mit dir zusammenzuarbeiten. Du begleitest sie über einen längeren Zeitraum und schaffst mit ihnen ein stabiles Fundament. Im Coachingbereich wäre das eher ein 12-Monatsprogramm als ein »Drei-Tage-Quick-Fix-Workshop«.

Arbeite an deinem Business mit einer stetigen Energie und lass dich durch die hektische Betriebsamkeit von den anderen Typen um dich herum nicht anstecken. Du erreichst dein Ziel mit Ausdauer und Genauigkeit. Definiere es genau, damit du es jederzeit auf deinem Weg im Blick haben kannst.

Nutze all diese Erkenntnisse für dich, um zu experimentieren. Spiele mit deiner Strategie, schau was passiert. Denn vom Lesen und intellektuellen Begreifen verändert sich dein Leben nicht. Du darfst mit Human Design in deine freudvoll gelebte Weisheit eintauchen. Starte dein persönliches Human-Design-Experiment und schmeiß dich in den Prozess.

Um das zu verdeutlichen, möchte ich Ra Uru Hu zitieren, der

in diesem Zusammenhang gesagt hat: »Halb schwanger gibt es nicht«. Damit ist gemeint, dass du deinen Energietyp mit deiner Strategie und deiner Autorität ernsthaft testest und lebst und nicht nur deinem Bauchgefühl folgst, wenn es deinem Verstand und den Menschen in deinem Leben ohnehin gerade in den Kram passt. Es geht darum, dieses wertvolle Wissen immer für dich und deine Energie einzusetzen. Du wirst erstaunt sein, wie schnell sich die Magie in deinem Business und in deinem ganzen Leben entfaltet.

EIN BEISPIEL AUS DEM BUSINESS-MENTORING

Linda ist sakrale Generatorin mit nur drei definierten Zentren: Wurzel-, Sakral- und Milzzentrum. Ihre Chart ist offen, sehr empfänglich und gleichzeitig voller Stärke. Linda ist Expertin im Bereich Kryptowährungen, und sie liebt es, sich mit diesem Thema zu beschäftigen, den ganzen Tag könnte sie sich damit auseinandersetzen – recherchieren, Neues entdecken, Geld investieren. Gleichzeitig hat sie noch einen Job in der Firma eines Freundes, ein cooler Job, mit netten Menschen und Aufgaben, die nicht besonders anspruchsvoll sind. Jede freie Minute verbringt sie allerdings mit dem Thema Bitcoin und Co, ihr Wissen und ihre Expertise in diesem Bereich sind unglaublich tief und fundiert. In unserem Coaching soll es darum gehen, wie sie sich in diesem Bereich ein Business aufbauen kann, damit sie eine finanzielle Sicherheit hat und sich in Zukunft nur noch dem Thema widmen darf, das sie wirklich liebt.

Natürlich fällt es ihr auch nicht leicht, den Job in der Firma ihres Freundes aufzugeben, ihr offenes Emotionszentrum spürt jetzt schon die Enttäuschung und hat etwas Angst vor seiner Reaktion.

Das ist es aber nicht, was sie wirklich zurückhält, diesen Weg zu gehen. Es ist der Gedanke, was alles an dem neuen

Onlinebusiness dranhängt. Mit Freunden hat sie schon besprochen, dass es super wäre, einen Onlinekurs für Anfänger und Fortgeschrittene aufzunehmen und damit auch anderen Menschen das Wissen weiterzugeben. Hochpreisige Einzelcoachings seien auch super, haben sie gesagt. Die Vorstellung, ein Krypto-Coaching-Business aufzubauen, nimmt Linda allerdings total die Energie aus dem Thema, sie hat weder Lust auf Coaching noch auf Onlinekurse oder einen eigenen Instagram-Account.

Im Laufe unseres Gesprächs wird klar, Linda möchte sich einfach selbst mit dem Thema auseinandersetzen und professionelle Investorin sein. Sie möchte jeden Tag tief in das Thema eintauchen, mit anderen Professionals austauschen und ohne den Kontakt zu anderen Menschen, jedenfalls nicht als Coach, ihr Investor-Business aufbauen.

Bei diesen Gedanken sprudelt die Energie nur so aus ihr heraus. Die Generatorin hat unendlich viel Power bei dieser Vorstellung. Wir besprechen, dass es ihrem Design entspricht, fundierte Recherche zu betreiben und einen großen Teil ihres Vermögens in sicheren Trades zu investieren und sich nicht von Meldungen oder Gefühlen anderer Investoren beeinflussen zu lassen. Außerdem erfährt sie, dass ihre Intuition ihre Superkraft ist. Wenn sie sich auf ihr Gespür beim Investieren verlässt, wird sie weiterhin so erfolgreich sein und schon bald davon leben können.

In diesem Beispiel wird noch einmal so klar, dass es niemals darum geht, ein Business nach einem bestimmten Schema aufzubauen, sondern darum, dass es deine Energie komplett unterstützt. Linda hat im Gespräch mit ihrem Freund vereinbart, dass sie ab sofort die Firma nur noch sehr flexibel nach Bedarf unterstützt und sich nebenbei ihr Investment-Business aufbaut. Sie wird im nächsten halben Jahr jemanden einarbeiten, der ihren Job übernimmt, und anschließend nur noch als externe Beraterin unterstützen, während sie sich ihrem Lieblingsthema, den Kryptowährungen, in Vollzeit widmet.

Die Rückmeldung von Linda nach dem Mentoring ist voller Freunde und Energie. Auf einmal ist ihr eigener Weg ganz klar und sie kann ihre Power und Lebenskraft wunderbar spüren. Ab jetzt geht sie den Weg ihrer Freude.

Tipps für Generatoren

- Folge deiner Freude.
- Frustration zeigt dir, dass du auf dem falschen Weg bist.
- Führe als Vorbild in deiner authentischen Energie.
- Begleite Menschen stetig und langfristig.
- Nutze deine Energie, um Experte oder Expertin zu werden und Meisterschaft zu erlangen.
- Nutze Stagnation für Pause, Neuausrichtung und Rückblick
- Führe ein bewusstes Dankbarkeitstagebuch für all das, was du schon erreicht hast (Generatoren vergessen das schnell wieder).
- Lass dir Ja/Nein-Fragen stellen.
- Verbinde dich mit deinem Körper und seiner Weisheit, dabei kann dir Sport und bewusste Bewegung helfen.
- Lass dich voller Hingabe auf das Leben ein und reagiere mit deiner inneren Weisheit.
- Power dich vor dem Schlafen aus, damit du morgens ausgeruht bist.
- Bringe Freude und Stabilität in das Leben anderer Menschen, indem du deiner Passion folgst.

Affirmationen und Powersätze für Generatoren

- Ich vertraue der unendlichen Fülle des Lebens und warte darauf, dass sich mir die richtigen Gelegenheiten zeigen.
- Ich bin perfekt dafür gemacht, die Dinge zu tun, die mir Freude bereiten. Wenn ich das Richtige spüre, bin ich voller positiver Energie.

- Ich weiß zu jeder Zeit, was zu tun ist, ich vertraue meinem Bauchgefühl.
- Ich bin ein kraftvolles Energiewesen und nutze meine Energie jeden Tag, denn sie füllt sich von allein wieder auf.
- Ich achte und lebe die Dinge, die mir wirklich Freude bereiten.
- Ich lasse mein Licht hell strahlen und bringe es in diese Welt.
- Ich folge meiner Freude und lasse alles los, was nicht zu mir passt.
- Ich weiß: Ich bin anziehend, sexy, vibrierend und erfolgreich, wenn ich einfach meiner Freude folge und das über alles andere stelle. Ich finde heraus, wie wundervoll das Leben noch werden kann.

BUCH-BONUS:

Im Buch-Bonus findest du eine Meditation zur Energie dieses Human-Design-Typs, ein Video, wie du diesem Typ Anerkennung und Wertschätzung ausdrücken kannst, und zwei Handy-Hintergründe, die dich täglich an diese einzigartige Kraft erinnern. Hier geht's zum Buch-Bonus: **hd-buch.com/bonus**

DER MANIFESTIERENDE GENERATOR

34 Prozent der Bevölkerung
Offene und umarmende Aura
Signatur: Freude/Frieden
Not-Self: Frustration/Wut
Strategie: Auf das Leben reagieren/informieren

Als Manifestierender Generator bist du schnell und sehr kraftvoll, trotzdem gilt es, auf das Leben zu reagieren. Dabei wird es nie dein Verstand sein, der dir den Weg weist, sondern immer dein Körper.

Hey, Manifestierender Generator, halt mal kurz inne atme tief durch und nimm dir die Zeit, in deine kraftvolle Energie einzutauchen. MG zu sein bedeutet, dass du die Energie des Manifestors mit der des Generators vereinst. Du trägst beide Energien in dir, gehörst allerdings zum Grundtyp des Generators. Es ist also sinnvoll, dass du vorher beide Beschreibungen liest, bevor es hier für dich weitergeht. Wahrscheinlich hast du sie aber übersprungen und bist direkt bei diesem Abschnitt gelandet, oder? Erwischt? Als Manifestierender Generator bist du einfach schnell, du liebst es, die Abkürzung zu nehmen und alles zu überspringen, was dich jetzt nicht interessiert. Und vielleicht nervt es dich auch ein bisschen, zuerst die anderen beiden Kapitel lesen zu »müssen«, aber vertrau mir, es hilft dir dann umso mehr, schneller zu verstehen, wie du mit deiner Energie am besten umgehen darfst.

Wie ich schon gesagt habe, als Manifestierender Generator bist du ein Mischtyp zwischen Generator und Manifestor. Dein

Körper, deine Aura und deine in dir verankerte Strategie, ist die eines Generators. Das bedeutet, dass du deine volle Kraft erst entfalten kannst, wenn du lernst, auf das Leben zu reagieren und nicht wie ein Manifestor loszupreschen.

Bestimmt schüttelst du jetzt innerlich den Kopf, da du dich beim Lesen der anderen Abschnitte viel mehr mit der Manifestor-Energie identifizieren konntest oder wolltest. In dir ist dieser Teil, der kribbelig ist wie ein Manifestor, der große Visionen hat und der auf nichts und niemanden warten möchte, um in die Umsetzung zu gehen.

Darin liegt allerdings auch der Grund, warum du so oft in deinem Leben Rückschläge erlebt und Dämpfer bekommen hast – du hast initiiert, ohne auf das Leben zu warten. Du hast dir im Kopf etwas ausgedacht und hast dann deine Lebensenergie dafür genutzt, um es zu verwirklichen. Damit hat der Kampf begonnen, denn indem du als Manifestor handelst, handelst du gegen dein Sakralzentrum, deine Lebensenergie.

Ein Manifestierender Generator entfaltet seine Magie nur dann, wenn er nicht initiiert, sondern auf das Leben reagiert

Warum? Weil nur dann sein Sakralzentrum mit ausdauernder, freudvoller Lebenskraft antwortet. Es gibt tatsächlich keinen anderen Weg, um diese Kraft zu entwickeln.

Wie jeder andere Mensch darfst du verstehen, dass es nicht funktioniert, wenn du versuchst, dein Leben zu kontrollieren oder zu steuern, aus Angst davor, etwas zu verlieren oder etwas zu bekommen, was du nicht haben möchtest. Es geht darum, Hingabe zu üben, zu warten, bis dein Lebenskraftzentrum dir den Weg weist, indem es auf die Gegebenheiten des Lebens reagiert. Du wirst erst wissen, wer du bist und was hier auf dem

Planeten deine Aufgabe ist, wenn dein Sakralzentrum es dir gezeigt hat.

Es spricht mit dir, wie im Teil des Generators beschrieben mit einem zustimmenden, öffnenden »mmh« oder mit einem verneinenden, zusammenziehenden »nnh«. Diesen Impulsen zu folgen, ist dein Schlüssel zu mehr Freude und Frieden und weniger Frustration und Wut in deinem Leben.

Der Manifestor-Anteil bringt Ungeduld, Visionskraft, Willensstärke, Effizienz und Schnelligkeit in dein Leben. Wenn du diese Eigenschaften erst nach deiner Bauchreaktion nutzt, dann wirst du kraftvoller, schneller und ausdauernder sein als jeder andere Human-Design-Typ. Lässt du dich allerdings nur von deinem Verstand und dem Willen zu initiieren leiten, wirst du erleben, wie anstrengend und voller Widerstand das Leben sein kann.

Oft kannst du diesen Zustand der Frustration und der Wut in dir ignorieren und wegdrücken, indem du dafür sorgst, dass du beschäftigt bist und einfach den ganzen Tag etwas tust. Wahrscheinlich wird deshalb die Angst vor dem Warten immer stärker, weil in dieser Ruhe und dem Nichtstun auch deine wütenden und frustrierten Gefühle in dir aufsteigen, von denen du dich sonst so gut ablenken kannst.

Es braucht deinen Mut, in diese Stille zu gehen und abzuwarten, was sich zeigt und ergibt. Dafür wirst du dann mit Leichtigkeit, Flow und dem Respekt anderer Menschen belohnt, die dich auf diese Weise wahrhaftig spüren können. Auch wenn du jetzt noch zweifelst, lass dich von diesem Prozess überraschen, es wird ganz anders, als du denkst. Echte Befriedigung erlebst du nur in der Antwort auf das Leben, und diese Energie wird sich am Ende jedes einzelnen Tages einfach unfassbar gut anfühlen.

Die Manifestierender-Generator-Aura

Genau wie der Generator hast du eine offene und einhüllende Aura. Deine Energie ist daher aus jeder Richtung für andere

Die offene und einhüllende Aura des Manifestierenden Generators

spürbar. Deine Freude und Befriedigung, aber auch deine latent vorhandene Frustration und Wut werden über dieses Energiefeld transportiert.

Gleichzeitig sorgt diese offene Aura dafür, dass du angesprochen und gefragt wirst, sodass du darauf mit deinem Sakralzentrum reagieren kannst. Während ein Manifestor in einem Café mit großer Wahrscheinlichkeit allein mit seinem Espresso sitzen bleibt, weil seine Aura nicht einladend wirkt, kannst du in derselben Umgebung deine Aura wirken lassen: Früher oder später wird garantiert jemand versuchen, mit dir Kontakt aufzunehmen und zu interagieren, und du kannst dann spüren, ob deine Antwort darauf ein »mmh« oder eher ein »nnh« ist.

Als Manifestierender Generator verändert sich dein Energiefeld dann, wenn du beschäftigt bist. Sobald du in den Tunnel – bestenfalls freudvoller – Aktivität abtauchst, werden Menschen spüren, dass du gerade nicht ansprechbar bist, und sie werden dich wahrscheinlich eher nicht stören. Diese Besonderheit von Manifestierenden Generatoren tritt besonders dann hervor, wenn der Kanal 34–20 (vom Sakral- zum Kehlzentrum führend) definiert ist, aber auch bei allen anderen Manifestierenden Generatoren wird die Aura etwas geschlossener und sendet die Energie: »Lass mich jetzt in Ruhe, ich bin beschäftigt«.

Wenn du dein Leben in Reaktion lebst, wirst du die meiste Zeit des Tages Freude, Befriedigung und Frieden, anstatt Frustration und Wut empfinden. Dann wird sich dein gesamtes Leben verändern, weil andere Menschen diese Veränderung in deiner Energie spüren und anders auf dich zugehen. Gelegenheiten werden sich direkt vor deiner Nase eröffnen und dein Zauber wird sich mehr und mehr entfalten.

Diese Veränderung wird sich nicht durch deinen Verstand initiieren lassen. Er hat keine Ahnung, wie das funktioniert, und er weiß auch nichts über dich und welche Dinge für dich richtig sind. Deshalb ist es für dich wichtig, aus dem Verstand in deinen Körper zu kommen. Zu spüren, welche Signale dir dein Körper sendet, damit du in den Flow deines Lebens und in deine Bestimmung eintauchen kannst.

EIN BEISPIEL AUS DEM COACHING

Andreas ist Manifestierender Generator 5/1 mit sakraler Autorität. Er sitzt in der Führungsetage eines Großkonzerns und hat sich über sein enormes Wissen und sein lösungsorientiertes Denken bis an die Spitze hochgearbeitet. Er verdient richtig viel Geld, braucht eigentlich nicht viel dafür tun und verurteilt sich selbst dafür, dass er trotzdem nicht glücklich ist. Auch die Beziehung zu seiner Frau Gabi (Generatorin 2/4) leidet seit Jahren sehr darunter, dass sie sich zwar alles leisten können, Andreas aber dennoch ständig frustriert ist, wegen Kleinigkeiten ausrastet und schrecklich wütend wird.

Eine Kollegin bringt ihn eines Tages mit dem Thema Human Design in Kontakt; es fasziniert ihn sofort und er versteht, dass er seiner Initiative und seinem Intellekt zwar all das verdankt, was er im Leben erreicht hat, doch dass ihn diese Lebensweise auch müde gemacht und frustriert hat. Er erinnert sich, dass er als Kind auch an Magie und der unsichtbaren Welt interessiert war und spürt in sich das innere »mmh« für dieses Thema. Er beginnt, sich tiefer mit Human Design, Astrologie und anderen energetischen Themen zu beschäftigen, und obwohl er jetzt nahezu jede freie Minute außerhalb der Arbeit in dieses Thema investiert, wird seine Beziehung zu Gabi mit jedem Tag besser. Seine innere Freude kehrt zurück, seine Energie verändert sich und auch für sie wird es wieder angenehm, mit ihm Zeit zu verbringen.

Auch in der Firma wird seine veränderte Energie bemerkt und er bekommt das Angebot, nicht mehr weiter festangestellt in seiner Position zu bleiben, sondern als externer Berater andere Führungskräfte zu beraten, wie sie wieder mehr in ihre Kraft finden. Außerdem soll er Abläufe innerhalb des Unternehmens mithilfe von Human Design neu strukturieren. Diese Veränderung im Alltag, das immer tiefere Verständnis und Vertrauen in seinen inneren Mechanismus, lässt Andreas von Tag zu Tag mehr strahlen. Nach nur sechs Monaten als Berater kündigt er die Zusammenarbeit und zieht mit Gabi ins Ausland. Sie folgen ihrer Bauchstimme, leben an einem sonnigen, entspannten Ort und bieten ihre Beratung über Onlinekurse und Coachings genau den Menschen an, die sich heute so fühlen, wie es Andreas vor einiger Zeit ergangen ist.

Das Bewusstsein für seine Energie und das Vertrauen in seine Strategie haben ihn wieder in seine volle Lebenskraft und Lebensfreude katapultiert.

Authentische Energie und Konditionierungen
Bestimmt hast du bemerkt, dass es auf den letzten Seiten oft darum ging, dass du als MG aus deiner Lebensenergie heraus dein Leben gestaltest. Dein Schlüssel zu absoluter Befriedigung und Freude in deinem Leben ist dein Sakralzentrum mit seiner Lebenskraft.

In unserer westlichen Welt messen wir dem Verstand extrem viel Gewicht bei. Doch hast du dir schon einmal bewusst gemacht, wie viele Prozesse neben dem Denken noch in deinem Körper ablaufen? Jede einzelne Zelle ist mit den anderen Zellen verbunden, sie kommunizieren in Lichtgeschwindigkeit miteinander, Botenstoffe werden ausgetauscht, du fühlst, siehst, hörst und erlebst die Welt von einer Sekunde auf die andere komplett anders, wenn sich die Energie in deinem Körper verändert. Dein wundervoller Körper ist in diesem Leben dein Instrument, um Energien um dich herum aufzunehmen, Dinge zu spüren, auszuwerten und abzugleichen, in einer Menge und in einer Geschwindigkeit, in der dein Verstand nicht mithalten kann. Warum also sollte er die Entscheidungen treffen?

Um ihn nicht zu überfordern, filtert der Thalamus (dein Türsteher im Zwischenhirn) allerhand Informationen heraus. Du siehst, hörst und erlebst immer nur so viel, wie du gerade verarbeiten kannst. Ist dir schon einmal aufgefallen, dass du das Ticken deiner Uhr im Wohnzimmer nach einiger Zeit nicht mehr wahrnimmst, deine Kleidung nur dann spürst, wenn sie dich stört, und du manche Dinge erst siehst, wenn dich jemand darauf hinweist? Damit dein begrenzter Verstand nicht überfordert wird, schränkt sich deine Wahrnehmung ein, die Sinneseindrücke deines Körpers sind aber die ganze Zeit vorhanden und spüren die Informationen deiner Umwelt. Genau aus diesem Grund macht es für dich, deine Lebensenergie und deine Entscheidungen wesentlich mehr Sinn, auf deinen Körper zu hören.

Ich hoffe, ich kann dich mit dieser ausführlichen Erklärung

davon überzeugen, nicht länger aus dem eingeschränkten Blickwinkel deines Verstandes zu entscheiden und zu leben. Dein ganzes Wesen ist dafür designed, auf das Leben und seine Gelegenheiten zu reagieren. Nutze also die grenzenlose Weisheit deines Körpers, und verlasse dich auf seine sakrale Lebenskraft.

Da du mit hoher Wahrscheinlichkeit im Laufe deines Lebens gelernt hast, vor allem auf deinen Verstand zu vertrauen, beginnt für dich ein Dekonditionierungsprozess. Das bedeutet, Schicht um Schicht all das abzulegen, was nicht zu deiner Essenz gehört, und in möglichst allen Momenten deinem inneren Feuer zu vertrauen.

Manifestierende Generatoren bekommen oft in ihrem Leben gesagt, dass sie zu viel, zu schnell, zu bunt, zu anders und zu laut sind: »Kannst du dich nicht mal für etwas entscheiden?«; »Du bist zu schnell, mach doch eins nach dem anderen!«; »Du bist noch nicht fertig, du hast ja das Wichtigste vergessen!«; »Mach bitte erst das eine zu Ende, und dann fang mit dem Nächsten an!«; »Du musst dich auf eine Sache fokussieren, sonst kann das nichts werden!« Diese und viele weitere Sätze in der Art hören Manifestierende Generatoren häufig in ihrem Leben.

Natürlich ist das nicht ganz aus der Luft gegriffen, denn auch du kannst nicht unendlich viele Dinge gleichzeitig erledigen und für alles Energie bereitstellen. Doch wenn das Leben erst einmal Fahrt aufnimmt, entfacht das deine Lebensenergie umso mehr. Du kommst am besten in deine Kraft, wenn du mit vielen Menschen, unterschiedlichen Projekten und mehreren Hobbys in deinem Alltag jonglierst. Erinnere dich also daran, wie du als Kind warst. Wobei bist du so richtig aufgeblüht und wann passiert das heute? Welche Aktivitäten geben dir so richtig viel Energie, von innen heraus, kribbelnd und feurig?

Lass dir an dieser Stelle gesagt sein: Wenn Menschen dich bremsen wollen, von dir verlangen, dass du ruhiger, langsamer und einfach »weniger« wirst, dann darfst du gute Grenzen setzen! Die Energie von Manifestierenden Generatoren, die in ihrer Freude und im Flow sind, ist einfach wundervoll sprudelnd und kraftvoll. Ich weiß, wovon ich rede, denn ich habe eine MG in meinem Team, die problemlos die Nächte durchmacht, um eine Aufgabe fertigzubekommen, für die ihr inneres Feuer brennt.

Wofür brennst du?

Die Strategie der Manifestierenden Generatoren

Als Manifestierender Generator gehörst du zu den Generatoren, das bedeutet, deine Strategie ist es, auf das Leben zu reagieren. Dabei hilft es dir, möglichst oft präsent zu sein, statt dich in Grübeleien und Gedankenschleifen zu verlieren. Versuche, das Hier und Jetzt und dich selbst wirklich zu spüren, um diese Gelegenheiten auch wahrzunehmen. Ein Achtsamkeitswecker, eine kurze Atemmeditation zwischendurch oder eine Runde um den Block oder in den Park, können dir dabei helfen.

Gleichzeitig bist du schnell, sprunghaft und kraftvoll wie ein Manifestor und andere Menschen haben des Öfteren Mühe, mit dir mitzuhalten, deine nächsten Schritte abzusehen und bei all deinen Projekten den Überblick zu behalten. Deshalb macht es gleichzeitig Sinn, die Strategie der Manifestoren zu nutzen und dein Umfeld über das zu informieren, was du als Nächstes tun wirst. So wird der Widerstand gegen deine Schnelligkeit und Kraft abnehmen, und du kannst viel friedvoller durch dein Leben gehen.

An dieser Stelle möchte ich dir erneut ans Herz legen, dir sowohl die Strategie des Generators, als auch die der Manifestoren noch einmal durchzulesen und beide Anteile in dir zu sehen und in deine Strategie mit einzuflechten.

Dazu kommt noch eine dritte Komponente und das ist der »Moment der Wahrheit«. Als Manifestierender Generator bist du schnell zu begeistern und legst sofort richtig los. Dabei merkst du recht schnell, ob das neue Projekt oder Hobby dir tatsächlich mehr Energie gibt oder dir doch nicht so gut gefällt. Das ist dein Moment der Wahrheit. Da du erst im Tun so richtig merkst, ob etwas wirklich für dich geeignet ist oder nicht, können Testphasen und Probestunden für dich Gold wert sein. Du kannst ausprobieren, wie deine Lebensenergie auf etwas reagiert und gleichzeitig brauchst du keine Angst zu haben, als unzuverlässig oder zu sprunghaft angesehen zu werden, wenn du dieses Testen vorher eindeutig kommunizierst.

EIN BEISPIEL AUS DEM COACHING

Hannah ist Mitte zwanzig und Manifestierende Generatorin mit sakraler Autorität. Vor wenigen Tagen hat sie auf einem Seminar eine neue Coaching-Methode kennengelernt und ist hin und weg. Noch am selben Abend hat sie sich informiert, wo sie diese Technik lernen kann. Ihr inneres Feuer ist angesprungen, und sie kann es kaum erwarten, mit der neuen Coaching-Ausbildung loszulegen.

Aus dem Human-Design-Coaching kennt Hannah allerdings schon ihren Moment der Wahrheit und deshalb bittet sie die Coaching-Academy darum, bei einer Live-Stunde probehalber teilnehmen zu dürfen. So kann sie die Energie der Ausbildung erleben und dadurch die Reaktion ihres Sakralzentrums spüren, dessen Energie erfahrungsgemäß entweder abfällt oder noch mehr ansteigt.

Während der Probestunde spürt Hannah, dass die Begeisterung nachlässt, und sie weiß sofort, dass es besser ist, sich bei diesem Institut nicht in eine Ausbildung zu begeben. Da sie das Thema selbst aber nicht loslässt, nimmt sie bei einer anderen Academy an einem Infoabend teil. Während dieses Abends steigt ihre Begeisterung weiter an, sie ist total angetan von den Dozenten und der Energie im Raum und entschließt sich mit einem vollkommen sicheren Gefühl, dort ihre Ausbildung zu absolvieren.

Als Manifestierender Generator ist es also bei wichtigen und weitreichenden Entscheidungen für dich am besten, es vorher auszuprobieren. Probearbeiten im neuen Büro, Probewohnen mit der neuen Flamme im Ferienhaus im Urlaub, Schnupperstunden in der Tanzschule oder beim Kitesurfen – all das ist ideal. Erlaube dir diese Testphase, und kommuniziere sie klar für deine Mitmenschen. Das hilft dir, deine Energie zu leben und schützt dich gleichzeitig vor Widerstand und Ablehnung im Außen.

Der Manifestierende Generator im Business

Im Business-Coaching mit Manifestierenden Generatoren achte ich sehr darauf, dass es viele Projekte, aber nicht *zu* viele Projekte sind. Es ist nämlich ein riesiger Unterschied für dich und deinen Business-Erfolg, ob du bunt und vielfältig bist und das deine Energie nährt und deinen Erfolg steigert. Oder ob du abgelenkt und zerstreut bist, alles anfängst und nichts zu Ende bringst und deshalb Frustration und Erfolglosigkeit erntest.

Frage dich: Kann ich bei all meinen Projekten mit meiner vollen Energie präsent sein oder bin ich oft zerstreut und vergesslich? Wenn ich meinen Blumenstrauß an Möglichkeiten vor mir sehe, steigert das meine Energie oder fühle ich mich überfordert und angestrengt? Fange ich immer wieder etwas Neues an, ohne ein Projekt zu Ende oder in den Erfolg zu führen?

Vielleicht magst du dir für diese Fragen etwas Zeit nehmen und sie in Ruhe für dich beantworten.

Auf der anderen Seite kann es sein, dass du dir bis jetzt noch gar nicht erlaubt hast, bunt und vielfältig in deinem Business zu sein, weil du gelernt hast, dass du eine Nische brauchst, um dich erfolgreich zu positionieren. Festgelegte Brandingfarben, einen immer gleichen Fahrplan und Erfolgsrezepte, von denen du nicht abweichen solltest.

Falls das der Fall ist, möchte ich dich natürlich ausdrücklich ermuntern, dich auszuprobieren. Deine innere bunte, schnelle, kraftvolle Energie rauszulassen. Menschen dürfen deine Vielfältigkeit und deine Power in deinem Unternehmen spüren: Wenn sie dich live treffen genauso wie über deine Visitenkarte, deine Webseite, deine Social-Media-Kanäle oder dein Ladengeschäft.

Achte aber auch darauf, dass du spürbar und wiedererkennbar bist und selbst noch den Überblick hast. Ein zu enger Fokus, zu wenig Abwechslung und Eintönigkeit können deine Superkraft ebenso eindämmen wie zu viele Bälle, die du in der Luft halten musst, und Überforderung, weil du zu oft »Ja« gesagt hast.

Für dich als Manifestierenden Generator ist es genau wie für den Generator extrem wichtig, deiner Freude und deiner Lebensenergie zu folgen. Das, was du tust, darf dir schon währenddessen Freude bereiten und dich wirklich erfüllen. Dabei ist es egal, ob du dafür Anerkennung im Außen bekommst, es geht wirklich nur um dich und dein inneres Gefühl.

Gleichzeitig bist du als Manifestierender Generator superschnell und liebst es, Abwechslung zu haben. Deswegen kann es sein, dass dir deine Tätigkeit eine Zeit lang Spaß macht und du dann die Freude daran verlierst, weil es zu eintönig wird. Sorge also dafür, dass deine Arbeit auch sexy für dich bleibt. Baue Abwechslung ein, indem du zum Beispiel an anderen Orten arbeitest, öfter das Konzept wechselst und mit unterschiedlichen Menschen zu tun hast.

Ein großer Erfolgsverhinderer von Manifestierenden Generatoren ist es nämlich, zu früh von einer Tätigkeit in die andere zu springen und nie lange genug an einer Sache dran zu bleiben. Wenn du das gefunden hast, was du machen willst, dann arbeite so viel, wie es sich für dich richtig anfühlt, auch wenn es mal die »normalen« Grenzen sprengt, und sorge für die Abwechslung, die du brauchst, um wirklich erfolgreich in der einen Sache zu werden.

EIN BEISPIEL AUS DEM COACHING

Vanessa ist emotionale Manifestierende Generatorin und im Network-Marketing tätig. Sie hat schon ein ziemlich großes Team aufgebaut und kann sehr gut von ihrem Business leben. Seit ungefähr einem Jahr stockt aber das Wachstum, es geht nicht weiter voran, es ist eher so, dass die Provisionen langsam rückläufig sind.

Im Mentoring sehe ich direkt, dass für sie (offenes Selbstzentrum) die Umgebung und die Menschen in ihrem Umfeld sehr wichtig sind. Der Abwärtstrend in ihrem Business hatte mit ihrem Umzug in eine fremde Stadt und der Coronapandemie begonnen. Diese äußeren Umstände hatten sie aus ihrer Mitte gebracht und dafür gesorgt, dass sie ganz viele Dinge, dir ihr eigentlich guttun und Freude bringen, nicht mehr gemacht hat.

Im Gespräch kam außerdem noch heraus, dass sie sich in der Zeit, in der das Geschäft nicht mehr so gut gelaufen ist, sehr stark an anderen orientiert und versucht hat, ihr Team auf die Art zu führen, wie es andere erfolgreiche Menschen im Network-Marketing tun. Das führte dazu, dass ihr schnell langweilig wurde und sie auch hier die Lust an der Arbeit verlor.

Das Mentoring hat sie in allem bestärkt, was sie eigentlich schon über sich wusste. Sie verlegte ihren Wohnsitzt an einen Ort, der ihre Energie unterstützt, und begann wieder Dinge in ihren Alltag einzubauen, die sie richtig begeistern, wie Bücher zu lesen und Yoga zu machen. Auch in der Arbeit mit ihrem Team fand Vanessa Stück für Stück wieder in ihre Freude zurück. Sie plante die Teamcalls und Coachings, so wie es ihr gefällt und brachte immer wieder frischen Wind und neue Themen mit ein.

Schon wenige Wochen nach dem Mentoring fanden neue Partner in ihr Team, die komplette Energie stieg an und sie erreichte die nächste Zielstufe mit Leichtigkeit und ganz viel innerer Freude.

Für sie als Manifestierende Generatorin ist es wichtig, sich ihre Arbeit so zu gestalten, dass sie dabei Energie und Freude spürt, genug Abwechslung vorhanden ist und sie trotzdem bei der Sache bleibt. Zusätzlich hilft es ihr auch, in ihrer Freizeit sehr darauf zu achten, sich mit Themen zu beschäftigen, die sie begeistern und ihre Energie zum Leuchten bringen. Und ganz speziell in Vanessas Fall sind die Umgebung, die Menschen, die Energie, in der sie sich befindet, ausschlaggebend dafür, wie wohl sie sich fühlt und wie gut sie ihre Energie abrufen kann.

Tipps für Manifestierende Generatoren

- Finde eine Tätigkeit, die dir wirklich Freude macht und die von Menschen gebraucht wird. Finde dein Element, in dem du so richtig aufblühst.
- Wenn du dich langweilst, bist du am falschen Ort. Suche dir einen neuen »Spielplatz« oder verändere ihn so, dass du wieder Lust hast, dort zu wirken.
- Du liebst es, schnell und spontan zu sein. Erlaube dir, immer mal wieder auszubrechen und etwas anderes zu tun, ohne dabei dein großes Ziel aus den Augen zu verlieren.
- Lass dich in deinem kreativen Flow nicht unterbrechen. Kommuniziere, dass du ungestört sein möchtest, und gib deine ganze Energie in dein Projekt.
- Wenn Menschen dich bremsen wollen oder dir sagen, dass du zu schnell, zu laut oder zu viel bist: lauf!
- Erlaube dir, dein Business wie ein buntes Buffet aufzubauen und mehrere Dinge anzubieten, die dir alle Spaß bringen.
- Viele Dinge zu tun, gibt dir Energie. Zu viele Dinge gleichzeitig zu tun, nimmt sie dir. Achte daher immer gut auf die richtige Balance.
- Nutze deine »Speed-Umsetzer«-Fähigkeiten. Manchmal bist du dabei allerdings nicht der/die Gründlichste. Wenn es dir

wirklich wichtig ist, sorge also für Genauigkeit oder lass dich von Menschen unterstützen, die diese Fähigkeiten haben.

- Sei selbstbewusst und strahlend, auch wenn du öfter deinen Weg änderst. Du kannst darauf vertrauen, dass du als natürlicher Leader wahrgenommen und gefeiert wirst.

Powersätze für Manifestierende Generatoren

- Ich vertraue meiner Körperweisheit, dass sie mich automatisch zu meiner Freude führt.
- Ich feiere alle meine unterschiedlichen Talente und Interessen.
- Meine Leidenschaft gibt mir Stärke, und diese Stärke gebe ich auch an andere Menschen weiter.
- Ich vertraue der unendlichen Fülle des Lebens und warte darauf, dass sich mir die richtigen Gelegenheiten zeigen.
- Ich weiß: Ich bin anziehend, sexy, vibrierend und erfolgreich, wenn ich einfach meiner Freude folge und das über alles andere stelle. Ich finde heraus, wie wundervoll das Leben noch werden kann.
- Was für mich nicht sexy klingt, verfolge ich nicht.
- Ich übe jeden Tag, weniger im Verstand und mehr im Bewusstsein meines Körpers zu sein.
- Ich bin perfekt dafür gemacht, die Dinge zu tun, die mir Freude bereiten. Wenn ich das Richtige spüre, bin ich voll in meinem Element.

BUCH-BONUS:

Im Buch-Bonus findest du eine Meditation zur Energie dieses Human-Design-Typs, ein Video, wie du diesem Typ Anerkennung und Wertschätzung ausdrücken kannst, und zwei Handy-Hintergründe, die dich täglich an diese einzigartige Kraft erinnern. Hier geht's zum Buch-Bonus: **hd-buch.com/bonus**

DER PROJEKTOR

21 Prozent der Bevölkerung
Fokussierte und sehr gerichtete Aura
Signatur: Erfolg
Not-Self: Bitterkeit
Strategie: Auf Fragen und Anerkennung warten

Als Projektor bist du hier, um die Potenziale der anderen Menschen zu erkennen und ihnen die Richtung zu weisen.

Hast du dich schon mal gefragt, ob du hier von einem anderen Stern einfach nur abgesetzt worden bist und eigentlich gar nicht in diese Welt gehörst? Herzlichen Glückwunsch – dein Gefühl ist richtig! Laut Ra Uru Hu gibt es Projektoren erst seit 1781 auf dieser Welt. Du bist also der »frischeste« Typ, und in dir kann das Gefühl entstehen, dass du nicht dazugehörst, weil es faktisch auch nicht so ist. Du hast diese Welt nicht mit aufgebaut, du bist eher in sie gesandt worden, um sie zu verändern und Menschen (insbesondere Generatoren und Manifestierenden Generatoren) den Weg zu zeigen.

Projektoren sind sehr komplexe Typen und in ihrem Chart-Aufbau sehr unterschiedlich. Sie haben kein definiertes Sakralzentrum, was bedeutet, dass sie nicht dafür gemacht sind zu arbeiten, zu schaffen, zu materialisieren. Als Projektor bist du außerordentlich gut in deiner Wahrnehmung. Du spürst und siehst Dinge und vor allem Menschen auf eine einzigartige Art und Weise. Du schaust hinter ihre Fassade und erkennst ihr tiefes Wesen. Genauso gut kannst du blitzschnell Zusammenhänge in Systemen wahrnehmen und einen Überblick bekommen, wie sie funktionieren.

Projektoren sehen, was verändert werden muss, und haben den großen Antrieb, es selbst zu tun. Sie sind ambitioniert, effizient und schnell. Daher neigen sie dazu, sich zu verausgaben und andauernd über ihrem Energielevel zu agieren. Dies sorgt für Bitterkeit und das Gefühl, einsam und abgeschnitten von der Welt zu sein.

Ein Projektor bewirkt am ehesten Veränderungen, wenn er erst auf die Bitte anderer um Rat und Guidance oder auf Anerkennung hin seine Weisheit teilt

Du bist zwar hier, um Veränderungen zu bewirken, aber nicht über das Tun. Es geht in deinem Leben nicht so sehr darum, wirklich etwas mit deinen Händen zu erschaffen. Viel eher leitest du andere in ihrer Seelenmission und hilfst ihnen, mit ihren Werken erfolgreich zu werden, was dann automatisch auch dich erfolgreich macht.

Die meisten Projektoren, die ich kenne, leben immer dasselbe Muster: Sie starten fokussiert und effizient in ein neues Projekt. Sie arbeiten und arbeiten, ohne Pause und ohne Hilfe anzufordern. Sie wissen, sie können es selbst am besten und schnellsten erledigen und delegieren deshalb nichts an andere. Sie kommen schnell voran und erwarten den großen Applaus für ihre Leistungen. Leider bekommen sie den so nicht. Ohne die Anerkennung fühlen sie sich aber wertlos, und als Ausgleich arbeiten sie noch härter. Irgendwann kommt der Punkt der totalen Erschöpfung. Sie brechen zusammen, zweifeln an allem, fühlen sich unverstanden und sind verbittert. Diese Phase kann über Tage oder Wochen gehen, bevor sie sich aufrappeln und wieder von vorn beginnen. Wenn Projektoren so leben, befinden sie sich komplett im Widerstand mit ihrer eigenen wundervollen Energie.

Warum tun Projektoren das? Ich habe eben schon erwähnt, dass sie in eine Welt geschickt wurden, die nicht ihre ist. Sie denken, wenn sie nur gut genug Generator spielen, dann werden sie endlich gesehen und anerkannt. Dann fühlen sie sich geliebt, geschätzt und wertvoll. Allerdings funktioniert der Projektor komplett anders.

Deine Magie als Projektor kann sich erst dann entfalten, wenn du deine Strategie lebst: auf Einladung und Anerkennung warten. Die Welt ist im Grunde nicht bereit für deine Ansichten, deine Fragen und dass du lenkst und leitest. Tust du es trotzdem, wirst du abgelehnt, Menschen empfinden dich als übergriffig und anstrengend. Sie befolgen deine Ratschläge nicht, auch wenn du genau weißt, dass sie wertvoll und richtig sind. Dein Zauber kann erst wirken, wenn die Menschen dich wirklich erkennen und dich um Rat und Beistand bitten. Wenn sie dich für das anerkennen, was du bist, und nicht für das, was du leistest.

Wenn du wie wild arbeitest, nimmt dich niemand wahr. Es ist also wichtig, dass du dich als Projektor aus dieser Leistungsgesellschaft verabschiedest und einen anderen Weg einschlägst. Du darfst dich mit dem beschäftigen, was dich gerade tief bewegt und was dich wirklich interessiert. Du machst das, was dir und deinem Körper richtig guttut. Du bringst dich in deine beste Energie, ziehst dich zurück und beginnst von innen zu strahlen. Und während du nur das machst, was deiner Energie guttut, wartest du auf Einladung und Anerkennung. In dieser Energie werden Menschen automatisch von dir angezogen, die dich um Hilfe, Rat und Führung bitten. Menschen, die bereit für deine Tiefe sind. Jetzt können sie dir zuhören und deine wertvollen Abkürzungen annehmen. Du wirst erfolgreich, indem du andere erfolgreich machst.

Wahrscheinlich geht es dir an dieser Stelle so, wie mir in meinen ersten Wochen mit dem Wissen, dass ich Projektorin bin: Du spürst, dass all das richtig ist und sehnst dich danach, so leben zu dürfen. Gleichzeitig zweifelt dein Verstand und fragt sich, ob das überhaupt möglich ist. Lass uns also tiefer eintauchen und uns die Projektor-Welt genauer ansehen.

Die Projektor-Aura

Die Projektor-Aura ist spitz nach vorn ausgerichtet. Sie bohrt sich auf Höhe des Herzraums (Selbstzentrum) in die Aura des Gegenübers. Für andere Menschen fühlt es sich entweder wie eine geladene Waffe an ihrer Brust an oder sie genießen diese hundertprozentige Aufmerksamkeitsenergie.

Die spitze, nach vorn ausgerichtete Aura des Projektors

Deine Aura ist immer auf andere Menschen gerichtet. Als Projektor nimmst du deine Umgebung und die anderen Menschen tief wahr und ihre Energie in dir auf. In deinem Leben geht es nicht so sehr um dich, sondern sehr viel um die anderen Menschen. Du bist hier, um hinter ihre Masken und Mauern zu schauen und mehr zu sehen als jeder andere.

Eine Projektor-Aura bemerkt man in einem Raum, weil jeder das Gefühl hat, dass eine Kamera auf ihn gerichtet ist, wenn sich der Projektor ihm zuwendet. Kleinere Gruppen von Menschen buhlen oft um die Aufmerksamkeit von Projektoren, weil sie spüren, dass er wieder komplett auf andere Menschen fokussiert ist, sobald er sich abwendet. Das kann besonders für dich als Projektor anstrengend sein. Angenommen, du sitzt mit vier Freunden am Tisch, alle wollen dir etwas erzählen und wünschen sich deine volle Aufmerksamkeitsenergie – wie sollst du da allen Erwartungen gerecht werden?

Mit deiner spitzen und fokussierten Aura nimmst du die Energien deiner Umwelt in dich auf. Jede Frequenz, alles. Du hast keine Möglichkeit zu entscheiden, was du nicht aufnehmen willst – wenn du in einer Energie bist, dann nimmst du sie auf. Du kannst nichts in dir verändern, keine Heilsteine umhängen oder sonst irgendetwas tun, um diesen Mechanismus zu beenden und glaub mir, du willst es auch nicht, denn es ist deine pure Magie. Was du allerdings aufgrund deiner Aura betreiben solltest, ist »Umfeldhygiene«. Lass keine »schmutzigen« Energien an dich heran. Sorge dafür, dass du die meiste Zeit von angenehmen Energien und wertschätzenden, achtsamen Menschen umgeben bist oder dich allein in einer schönen Umgebung befindest.

Als Projektor bist du mit dieser Aura designed, um in deinem Leben tief konditioniert bzw. beeinflusst zu werden. Du bist in eine Familie und in ein Umfeld geboren, die dich (wahrscheinlich bis zum heutigen Tag) unbewusst beeinflusst haben. Du hast die Energien der Menschen täglich in dich aufgenommen. Und wenn sich etwas für dich falsch angefühlt hat, dann hast du wahrscheinlich gedacht, dass es an dir liegt.

Schau dich mal in deinem Leben um, wie geht es den Menschen in deiner Umgebung, was haben sie für eine Energie? Es geht dabei nicht um die Anzahl deiner Kontakte, sondern um die Befindlichkeit jedes Einzelnen. Du nimmst deren Energie täglich auf, und in vielen Fällen bedeutet das, dass du dich als wundervolles kraftvolles Benziner-Auto täglich mit billigem Diesel betankst. Es macht dich innerlich kaputt.

Da deine Aura in die anderen Menschen eintaucht, besteht die Gefahr, dass du dich in ihnen verlierst, dich völlig aufgibst, um für andere da zu sein. Du hast den Fokus auf andere Menschen, um sie zu erkennen und dann zu führen und zu coachen, wenn sie dafür bereit sind. Deine Aura-Energie ist ein unglaubliches Geschenk, wenn du sie bewusst nutzt. Stolperst du dagegen unbewusst durch dein Leben, zahlst du als Projektor einen sehr hohen Preis dafür.

Mit jedem bewussten Eintauchen in einen anderen Menschen und die Betrachtung seiner Aspekte, erkennst du diese Dinge auch in dir. Du lernst unglaublich viel über dich selbst, indem du dich auf andere fokussierst. Aus diesem Grund sind Projektoren oftmals sehr interessiert an Systemen wie Human Design, an Psychologie oder Persönlichkeitstests, weil sie es lieben, mehr über andere Menschen und wie sie wirklich ticken zu erfahren.

Die Projektor-Aura hat generell die Fähigkeiten, sehr viele Informationen aufzunehmen. Du kannst deshalb perfekt lernen und neues Wissen aufsaugen. Denke aber daran, dass du auch das aufsaugst, was du nicht in dir haben willst, wie zum Beispiel die negative Energie der Nachrichten aus dem Radio, was die ganze Zeit im Hintergrund im Büro läuft.

EIN BEISPIEL AUS DEM COACHING

Sina ist eine Milz-Projektorin 2/4. Sie arbeitet selbständig als Heilpraktikerin und hat ihre Praxis in ihrem Zuhause eingerichtet. Sie liebt ihre Arbeit, weil sie Menschen helfen kann. Jeder Patient fühlt sich sofort von ihr gesehen, erkannt und genießt ihre Energie. Sinas Mann hat im Ort eine eigene Handwerksfirma und kommt jeden Mittag heim, um mit Sina gemeinsam zu essen. Sie macht dafür extra eine längere Mittagspause, um gesund zu kochen und Zeit mit ihrem Mann zu verbringen.

Nach dieser Mittagspause fühlt sie sich jedoch immer ausgelaugt und bitter. Sie hat gar keine Lust mehr auf die noch folgenden Patienten und will einfach nur schlafen oder raus in die Natur.

Sie kommt mit dieser Herausforderung ins Mentoring und äußert die Idee, ihre Arbeitszeit herunterzufahren oder andere Dinge in ihrem Arbeitsablauf anzupassen. Gemeinsam ergründen wir die Situation etwas genauer. Weder die Behandlungen noch das Kochen strengen sie wirklich an. Das Problem ist ihr Mann. Er kommt heim, meist noch mit dem Handy am Ohr, ist gestresst, genervt, hat tausend Dinge zu erledigen und befindet sich geistig und seelisch völlig woanders. Das liebevoll zubereitete Essen schlingt er hinunter, sieht Sina kaum an und ist nicht bereit für Gespräche. Diese 30 bis 45 Minuten, die sie in der super anstrengenden Energie ihres Mannes verbringt, saugen Sina komplett aus.

Als ihr das bewusst wird, hat sie zunächst Sorge, mit ihm zu reden, denn sie will ihn nicht verärgern, sie will auch nicht, dass er sich mittags nur noch von Brötchen, Döner und Pommes ernährt. Doch ihr ist auch klar, dass sie sich jeden Tag durch dieses gemeinsame Essen selbst lahmlegt und ihre wundervolle und hilfreiche Energie blockiert.

Sina entscheidet schließlich, sich mittags Zeit für sich allein zu nehmen und ihren Mann zu bitten, nicht mehr zum Essen heimzukommen. Das Gespräch verläuft gut, denn auch ihr Mann ist erleichtert als Generator nicht mehr seinen Arbeitsfluss unterbrechen zu müssen und Pause machen zu können, wann er will.

Sina kocht ab jetzt nur noch Gerichte, die ihrem Körper guttun, genießt die Stille, den Rückzug und die Pause allein und hat anschließend wieder volle Energie für ihre Patienten und die Dinge, die sie liebt.

Durch diese Veränderung im Tagesablauf und das Verständnis für ihre Energie hat sich auch die Beziehung zu ihrem Mann sehr verbessert. Wenn er abends geschafft, aber erfüllt von seiner Arbeit kommt und sie in ihrer Energie ist, können sie sich viel leichter und ohne Groll als Paar begegnen.

Authentische Energie und Konditionierungen

Projektoren sind von Natur aus erfolgreich. Das ist ihre authentische Energie, ihre Signatur. Sie sehen, was erfolgreich ist und können mit diesen wertvollen Einsichten die Menschen leiten, die bereit für ihre Tipps und Anleitungen sind.

Das Not-Self, also die Energie, die Projektoren empfinden, wenn sie zu weit von ihrem wahren Wesen entfernt sind, ist Bitterkeit. Dieses Gefühl ist unglaublich stark und kann die Gedanken und jedes andere Gefühl einfärben. Bitterkeit kann sich wie ein Schleier über das eigene Leben legen und überall diesen schlechten Beigeschmack hinterlassen.

Bitterkeit entsteht dann, wenn du dich dem Leistungsdruck hingibst, dich über deine Arbeitskraft definierst und deine Sensibilität als hinderlich oder einschränkend empfindest. Sie entsteht dann, wenn du in destruktiven Beziehungen lebst, deine Aufmerksamkeitsenergie ausgenutzt wird und du weit entfernt davon bist, dein wahres Potenzial zu leben.

Bitterkeit zeigt dir, dass du bis jetzt nicht richtig in Kontakt gegangen bist und Entscheidungen getroffen hast, die für dich nicht gut sind. (Mehr zu den Entscheidungsautoritäten im nächsten Kapitel.)

Wenn du dich dem Human-Design-Experiment widmest, tief in das Wissen eintauchst und lernst, korrekt als Projektor zu leben, auf Einladung und Anerkennung zu warten, also deiner Strategie zu folgen, dann wird sich dein inneres Gefühl komplett wandeln. Du wirst eine andere Energie aussenden, sodass sich dein innerer Magnet anschalten und Menschen in dein Leben ziehen wird, die zu dir passen und bereit für deine Einsichten sind.

In dieser Energie kannst du all deine Eigenschaften dafür nutzen, andere Menschen und damit auch dich selbst erfolgreich zu machen. Ein Projektor, der die eigene Energie lebt, ist erfolgreich auf allen Ebenen, nicht nur im Business oder gemessen am Geld, sondern auch in Beziehungen und allem, was du dir vorstellen kannst.

Die Projektor-Energie zu leben, ist sehr weit weg von den Konditionierungen unserer westlichen Gesellschaft, deswegen gib dir Zeit und experimentiere mit diesem Wissen, damit es dich in den Erfolg führen kann. Alles im Leben kann dich erst erreichen, wenn du deine innere Energie veränderst und aus der Spirale der Bitterkeit aussteigst. Finde deine Wahrheit und lebe sie. Wie das gelingen kann, erfährst du auf den nächsten Seiten.

Die Strategie der Projektoren

Lass uns über Einladungen und Anerkennung sprechen. Das ist die Strategie, der du als Projektor im Leben folgen solltest. Alles, was für dich richtig ist, hat dich ehrlich eingeladen und dein Sein, nicht dein Tun damit anerkannt.

Stell dir vor, eine Freundin fragt dich, ob du ihr bei ihrer Webseite helfen kannst, denn das kannst du doch so gut. In diesem Moment darfst du nun in dich hineinspüren: Fragt dich deine

Freundin, weil sie einen effizienten, kreativen Handlanger braucht, der ihr die Webseite baut? Oder möchte sie einfach deinen Rat hören, weil sie deine Sicht und Erfahrung respektiert und sich von dir Impulse, Tipps und Kniffe erhofft, die ihr helfen, ihre Webseite selbst aufzubauen? Das sind zwei unterschiedliche Energien, spürst du es? Wenn jetzt noch hinzukommt, dass deine Freundin erfahrungsgemäß eh nie das macht, was du sagst, und es einfach nur liebt, Zeit mit dir zu verbringen und dass du ihr richtig zuhörst: Was wäre die richtige Antwort, um deine Energie zu schützen? Richtig: NEIN.

Eingeladen und anerkannt zu werden, ist ein sehr individueller Prozess. Ich kann mich von der gleichen Frage sehr eingeladen fühlen und du dich dagegen gar nicht. Genau genommen hat es auch nicht wirklich etwas mit der Frage zu tun, sondern mit der Energie, die mitschwingt. Wirst du bei der Einladung mit all dem, was du bist, erkannt und geehrt oder sollen deine Weisheit, Effizienz und dein Überblick einfach nur ausgenutzt werden?

Erst wenn du lernst, korrekte Einladungen von für dich falschen zu unterscheiden, beginnst du deine Lebensenergie zu schützen und dein Umfeld zu bereinigen. Du spürst dann in dir die Sicherheit, dass dieser Mensch und dieser Auftrag richtig für dich sind und du mit deinem Sein anerkannt wirst.

Es gibt keinen anderen Weg, dich vor Energie-Manipulation zu schützen. Denn es ist so angenehm für alle anderen Menschen, wenn ein Projektor für sie arbeitet. Projektoren, die ihr Nicht-Selbst leben, sind gewissenhaft, schnell, effizient, tun alles, um ein anerkennendes Wort zu bekommen, schleppen sich auch krank in die Arbeit, einfach um das Gefühl zu haben, gebraucht zu werden.

Wache Projektoren tun alles für sich selbst, um in guter Energie zu sein, und erkennen die richtigen Einladungen. Denn wenn eine Beziehung, ein Job, ein Coaching, eine Zusammenarbeit mit einer korrekten Einladung (für den gefragten Projektor) beginnt, dann kann sich das volle Potenzial entfalten. Dann kannst du sagen, was du fühlst, Energie kann sich austauschen und Weisheit kommt bei deinem Gegenüber an.

Natürlich kannst du im Alltag auch Menschen ansprechen, wenn du dich einfach von ihrer Energie eingeladen fühlst. Wie schon gesagt, es geht nicht immer um die ausgesprochene Frage, sondern viel mehr um die Energie. Du kannst sie fühlen, wenn du dich vorher aus deiner Bitterkeits-Wolke befreit hast und wieder klar sehen kannst.

Streiche dafür alle Menschen aus deinem Leben, die dich langweilen und die nur deine Aufmerksamkeit oder deine Effizienz missbrauchen wollen. Hör auf, anderen zu erlauben, jede Energie bei dir abzuladen. Du darfst gleichzeitig aufhören, bei den falschen Menschen energetisch »eingestöpselt« zu bleiben, um irgendwie das Gefühl zu bekommen, gebraucht zu werden und einen Hauch von Anerkennung zu bekommen. Du bist süchtig danach, in andere Energien eingeloggt zu sein und andere sind süchtig nach deiner Aufmerksamkeit. Diese Spirale darfst du unterbrechen. Ja, du hast richtig gehört: Nur du kannst sie unterbrechen. Es ist deine Aufgabe, ab jetzt richtige und falsche Einladungen und Anerkennungen zu erkennen und auch danach zu handeln.

Erfolg kommt in dein Leben mit der Achtsamkeit gegenüber dieser Strategie. Bemerke, wie die Energie zwischen dir und anderen Menschen fließt, sei achtsam für die Vibes um dich herum und trau dich, immer dann Nein zu sagen, wenn es sich für dich nicht richtig anfühlt. Eine große Hilfe dabei wird dir deine Autorität sein, die wir im nächsten Kapitel ausführlich besprechen.

Der Projektor im Business

Als Projektor bietest du Lösungen, Abkürzungen und Optimierungen für andere Menschen. Mit deiner dichten und fokussierten Aura bist du wie ein menschlicher Scanner und siehst die

Lücken und Fehler im System von anderen. Wenn du sie allerdings ungefragt kommunizierst, wirst du auf Ablehnung stoßen. Auch in deinem Business ist es wichtig, dass Menschen deinen Rat erbitten, weil sie dich anerkennen, denn nur dann sind sie offen für deine Botschaften.

Solange du jeden Tag nur für die Anerkennung anderer richtig viel leistest, wirst du immer das Gefühl haben »niemand interessiert sich für meine Angebote«, und es ist tatsächlich so. Warum sollten sich auch die Menschen in die Energie eines bitteren und um sein Leben arbeitenden Projektors begeben? Diese Energie ist auch für die anderen Menschen spürbar unangenehm.

Um ein erfolgreiches Business zu führen, ist es unausweichlich, dass du dich genug um deine wundervolle Energie kümmerst. Das heißt, du darfst deine Energieschübe nutzen und drei bis vier Stunden am Tag fokussiert und effizient arbeiten, um dann entspannte Pausen zu machen.

Wenn du in deiner Energie bist, hast du eine Hebelwirkung auf andere Menschen, du siehst ihre Themen und kannst ihnen helfen erfolgreich zu sein, in welchem Lebensbereich auch immer. Du zeigst blinde Flecken auf, erkennst Lücken und hilfst ihnen in ihre eigene beste Energie zu kommen.

Du bist wie ein Architekt, ein Koordinator, du siehst das fertige Haus, das Ergebnis schon, bevor der erste Stein an seinem Platz liegt. Deshalb kannst du andere so gut lenken und leiten, damit später auch das richtige Ergebnis herauskommt. Mit dieser Energie kannst du gut coachen, Teams führen und natürlicher Influencer sein.

Entspannung, gesunde Grenzen, Pausen und deinen Interessen nachgehen, sollte ein elementarer Teil deines Tages und deines Business sein. Es geht mit deiner Energie nicht darum, etwas durchzuziehen oder härter als andere für Erfolg zu arbeiten. Dein Erfolg kommt leiser, stiller und mit einer ganz anderen Energie.

Lass dich auch im Business einladen, zum richtigen Job, auf die richtige Position, als Coach oder Mentor. Du brauchst nicht wie ein Marktschreier deine Produkte und Dienstleistungen anpreisen. Du brauchst es nur leben, dich authentisch zeigen und dich erkennen lassen. Dann kommt alles von ganz allein.

Was ich damit allerdings nicht meine, ist die Einstellung »Ich kann jetzt nichts tun« oder »Ich darf jetzt nichts tun«. Tu einfach das, was dich erfüllt und dir Energie schenkt, und zeige dich dabei.

Meine »Bühne«, auf der ich mich und meine Energie zeige, ist Instagram. Über diese Plattform finden mich die meisten Menschen, können in meine Energie hineinschnuppern und mich dann einladen, mit ihnen zusammenzuarbeiten. Deine Bühne kann online oder offline sein. Zu Hause, im Büro und auf jeder Grillparty. Wenn du in deiner Energie bist und dich zeigst, hast du einen unglaublich starken Magneten in dir, der automatisch die richtigen Menschen zu dir bringt. Dich zeigen und ansprechbar sein, darfst du auf die Art und Weise, die für dich richtig ist.

EIN BEISPIEL AUS MEINEM BUSINESS-LEBEN

Anfang des Jahres 2017 bin ich mit meinem Podcast »Körperkunde« in die Online-Business-Welt gestartet. Ich war mir sicher, dass der Podcast das Richtige für mich ist und gleichzeitig sehr unsicher, wie es funktionieren soll. Deshalb hatte ich einen Onlinekurs gebucht, in dem man lernen konnte, wie man professionell Podcasts macht. Ich habe genau den Plan des Dozenten befolgt. Ich habe ein Cover gestaltet, auf dem nicht ich zu sehen war, sondern nur das Thema, ich habe vor der Folge und nach der Folge Werbung für mein Coaching eingesprochen und dazu aufgefordert, mich zu abonnieren, Bewertungen zu schreiben und meine Coachings zu kaufen. Ich habe Content-Marketing genau nach Plan absolviert. Ich habe Mehrwert geboten und in regelmäßigen Abständen meine Angebote platziert. Die Rückmeldung meines Coaches war immer: »Du musst noch deutlicher sagen, was dein Angebot ist, die Menschen wollen dazu aufgefordert werden, bei dir zu kaufen.« Das hat sich für mich von Anfang an falsch angefühlt … aber ich wollte von den Erfolgreichen lernen und habe das über fast zwei Jahre so durchgezogen. Dazu kam ca. ein Jahr später mein Network-Marketing-Business. Auch hier wieder die Empfehlung: »Sprich aktiv Menschen an, hör ihnen zu und dann machst du ihnen ein Angebot. Du musst die Menschen nur begeistern und dann steigen sie in dein Business ein.« Was soll ich sagen, beide Geschäftsideen haben irgendwie funktioniert. Aber es war unglaublich anstrengend. Es hat sich angefühlt, als ob ich gegen Windmühlen kämpfen würde. Ja, ich habe Geld verdient, doch ich war ausgelaugt und gestresst. Erfolgreich habe ich mich nicht gefühlt.

Anfang 2020 habe ich dann ein paar Gänge zurückgeschaltet, ich wusste, dass es auch anders gehen muss. In dieser Zeit hat mich dann auch Human Design gefunden. Ich habe geweint vor Erleichterung, als ich verstanden habe, dass dieser anstrengende Weg nie richtig für mich war. Ich habe mich noch mehr zurückgelehnt, meine Energie verstanden und sie gelebt. Und es hat tatsächlich meinen Magneten angeschaltet. Schon im Herbst des gleichen Jahres waren meine Coachings ausgebucht, und ich musste die Buchungen stoppen, obwohl ich die Preise verdreifacht hatte. Bis heute sprechen mich jeden Monat mehrere Menschen an, die in meiner Network-Struktur starten möchten, ohne dass ich sie überzeugen oder aggressive Werbung machen müsste.

Wie ist das passiert? Ich bin mutig Schritt für Schritt meinem Design, dieser Anleitung meiner Energiearbeit gefolgt. Ich erkenne Einladungen, die richtig sind, und die, die unpassend sind, sage ich ab. Ich prüfe, ob ich mich anerkannt fühle, und wenn nicht, weiß ich, dass ich hier nicht richtig bin. Ich folge meiner Entscheidungsautorität der Milz und treffe Entscheidungen nur noch aus meiner Intuition heraus.

Genauso war es auch mit diesem Buch. Das erste Angebot habe ich im Frühjahr 2021 abgesagt. »Nicht jetzt« hat meine Milz gesagt, irgendwas fühlte sich nicht stimmig an. Ein paar Monate später hat meine Agentin wieder gefragt, gleiche Frau, gleiche Frage, gleiches Projekt. Jetzt war es stimmig. Es war der richtige Zeitpunkt, und im Gespräch habe ich erfahren, dass auch meine Agentin jetzt nach ihrer Strategie als Manifestierende Generatorin gehandelt und aufgehört hat, wie eine Manifestorin dieses Projekt zu initiieren.

Wenn wir unsere Energie leben, passiert etwas Magisches!

Tipps für Projektoren

- Du bist von Natur aus ambitioniert, achte deshalb gut auf deine Energie und bringe sie zum richtigen Zeitpunkt ein.
- Auch wenn du es selbst am besten und schnellsten kannst, erlaube dir, Hilfe anzunehmen, und gib Aufgaben ab.
- Du erkennst die besten Lösungen für andere Menschen. Bring sie in ihren Erfolg.
- Warte darauf, anerkannt und gefragt zu werden (auch energetisch), das zeigt dir, dass dein Gegenüber für deine Führung bereit ist.
- Stelle richtig gute Fragen, anstatt anderen immer schon die Antworten vorzugeben.
- Nutze deine Energieschübe von drei bis vier Stunden pro Tag, und mache genug Pausen.
- Erkenne deine wertvolle Energie, und verschenke sie nicht unter Wert. Durch dich bekommen andere Menschen die Abkürzung in ihren Erfolg, das fordert einen energetischen Ausgleich.
- Zeige dich und deine Energie, vertraue auf deinen Magneten, und lehne dich zurück.
- Setze klare Grenzen für dich und deine Energie. Sie ist dein wichtigstes Kapital.

Affirmationen und Powersätze für Projektoren

- Ich erkenne mich und meine Talente voll und ganz, dadurch werde ich auch von anderen erkannt.
- Ich lade wunderschöne Dinge, Menschen und Energien in mein Leben ein, sie kommen mit Leichtigkeit zu mir.
- Ich achte auf meine Pausen und meine Energie.
- Ich wähle, mich selbst zu lieben und zu achten und das mehr als alles andere, jeden einzelnen Tag.
- Ich erinnere mich an die kraftvollen Gaben, die ich in dieser Welt bereitstelle.
- Ich nähre meinen Körper und meine Seele jeden Tag. Hier liegt der Schlüssel zu meinem Erfolg.
- Je weniger ich leiste, um der Leistung willen, desto erfolgreicher bin ich.

BUCH-BONUS:

Im Buch-Bonus findest du eine Meditation zur Energie dieses Human-Design-Typs, ein Video, wie du diesem Typ Anerkennung und Wertschätzung ausdrücken kannst, und zwei Handy-Hintergründe, die dich täglich an diese einzigartige Kraft erinnern. Hier geht's zum Buch-Bonus: **hd-buch.com/bonus**

DER REFLEKTOR

1 Prozent der Bevölkerung
Glatte, reflektierende Aura
Signatur: Überraschung
Not-Self: Enttäuschung
Strategie: mit dem Mondzyklus verbinden

Als Reflektor bist du hier, die Entwicklung der Welt voranzubringen. Du nimmst die Schwingungen deiner Umgebung auf wie niemand sonst, und erkennst, wo Entwicklung möglich ist.

Lieber Reflektor, du bist das Fabelwesen unter allen Human-Design-Typen und im Verhältnis zu den anderen Typen sehr selten. Ra Uru Hu nennt die Reflektoren »Guardians of humanity« also Wächter der Menschheit. Deine Aufgabe in dieser Welt ist so besonders wie dein Human Design. Deine Chart ist komplett offen, alle Zentren sind weiß, es gibt keine durchgehenden Kanäle, sondern nur einzelne definierte Tore.

Diese Offenheit macht dich besonders empfänglich, du hast eine ganz besondere Verbindung zum Universum, den Energien der Planeten und insbesondere zur Energie des Mondes. Alle anderen Human-Design-Typen sind Solar-Typen, sie werden besonders von der Sonne-Erde-Konstellation beeinflusst und bekommen davon ihre ganz individuelle Energie und Mission.

Du hingegen bist ein Mond-Typ. Die Mondenergie treibt dich an, und genau wie der Mond verändert sich deine Energie jeden Tag. Wenn du zum Himmel blickst, sieht der Mond in jeder Nacht anders aus, du kannst es fast live beobachten wie er zu- oder abnimmt. Genauso fließend und veränderlich ist deine Energie.

Jeden Tag wirst du von den aktuellen Transiten (Stellungen und Energien der Planeten) unterschiedlich beeinflusst und wird deine Chart definiert. An manchen Tagen fühlst du dich daher unglaublich kraftvoll, an anderen suchst du die Ruhe und willst nur allein sein. Du darfst dich jeden Tag von deiner Energie überraschen lassen, und es genießen, immer andere Energien zu erfahren und zur Verfügung gestellt zu bekommen.

Mit deiner Energie und deiner Weisheit fühlst du dich wahrscheinlich oft wie ein Alien hier auf dieser Welt, zwischen allen so anders tickenden Menschen. Deine Offenheit sorgt dafür, dass du in jeder Begegnung von der Energie der anderen Menschen und Tiere berührt und beeinflusst wirst, und genau dafür bist du hier. Durch das Ausprobieren all dieser unterschiedlichen Energien entwickelst du deine Weisheit und dein waches Verständnis darüber, wie die Welt funktioniert, sowie deine scharfen Instinkte. Gleichzeitig sorgt die Beschaffenheit deiner Aura dafür, dass du all diese Energien nicht wie ein Schwamm aufsaugst, sondern nur ein bisschen probierst, damit dein System damit arbeiten kann.

Ra erzählt in einem seiner Vorträge zu den Reflektoren die Geschichte der Kanarienvögel in englischen Bergbauminen, um die Sensibilität, aber auch die Bedeutung der Reflektoren hervorzuheben: Im Bergbau haben sehr viele Menschen ihr Leben gelassen, da immer wieder Gase freigesetzt werden können, die geruchlos und tödlich sind. Aus diesem Grund hat man früher Kanarienvögel in Käfigen mit in die Mine genommen. Diese Vögel besitzen ein sehr sensibles Atmungssystem und wenn sie von der Stange gekippt sind, wussten die Menschen, dass es allerhöchste Zeit war, die Mine zu verlassen. Diese Vögel haben also, bevor es technische Messgeräte dafür gab, die Menschen gewarnt und ihnen das Leben gerettet.

Reflektoren sind Wegweiser für andere Menschen und entscheiden mit ihrem Bewusstsein, wie es auf dieser Welt weitergeht

Du hast in dieser Welt die Rolle des Minen-Vogels. Du bist wie ein hochsensibles Radar, du spürst, was in den Strukturen um dich herum vor sich geht. Veränderungen in einer Firmenstruktur beispielsweise, spürst du lange, bevor sie offiziell kommuniziert werden. Du bemerkst es, wenn sich die Energie von Menschen verändert und sie bereit für Entwicklung sind.

Du nimmst die Schwingung, die Frequenz deiner Umgebung auf und vergleichst sie mit dem, was du sehen und erleben kannst. Wenn Unstimmigkeiten da sind, entdeckst du, warum es nicht passt oder wer dafür verantwortlich ist. Reflektoren, die wach und bewusst sind, spüren, wer bereit ist aufzuwachen und den nächsten Entwicklungsschritt zu gehen. Sie können genau das geben, was es braucht, damit einzelne Menschen oder Gruppen bewusster agieren und mehr zu ihrer Wahrheit finden.

Du kannst damit Leben retten, wie die Kanarienvögel, oder wenn du den Film Matrix kennst, dann weißt du genau, wer von dir die rote Pille annehmen wird. Und auch wenn 1 Prozent Reflektoren sehr wenig klingt, gibt es ungefähr 70 Millionen Reflektoren auf dieser Welt. Vielleicht sind genau diese Menschen das Zünglein an der Waage, wenn es darum geht, wie die Zukunft unseres Planeten aussehen wird.

Deine Mission ist es, ein Wegweiser für all die Menschen zu sein, die bereit sind, sich von Konditionierungen zu befreien, sich zu entwickeln und einen neuen Weg zu gehen. In einer riesigen Herde Schafe erkennst du auf Anhieb den Wolf und kannst ihm zeigen, wer er wirklich ist.

Lebt ein Reflektor sein Not-Self und versucht jemand zu sein, der er nicht ist, fühlt er tiefe Enttäuschung. In dieser Energie sind Reflektoren die dunkelste Kraft im Universum, sagt Ra. Denn sie können natürlich auch komplett gegenteilig agieren und all die Menschen erkennen, die bereit wären, aus dem System auszubrechen, und sie wieder in die Spur bringen.

Vielleicht verstehst du an dieser Stelle, warum es so wichtig ist, deine Energie zu kennen und sie lieben zu lernen. Genau wie alle anderen Typen, oder vielleicht ein bisschen mehr, wirst du gerade auf dieser Welt gebraucht. Wahrscheinlich mehr, als zu jeder anderen Zeit.

Die Reflektor-Aura

Die Aura des Reflektors ist wie ein glatter Bergsee, über den du einen Stein flitschen lässt. Der Stein berührt immer nur kurz die Oberfläche, bevor er wieder weiterhüpft. Deine Aura ist glatt und abweisend. Die Energien lässt du nur in Probierportionen in dich hinein, um sie zu schmecken und um Erfahrungen zu sammeln.

Gleichzeitig ist sie für deine Mitmenschen ein Spiegel. In dir können die Menschen sich selbst sehen, und ob ihnen das gefällt oder nicht, hat nichts mit dir zu tun, sondern nur damit, wie sehr sie mit sich selbst im Reinen sind. Wie ein Spiegel bist du aber auch faszinierend und ziehst Menschen in deinen Bann. In der Aura eines Reflektors zu sein, ist ein ganz besonderes Gefühl.

Wie beim Manifestor und doch auf eine ganz andere Art, ist es für andere Menschen schwierig, eine Verbindung zu dir aufzubauen. Die meisten Menschen (Generatoren und Projektoren) tauchen mit ihrer Aura tief in die Energien ein und fühlen sich allein dadurch schon gesehen und verbunden. Deine Aura spielt in diesem Energieaustausch-Spiel nicht mit. Mit dir in Beziehung zu sein, fordert Entwicklung und Wahrheit von den Menschen, und gleichzeitig bleiben sie immer ein Stück weit in der Ungewissheit, was hinter deiner Fassade wirklich geschieht.

Dein ganzes Sein ist hier, um selbst zu erwachen und dann genau die richtigen Menschen auf dieser Reise mitzunehmen. Du

darfst aus dem Sog dieser Gesellschaft, der verrückten Arbeitswelt und all dem Glauben über das, was »man muss«, aussteigen, um in deiner wundervollen Kraft zu sein. Und dann tut deine Aura ihren Job und hilft dir, dieses sensible, weise und ganz besondere Wesen zu sein, das du bist.

EIN BEISPIEL AUS DEM COACHING

Ich habe bis jetzt wenige wache Reflektoren auf meinem Weg gefunden. Die meisten sind tief enttäuscht und destruktiv in dieser Gesellschaft verwoben, voller Glaubenssätze, wie die Welt funktionieren muss, und bedacht darauf, dass alle anderen auch in diesem Rahmen agieren. Anders war es bei Regina. Sie hatte erst vor wenigen Monaten bei mir ein Business-Mentoring gebucht, und als ich ihre Reflektor-Chart gesehen habe, habe ich mich noch mehr auf unseren Termin gefreut. Regina ist Energie-Coach und Künstlerin, sie hat in den letzten Jahren das normale Leben in der Gesellschaft hinter sich gelassen und ihr eigenes Onlinebusiness aufgebaut, mit dem sie auch schon vor unserem Mentoring Geld verdient hat und sehr zufrieden ist.

Gemeinsam haben wir ihre Rolle für die Menschen tiefer erarbeitet: Sie ist hier, um auch anderen die rote Pille anzubieten und ihnen zu helfen, aus der »Mangel-Matrix«, wie sie sie nennt, auszusteigen. In der Session kamen wundervolle Ideen auf, wie sie andere auf ganz neuen Wegen mit Energie und Impulsen versorgen kann, um ihren individuellen Entwicklungsprozess zu unterstützen.

Regina schafft es, auf ihrem Instagram-Account durch die Mischung aus Texten, Bildern und Reels, eine ganz besondere Energie zu transportieren. Sie lädt alles, was sie macht, nicht nur ihre physische Kunst, sondern auch alles, was sie online macht, mit Energie auf und schafft es so, unglaublich viele Menschen zu inspirieren, ihnen den Spiegel ihres höheren Selbst vorzuhalten und damit wirklich etwas zu verändern. Dabei geht es nicht nur um das tägliche Energielevel der Menschen, sondern auch um ganz praktische Themen wie Gesundheit, Geld und Erfolg.

Wie du vielleicht spürst, ist dieses Beispiel anders als die, die ich vorher beschrieben habe. Reflektoren sind auch einfach anders. Sie haben einen eigenen Rhythmus und einen eigenen Prozess. Ich bin sehr froh, diese Mentoring-Erfahrung mit Regina, als wacher Reflektorin, gemacht zu haben, um dir hier davon zu berichten und um dir zu sagen: Ja, du bist anders. Ja, du darfst es ganz anders machen als alle anderen. Und Ja, du wirst trotzdem oder gerade deswegen ein wundervolles Leben voller Reichtum, Erfolg und täglicher Überraschungen führen. Mach dich bereit, deine Geschenke in die Welt zu tragen!

Authentische Energie und Konditionierungen

Die Signatur von Reflektoren ist die Überraschung. Dabei geht es darum, jeden Tag neu zu spüren, wer du heute bist, wie du sein möchtest und wie du aus diesem einzigartigen Blickwinkel die Welt siehst.

Es ist dein normaler Prozess, dass du über deine Kindheit und Jugend konditioniert wirst und gerade in der Schule oder im Kindergarten ganz andere Menschen und Typen deinen Rhythmus vorgeben. Es ist wichtig, um jetzt wieder zu dir zu finden und zu deinem Sein. Du darfst erst erfahren, wie die Welt tickt, um dann deinen Beitrag leisten zu können.

Reflektoren, die nicht in ihrer Energie leben, sind meist sehr enttäuscht vom Leben und auch von sich selbst. Du siehst, was alles neben der Spur läuft, aber niemand sonst scheint es zu bemerken und in dir ist diese ständig wechselnde Energie, auf die du dich, so wie es in der normalen Arbeitswelt verlangt wird, nicht konstant verlassen kannst. Aus der Sichtweise der alten Welt und der Gesellschaft ist das enttäuschend und sicherlich nicht leicht, in diesem Spiel mitzuspielen.

Aber dafür bist du auch nicht gemacht. Deine Natur ist es, zu beobachten. Wie ein Kind, das sich auf dem Spielplatz nicht einfach in das Getümmel der anderen Kinder wirft, sondern in sicherem Abstand bleibt und beobachtet, was die anderen so tun. In diesem Beobachtermodus fällt es dir leicht, die Wahrhaftigkeit des Systems und der Menschen zu entdecken bzw. auch zu erkennen, was alles falsch und aufgesetzt ist. Als Spiegel der Gesellschaft und für einzelne Menschen ist diese neutrale Position wichtig. Du darfst dir zwar alles anschauen und die Energie probieren, es geht aber nicht darum, hineingezogen zu werden und mitzuspielen. Du bist der Wegweiser, zur richtigen Zeit, am richtigen Ort. Doch ein Wegweiser gibt nur den Impuls für eine neue Richtung, er geht nicht mit oder trägt gar den Rucksack für den Wanderer.

Übe dich darin, jeden Morgen voller Neugierde auf deine heutige Tagesenergie aufzuwachen, und dich und die Welt in einem anderen Licht zu sehen. Erkenne, dass deine Einsichten einzigartig sind und so dringend gebraucht werden. Versuche nicht mitzuhalten oder die ganze Zeit in diesem verrückten Spiel mitspielen zu wollen. Deine Gabe, zu beobachten und zu spiegeln, ist unendlich wertvoll, und mehr braucht es nicht.

Die Strategie der Reflektoren

Deine Strategie als Reflektor ist es, mit den Rhythmen des Mondes zu leben. Der Mond beeinflusst die Meere, das Wachstum der Pflanzen, das Wetter, aber auch die Zyklen im Körper, zum Beispiel den Menstruationszyklus der Frau.

Als einziger Human-Design-Typ bist du mehr mit dem Mond, als mit Sonnenenergie verknüpft. Du wirst also viel mehr von den Mondphasen beeinflusst und bewegt als jeder andere Typ. Um in Einklang mit diesen Zyklen zu leben, ist es vorteilhaft, wenn du nicht in der normalen Arbeitswelt mitspielen musst, sondern dich jeden Tag ganz spontan und frei entfalten kannst. Je mehr Raum du für dich und deine Energie hast, umso besser für dein inneres Gleichgewicht.

An jedem Tag und sogar mehrmals am Tag verändert sich die Position des Mondes und damit verändern sich auch die Tore, die er aktiviert, ebenso wie die Position anderer schnell laufender Planeten. Das bedeutet, dass sich auch deine Energie verändert. Morgens kannst du dich kraftvoll und zackig wie ein Manifestierender Generator fühlen und abends offen, müde und sensibel wie ein Projektor. Da deine Innenwelt so oft verändert wird, hast du aus jeder dieser unterschiedlichen Veränderungen auch einen ganz anderen Blick auf diese Welt, die Menschen und die Systeme.

Das ermöglicht es dir, einen sehr umfassenden und tiefen Einblick in alles zu erlangen. Die anderen Typen mit ihren festgelegten Definitionen in der Chart behalten ihren Blick bei und haben damit auch einen festen Anker im Leben. Du bist frei und fließend und erkennst damit Dinge, die anderen verborgen bleiben, erreichst eine Tiefe, die nur dir vorbehalten ist.

Diesen Prozess, aus der normalen, so von Leistung geprägten Welt in den beobachtenden Modus zu kommen und im Einklang mit den Rhythmen des Mondes und der Natur zu leben, darf jeder Reflektor ganz individuell durchleben. Je nachdem, was für ein Leben du jetzt gerade führst, kann es ein sehr großer Schritt sein. Doch je mehr du dich aus den programmierten Strukturen der Gesellschaft, dem Normalzustand entfernst, umso mehr empfängst du die Frequenz des Universums, erhältst größere und tiefere Einblicke, kannst besonderer Coach/Mentor für Menschen sein und fühlst dich wohl und am richtigen Platz in der Welt.

Dein erster Schritt ist also, dich mehr mit dem Mond zu beschäftigen, seine Zyklen zu verstehen und dich so oft du kannst, mit ihm und seiner Energie zu verbinden. Nimm dich vielleicht auch erst einmal eine Zeit lang aus deinen täglichen To-dos heraus und teste, wie sich dieses Leben anfühlt. Verbringe viel Zeit allein mit dir und in der Natur und mach dir bewusst, dass dir beides sehr guttut, um in deine Kraft zu kommen. Hier geht es nicht darum, irgendetwas zu tun, sondern darum zu sein und zu spüren. Genieße es, so gut du kannst.

Der Reflektor im Business

Als Reflektor darfst du mit viel Freiraum und Space um dich herum arbeiten. Dein Business darf anpassungsfähig und flexibel sein, damit du dich mit der größtmöglichen Freiheit morgens überraschen lassen kannst, mit welcher Energie du heute aufwachst. Dieses Ziel ist wahrscheinlich für dich jetzt noch sehr weit weg, vielleicht bist du angestellt oder hast in deiner selbständigen Tätigkeit sehr viele Verpflichtungen. Eine Möglichkeit zu starten, wäre, dir morgens eine Stunde freizunehmen, nur für dich, um deine aktuelle Energie zu spüren und zu üben, in dieser einen Stunde voller Neugierde nur das zu tun, wonach dir heute ist. Genau dasselbe könntest du am Wochenende dann noch ein bisschen ausdehnen, einfach um immer tiefer in deine Energie einzutauchen.

Deine Offenheit, deine Beobachtungsgabe und deine Fähigkeit, Menschen zu spiegeln, machen dich zu einem sehr guten Consultant. Du kannst insbesondere den Menschen helfen, die schon damit klarkommen, gespiegelt zu werden, und die bereit sind, für wirklich tiefe Transformation. Arbeite mit wenigen Klienten, aber dafür intensiv über einen längeren Zeitraum und mit einem entsprechenden Energieausgleich.

An dieser Stelle kommt jetzt ein kleiner Disclaimer, der eigentlich so zu jedem Typen gehört. Es braucht deine Entwicklung in dein Higher Self, damit du diese Fähigkeiten wirklich leben kannst. Wenn du dich selbst nicht entwickelt hast, zutiefst enttäuscht vom Universum und den Menschen um dich herum bist, und dann versuchst, die zuvor genannte Business-Strategie anzuwenden, wirst du keinen Erfolg haben, weil es nur graue Theorie bleibt. Wie ich schon am Anfang des Buches erwähnt habe, braucht es einen Dekonditionierungsprozess und dein Zutun, um deine Magie für dich und andere zu entfalten. Du darfst also all das loslassen, was du nicht wirklich bist.

Viele Menschen werden dich als Wegweiser, aber auch als Stütze und gute Zuhörerin nicht missen wollen. Vielleicht gibt es sogar eine Menge Leute, die einfach nur ihre Probleme bei dir abladen und gar nicht bereit sind, wirklich hinzuschauen. Für ein erfolgreiches Business, das dir und deiner Energie guttut, darfst du deshalb unbedingt lernen, gesunde Grenzen zu setzen und dir viel Zeit für dich nehmen, damit du immer unabhängig von allen anderen Menschen spürst, wer du gerade bist.

Außerdem ist es für dich wichtig zu lernen, einen Schritt zurückzutreten und aus der Entfernung zu beobachten, anstatt in blinden Aktionismus zu verfallen. Die Menschen werden dich viel eher erkennen und deine Weisheit wahrnehmen können, wenn du nicht Generator spielst. Die Kunden, die auf dich zukommen, wenn du in deiner wahren Energie bist, werden mit dir wertschätzend zusammenarbeiten, und es kann sich eine ganz andere Beziehung mit den Menschen in deiner Umgebung entwickeln.

Menschen, die mit einem wachen Reflektor zusammenarbeiten, fühlen sich extrem gesehen, tief berührt und können ihre Themen und Energien in kürzester Zeit shiften.

Wie du schon erfahren hast, nimmst du Energien extrem gut wahr. Unterstütze die Fähigkeit deiner Aura, indem du die Energien nicht festhalten und in dich hineinsaugen willst. Probiere einfach nur ein kleines bisschen und dann lass all das, was nicht deines ist (und dazu gehören die meisten Energien des Tages), wieder gehen.

Verbringe viel Zeit für dich, schaffe dir ein stabiles Umfeld, eine Wohnumgebung, die dir Energie gibt, mache viele Pausen und suche Kontakt zur Natur. Je stabiler du in dir bist, desto seltener schaffen es Menschen, dich zu vereinnahmen oder deine wertvolle Energie zu missbrauchen. Verbinde dich mit der Energie des Mondes und seinen natürlichen Rhythmen. Er liefert dir einzigartige Perspektiven und Ansichten, die anderen Menschen komplett verborgen bleiben.

Wenn du in deiner Energie ankommst, gibt es kaum weisere, klügere, aber auch empfindsamere und transformierendere Menschen als Reflektoren.

EIN BEISPIEL AUS DEM BUSINESS-MENTORING

Annika ist Reflektorin mit einem 4/6-Profil. Bei unserem ersten Gespräch im Mentoring ist sie noch angestellt und sitzt mit drei Kollegen in einem Büro, jeden Tag acht Stunden. Sie lebt mit ihrem Mann in einem großen Haus mit Garten, und eigentlich geht es ihr gut, doch irgendwie fehlt ihr etwas.

Human Design hat es ihr von der ersten Sekunde an angetan, sie hat schon eine erste Ausbildung absolviert, und sie wünscht sich sehr, ebenfalls in diesem Bereich zu arbeiten. Allerdings hat sie keine Ahnung, wie sie als Reflektorin ihr eigenes Business aufbauen soll und wie eine Selbständigkeit in diesem Bereich für sie funktionieren kann.

In ihrer Chart finden wir besonders viele Qualitäten im Bereich Community-Aufbau und die Fähigkeit, ein Team zu führen, zu leiten und über Trigger andere Menschen aufwecken zu können.

Für sie ist es nun im ersten Schritt am wichtigsten, jeden Tag mehr in ihre Energie zu kommen und die Möglichkeit zu haben, sich mit den täglichen Transiten, ihrer Energie und dem Mondzyklus auseinanderzusetzen. Im ersten Schritt reduziert sie ihre Stelle auf 50 Prozent und plant jeden Tag morgens und abends eine Stunde Zeit ein, in der sie nur für sich ist, um sich mit ihrer Energie und ihrer Sichtweise auf die Welt zu beschäftigen. Dafür richtet sie sich sogar ein eigenes Zimmer ein, indem sie auch allein schlafen und sich jederzeit zurückziehen kann.

Gleichzeitig beginnt sie, sich auf Instagram zu zeigen und ihre Sicht auf die Welt, triggernde Zitate und Postings zu machen, um Menschen zu finden, die bereit sind, tiefer zu schauen und mit ihr zu arbeiten. Sie weiß, dass es im ersten Schritt nicht wichtig ist, möglichst viele Follower oder Buchungen zu generieren, sondern ihre Energie möglichst gut zu transportieren. Sie hat verstanden, dass es für sie nicht darum geht, fünf Human-Design-Readings am Tag zu geben, sondern darum, Menschen langfristig in ihren Transformationsprozessen zu begleiten. Deshalb bleibt sie am Ball und wird die nächsten Monate erst einmal ihr Human Design leben und ihre Energie zeigen – und dann darf ihr Business Schritt für Schritt wachsen.

Ihr erstes Angebot ist ein »Woman Circle«. Dabei wird sie zehn Frauen in den nächsten Monaten mit ihrer Energie begleiten und ihnen helfen, in ihre Kraft zu kommen.

Tipps für Reflektoren

- Du bist sensitiv, spiegelst und verstärkst die Energie der anderen Menschen. Wenn die Stimmung in einer Gruppe kippt, bemerkst du es zuerst. Achte auf die Energie der Menschen, mit denen du viel Zeit verbringst, und darauf, dass sie dir guttun.
- Für deine beste Energie im Business brauchst du viel Zeit für dich und ein ruhiges, schönes Zuhause. Je mehr du in deiner Mitte bist, desto besser kannst du deine Energie entfalten.
- Lerne klare Grenzen zu setzen, um deine Energie zu schützen. Tritt lieber einen Schritt zurück, als immer mitten im Geschehen zu sein.
- Du bist immer dann erfolgreich in einem Business, wenn du andere Menschen durch deinen besonderen Blickwinkel bei ihrer Transformation unterstützt und ihnen hilfst, sich zu entfalten.
- Du bist ein Barometer für die Welt und zeigst anderen, wo ihr blinder Fleck ist, worüber sie nicht reden und was sie nicht fühlen wollen.
- Du bekommst deine Kunden am besten über die Empfehlung anderer Menschen, daher brauchst du keine tausend Social-Media-Kanäle.
- Deine Zielgruppe sollten Menschen mit hoher Schwingung sein, vielleicht sind sie auch schon erfolgreich oder zumindest auf dem Weg, denn du verstärkst die Energie deiner Kunden.
- Sei wählerisch, mit wem du deine Zeit verbringst, denn du verstärkt auch negative Energien und das wirkt sich auf dein Business aus.
- Arbeite lieber mit wenigen Kunden und dafür mit denen, die dich anerkennen. Deine Angebote dürfen langfristig und hochpreisig sein.
- Richte dein Business, dein Leben, deine Energie nach dem Mond aus, und etabliere regelmäßige Selfcare-Rituale nach dem Mond.

- Die Stellung der Planeten und die Energie des Mondes beeinflussen deine Chart jeden Tag aufs Neue. Lass dich überraschen und spüre neugierig, wer du heute bist.
- Zeige dich mit deiner einzigartigen Sicht auf die Welt, teile deine Weisheit und sprich sie laut aus. Du bist hier, um ein ganz besonderer Leader für die richtigen Menschen zu sein.

Affirmationen und Powersätze für Reflektoren

- Ich bin ein klarer Kanal für Geschenke und neue Ansichten, die durch mich in diese Welt kommen. Ich bin direkt mit dem Universum verbunden.
- Ich vertraue meinem Körper, er sagt mir genau, was ich zu jeder Zeit brauche.
- Ich bin die Verkörperung von Weisheit.
- Ich weiß immer, was andere Menschen gerade hören möchten, und auch das, was sie tatsächlich brauchen.
- Ich kann in dieser Welt alles sein, was ich will. Ich bin immer anders, und das ist genau richtig.
- Ich bin das wundervollste Energiewesen auf dieser Welt.
- Meine Sensitivität ist meine Stärke. Ich achte darauf, Energien wahrzunehmen und dann auch direkt wieder loszulassen.

BUCH-BONUS:

Im Buch-Bonus findest du eine Meditation zur Energie dieses Human-Design-Typs, ein Video, wie du diesem Typ Anerkennung und Wertschätzung ausdrücken kannst, und zwei Handy-Hintergründe, die dich täglich an diese einzigartige Kraft erinnern. Hier geht's zum Buch-Bonus: **hd-buch.com/bonus**

Kapitel 3

DIE ENTSCHEIDUNGS-AUTORITÄTEN

WENN DU die richtigen Entscheidungen triffst, verändert dies dein ganzes Leben. Mit jeder Entscheidung – und sei sie auch noch so klein –, richtest du deine Energie entweder in die eine oder in die andere Richtung aus. Wir denken (und da fängt das Problem schon an), dass wir genau überlegen sollten, welchen Weg wir gehen. Wir machen uns Pro- und Kontra-Listen und versuchen die beste und sicherste Option für uns zu finden.

Die Wahrheit ist: Dein Verstand hat keine Ahnung von deinem Lebensweg. Er ist lediglich ein Instrument zum Speichern und Abrufen von, über Generationen gesammelten, Glaubenssätzen und Überzeugungen. Deinem Verstand ist es auch egal, wenn er dir den falschen Weg vorschlägt und alles den Bach hinunter geht. Er schlägt dann einfach munter neue Möglichkeiten vor, die er für machbar, sicher und vernünftig hält.

Wer oder was kennt nun aber deinen Lebensplan, wenn nicht dein Verstand? Es ist dein Körper, dein Design. Dein Körper nimmt Informationen aus dem Quantenfeld auf, die dein Verstand nicht greifen kann. Dein Körper weiß, wofür du hier bist, und kennt deinen Weg. Deswegen fühlen sich auch manche

Entscheidungen so mies an, obwohl objektiv betrachtet gar nichts dagegen spricht.

Human Design unterscheidet sieben Entscheidungsautoritäten. Am häufigsten ist die emotionale Autorität, die ungefähr 50 Prozent der Menschen haben. Anschließend folgt die sakrale Autorität (ca. 30 Prozent) und dann wesentlich seltener die Milzautorität, Herz/Ego-Autorität, Selbstautorität, Äußere/Ajna-Autorität und Mondautorität.

ENTSCHEIDUNGEN AUS DER KÖRPERWEISHEIT TREFFEN

Alle Autoritäten haben gemeinsam, dass es nicht darum geht, die richtige Entscheidung zu erdenken oder über Listen zu ermitteln. Es geht um das Abrufen der Körperweisheit, damit du mit jeder Entscheidung mehr und mehr deinem Lebensplan folgst. Und es geht darum, ganz alleine für dich zu entscheiden. Andere Meinungen, Befindlichkeiten, Emotionen oder den Impuls, es anderen Menschen recht machen zu wollen, darfst du einfach links liegen lassen. Deiner Entscheidungsautorität zu folgen bedeutet: Die richtigen Entscheidungen für *dich* zu treffen und darauf zu vertrauen, dass sie auch für alle Menschen in deiner Umgebung richtig sind. Auch, wenn diese das im ersten Moment vielleicht anders sehen.

Der eigenen Autorität zu folgen wäre an sich leicht, gäbe es da nicht deine Konditionierung, also die Vorstellung in deinem Kopf, wie du zu sein und zu agieren hast, um im Leben erfolgreich zu sein.

Die für dich korrekten Entscheidungen zu treffen, führt dich auf deinen Seelenweg und in deine beste Energie. Es lohnt sich hundertprozentig. Und jetzt geht es darum, deine Autorität zu entdecken. Vielleicht erinnerst du dich an Erfahrungen in deiner Vergangenheit, in der sie schon perfekt für dich gearbeitet hat. Hab auf jeden Fall den Mut, ab heute wach und achtsam Entscheidungen aus deiner Körperweisheit heraus zu treffen und deinen Verstand endlich ruhigzustellen.

EMOTIONALE AUTORITÄT

Mit der emotionalen Autorität gehörst du zu ca. 50 Prozent aller Menschen, die diese Autorität mir dir teilen. Deine definierten Emotionen sorgen bei dir für ein ständiges Auf und Ab deiner Gefühle. Du schwankst zwischen riesiger Freude, Übermut und Spaß sowie Traurigkeit, Wut, Angst und Hoffnungslosigkeit. Für dieses Auf und Ab gibt es meist keine Begründung. Deine Emotionen sind einfach da.

Du wirst mir sicher zustimmen, dass deine emotionale Grundstimmung sich auch in deinen Entscheidungen niederschlägt. Ist deine aktuelle Stimmung richtig gut und dein Chef bietet dir eine andere Position an, in der du zwar etwas besser bezahlt wirst, aber auch viel mehr Arbeit auf dich zukommt, sagst du sofort Ja. Am nächsten Tag, wenn du dich erschlagen, lustlos und schlapp fühlst, bereust du diese Entscheidung zutiefst und möchtest sie auf der Stelle rückgängig machen. Natürlich könnte ich dir das Beispiel auch genau anders herum erzählen, du sagst Nein auf Grund deiner negativen Emotionen und am nächsten Tag fragst du dich: »Warum habe ich diese tolle Gelegenheit eigentlich nicht wahrgenommen?«

Für emotionale Autoritäten gibt es deshalb nicht *die* Wahrheit im Moment der Frage. Wichtige Entscheidungen, die sich nicht nur darum drehen, was du jetzt gleich essen möchtest, müssen bei dir einen Prozess durchlaufen. Du darfst dir die Entscheidung aus den Blickwinkeln aller verschiedenen Emotionen anschauen, also deine Gefühlsschwankungen in Bezug auf die Frage beobachten, um schließlich eine emotional wirklich klare Entscheidung treffen zu können.

Kommt also dein Chef zu dir und fragt, ob du den anderen Posten haben möchtest (mehr Geld, aber auch mehr Arbeit), dann bedankst du dich für sein Angebot und sagst ihm, dass du gerne zwei bis drei Nächte darüber schlafen möchtest und dich dann dazu äußern wirst. So kannst du die Entscheidung mit in deinen seelischen Prozess nehmen und emotionale Spitzen, die dich vorschnell und falsch entscheiden lassen, besser vermeiden. Bei weitreichenden Entscheidungen kann so ein Prozess durchaus auch länger dauern.

Weil es für dich keine allgemeingültige Wahrheit in dem einen Moment der Entscheidung gibt, sind auch alle Angebote, die nur 20 Minuten Gültigkeit haben, nichts für dich. Hast du schon mal an einem Webinar teilgenommen, in dem es um die Vorstellung eines bestimmten Produktes ging? Emotionale Musik, zu Tränen rührende Geschichten, herausragende Erfolgsstorys und am Ende ein unschlagbares Angebot, das nur für die ersten 50 Buchungen gilt? Schon mal erlebt? Diese Art von Verkauf ziehlt genau auf dich und die restlichen 50 Prozent emotionaler Autoritäten ab, die durch die Art der Präsentation in ihren Emotionen hochgepuscht werden und dann spontane Entscheidungen für das beste Angebot treffen – nur um den Kauf am nächsten Morgen, wenn ihre Emotionen abgeebbt sind, bitter zu bereuen.

Am besten drückst du in dem Fall online das Kreuz rechts oben in der Ecke und lässt offline bei allen Verkaufsveranstaltungen und Einsteigerseminaren deine Kreditkarte zu Hause.

Ra erzählt zur emotionalen Autorität diese Geschichte, die ich für mein Buch etwas abgemildert habe: Stell dir vor, du wachst morgens neben deinem Partner auf, du bist heute irgendwie mies drauf, draußen regnet es, du hast einen vollen Tag vor dir und gar keine Lust aufzustehen. Du schaust rüber zu deinem Lebensgefährten und denkst: »Ich sollte ihn/sie verlassen, wir streiten uns andauernd, das macht alles keinen Sinn mehr«. Du bist also in einer negativen Grundstimmung und willst aus dieser Stimmung heraus die Entscheidung treffen, dich zu trennen. Keine gute Idee! Wenn du allerdings morgens aufstehst, dir die Sonne aus dem Hintern scheint, du einen genialen Tag erwartest und leise vor dich hinsummst und dann zu deinem Partner schaust und denkst: »Ich sollte ihn/sie verlassen, wir streiten uns andauernd, das macht alles keinen Sinn mehr« – dann tu es!

Lass dich also grundsätzlich nicht von deinen Emotionen zu vorschnellen Entscheidungen verleiten. Gewöhne dir an, immer mindestens eine, besser zwei bis drei Nächte über die Sache zu schlafen und zu schauen, wie sich deine Emotionen bezüglich einer Entscheidung verändern. Bist du von Tag zu Tag freudiger und energiegeladener, wenn du an die Angelegenheit denkst oder flaut die Energie schon am zweiten Tag merklich ab? Gibt es Hochs und Tiefs zu einer Entscheidung, dann beobachte, welche Gefühle überwiegen, wenn du ein paar Tage nacheinander hinspürst.

Als emotionale Autorität hast du nie ein Gefühl hundertprozentiger Sicherheit in dir, einfach weil deine Emotionen wie Wellen auf und ab schaukeln. Hab Geduld und beobachte deine Emotionen, bis du eine gewisse Ruhe spürst, die dich mehr Klarheit empfinden lässt. Und tritt erst dann in Aktion.

TIPP: Gewöhne dir an, bei allen größeren Entscheidungen, die dein Leben verändern werden, *mindestens* eine Nacht darüber zu schlafen. Lege dir einen Satz zurecht und bedanke dich bei deinem Gegenüber für die Anfrage oder das Angebot. Erkläre, dass du darüber nachdenken wirst und kündige an, dass du dich in drei Tagen oder drei Wochen oder drei Monaten – je nachdem wie einschneidend die Entscheidung für dich ist – verbindlich dazu meldest.

Bei einem Onlinekauf, wo man tatsächlich mal schnell handeln muss, kannst du dich auch vorbereiten, denn du weiƏt ja schon vorher, worum es geht. Wenn du zum Beispiel eine Präsentation von einem Onlinekurs anschaust, spüre schon vorher in dich hinein, was das für dich bedeuten würde, überlege, ob du die Zeit und das Geld dafür hast, denn dann gehst du mit einer ganz anderen Klarheit in das Webinar, um eine Entscheidung zu treffen.

SAKRALE AUTORITÄT

Die sakrale Autorität können nur Generatoren oder Manifestierende Generatoren haben, die gleichzeitig ein offenes Emotionszentrum besitzen. Deine Entscheidung darfst du spontan aus deinem Bauch heraus treffen. Dein Bauchgefühl sollte ausschlaggebend für dein Nein oder Ja sein. Ein positives Bauchgefühl kann ein freudvolles Kribbeln, ein weites offenes Gefühl, ein innerer Antrieb und ein inneres »Hell, yes« sein. Ein negatives Bauchgefühl zeigt sich daran, dass du nichts spürst, also eine Art Leere in dir ist, dass du ein flaues energiearmes Gefühl hast oder sich dein Bauch zusammenzieht, bis hin zu Bauchschmerzen.

Dein Bauchgefühl entscheidet darüber, für was die Lebenskraft aus deinem Sakralzentrum zur Verfügung steht und für was nicht. Dein Verstand kann diese Entscheidungen nicht begründen oder sachlich herleiten. Es kann zum Beispiel sein, dass dich auf die Frage, ob du am Samstag früh aufstehen und mit zum Wandern gehen möchtest, ein flaues Gefühl und wenig Energie aus dem Bauch ermuntern, Nein zu sagen. Zwei Minuten später kann dich die Frage, ob du mit zu einem Basketballspiel fahren willst, wo du genauso früh aus dem Bett musst, vor Energie sprudeln lassen, und du spürst Lust und Antrieb, genau für dieses Ereignis.

Dein Bauchgefühl entsteht ganz spontan in dem Moment, indem du gefragt wirst oder eine Entscheidung treffen darfst. Du bekommst direkt Klarheit über das, was für dich richtig ist, also für was Energie zur Verfügung steht und für was nicht. Ein Bauchgefühl kannst du mehrmals hintereinander mit der gleichen Frage provozieren, das kann dir helfen, es besser zu spüren.

Außerdem hilft es dir als sakrale Autorität, deine Mimik zu beobachten oder von anderen beobachten zu lassen. Selbst wenn du aus Höflichkeit oder aus strategischen Gründen Ja sagst, wird man für den Bruchteil einer Sekunde das Nein in deinem Gesicht sehen. Vielleicht wandern deine Augenbrauen in der Mitte zusammen oder du ziehst kurz deine Mundwinkel nach unten oder deine Augen bleiben leer und ohne Leuchten. Dein Körper reagiert in seiner Gesamtheit auf die Frage oder die Entscheidung, und das ist auch sichtbar. Für dich ist dabei wichtig, diese Botschaft deines Körpers wahrzunehmen, bevor dir dein Verstand dazwischenquatscht und Argumente für oder gegen die Möglichkeit abfeuert.

Bist du unsicher oder fühlst dich leer, bedeutet das Nein. Ein Ja wirst du schnell erkennen, denn es hüpft und springt in deinem Bauch, dein Körper wird mit Energie aufgeladen, Freude steigt in dir auf, auch wenn du vielleicht Angst hast, es nicht zu schaffen oder dein Kopf zweifelt. Dein Körper reagiert trotzdem, und genau diesem Signal darfst du ab jetzt konsequent vertrauen und nach ihm handeln.

Stell dir einmal vor, du hast zwei Jobangebote, und du weißt nicht, für welches du dich entscheiden sollst. Mit beiden Chefs hast du einen Probearbeitstag vereinbart. Du gehst also zur ersten Firma, um einen Tag dort mitzuarbeiten, und spürst, wie du schon auf dem Weg dorthin gute Laune hast, auf dem Fahrrad singst, obwohl du aufgeregt bist. Du hast auch dort den ganzen Tag Power, sowohl die Arbeit als auch der Austausch mit deinen Kollegen ist super. Abends kommst du voller Energie nach Hause und sprudelst vor Begeisterung. Das ist ein eindeutiges Ja. Den zweiten Job brauchst du dir nun gar nicht mehr anzuschauen. Dein Körper hat entschieden, dass dir für diese Arbeit Lebensenergie zur Verfügung steht. In diesem Job wird deine Energie strahlen und wie im Kapitel über Generatoren beschrieben, wirst du so deine Anziehung und deine warme Aura entfalten können.

Mit einer sakralen Autorität brauchst du nicht über deine Entscheidungen zu schlafen, du kannst und musst sie auch nicht begründen. Reagiere einfach spontan auf das Signal deines Körpers, und du wirst dich richtig, für deinen Seelenweg, entscheiden.

Tipp: Beobachte bei großen und kleinen Entscheidungen deinen Körper. Schon die Frage »Wollen wir heute Abend Pizza essen?« ruft eine körperliche Reaktion in dir hervor und ist eine Übungssituation für die großen Entscheidungen des Lebens. Ja/Nein-Fragen können dir helfen, dein Bauchgefühl zu trainieren.

Beobachte gleichzeitig auch, was deine Mimik automatisch macht, wenn du eine Entscheidungsfrage gestellt bekommst. Spürst du, wie du den Kiefer zusammenpresst und schon genervt die Augen verdrehst, wenn dein Partner fragt, ob ihr spazieren gehen wollt? Und sagst du dann trotzdem Ja, um sie oder ihn nicht zu verärgern?

Wenn du etwas nicht mehr anderen zuliebe machst, könnten sie dein Verhalten als sehr egoistisch bewerten. Human Design ist aber tatsächlich erst einmal »egoistisches Wissen«, denn es geht darum, was für dich richtig ist, es geht nicht darum, es anderen recht zu machen. Das setzt gerade in Partnerschaften Offenheit und Bewusstheit voraus, denn es geht immer darum, dem eigenen

Bauchgefühl zu folgen und Kompromisse nur sehr achtsam einzugehen.

Bleib bei dir und deinem Körpergefühl, dann triffst du die Entscheidungen, die deine Energie zum Leuchten bringen und dein Leben wirklich bereichern. Und ich würde sogar behaupten, dass erst dann, wenn du kompromisslos entscheidest, auch die richtigen Menschen in dein Leben kommen werden.

MILZAUTORITÄT

Die Milzautorität könnte man auch als Intuition oder Überlebensinstinkt beschreiben. Die Milz entscheidet superschnell und intuitiv, ohne Fakten zu kennen. Sie ist eine leise Stimme, die dir einmal – nicht öfter! – die Richtung weist. Sie diskutiert nicht, überzeugt nicht und wird auch nicht lauter. Alles was bleibt, wenn du ihr nicht folgst, ist im Nachhinein das Gefühl »Ich hab's doch gewusst«.

Stell dir vor, du willst nach Hause, und es gibt die Möglichkeit, rechts oder links herum zu fahren. Die Strecken sind ungefähr gleich lang und es gibt keinen rationalen Grund, sich für einen der Wege zu entscheiden. Deine Intuition flüstert: »Links« und schon ordnest du dich auf der Linksabbiegerspur ein. Du hast keine Ahnung warum, und dein Verstand könnte es nicht begründen. Du kommst gut durch den Verkehr, und als du vor deinem Haus hältst, hörst du im Radio von dem Unfall, der sich auf der anderen Strecke ereignet hat. Wie gut, dass du deinem Bauchgefühl gefolgt bist!

Die Milz sammelt zu jeder Zeit, wie eine hoch wachsame Alarmanlage, alle Energien und Daten aus deiner Umgebung. Sie ist jederzeit bereit, zu reagieren und dein Überleben zu sichern. Je gefährlicher und schwieriger die Situation, desto deutlicher und lauter. Im Alltag spricht die Milz allerdings sehr leise, über deine Sinne, mit dir. Du hast ein inneres Wissen, etwas hört sich gut an, schmeckt oder riecht gut. Diese Intuition ist schneller als dein Verstand und ihre Antwort ist da, bevor eine Frage zu Ende gestellt wurde. Die Milz lässt sich nicht auf Argumentationen ein und antwortet auch nicht auf Nachfragen.

Meine Autorität ist die Milzautorität. Schon als Kind hatte ich eine gute Intuition und konnte mich darauf verlassen. Allerdings habe auch ich zu hören bekommen: »Denk doch noch mal darüber nach« oder »Schlaf lieber mal darüber und dann sagst du mir Bescheid«. Heute weiß ich, ich brauche weder Bedenkzeit noch eine Nacht, um Entscheidungen zu treffen. Ich kenne meine Antwort schon, bevor mein Gegenüber sein Anliegen zu Ende vorgebracht hat. Ich lasse es nur aus Höflichkeit ausreden.

Genauso ist es bei E-Mails. Ich lese noch nicht einmal den Betreff zu Ende, da meldet sich meine Milz schon mit dem inneren Wissen: »Nein, nichts für uns«. Wenn ich die Mail dennoch öffne und mein Verstand findet: »Hört sich gut an, könnten wir machen«, dann darf ich mich als Milzautorität an diese erste Intuition erinnern. Falls ich dieses Bauchgefühl ignoriere und im Rückblick feststelle, wie anstrengend und ätzend die Sache war, oder dass es einfach nicht der richtige Zeitpunkt gewesen ist, dann zeigt sich dieses Gefühl von »Ich hab's doch gewusst«.

Die Milz entscheidet immer aus diesem jetzigen Moment heraus. Habe ich *jetzt* Energie, ist es *jetzt* Zeit dafür, ist es gesund für mich? Deswegen sage ich zu manchen Dingen ganz bewusst: »Jetzt nicht.« Denn morgen oder in ein paar Wochen kann mein intuitives Wissen ganz anders aussehen.

Um deine Milzautorität zu spüren, darfst du lernen, im jetzigen Moment präsent zu sein. Denn wenn du durch das Leben hetzt, dann verpasst du diese leise, direkte Weisheit in dir und rennst viele Extra-Runden, bis du bei dir ankommst. Übe besonders im Business und bei wichtigen Entscheidungen, still zu werden, achtsam zu sein und auf dein erstes Gefühl zu vertrauen. Es ist goldrichtig. Alles, was danach kommt, ist schon beeinflusst von deinem Verstand und der hat nun mal keine Ahnung, wo das Leben dich hinführen will.

Zudem hat deine Milz eine intuitive Menschenkenntnis. Du weißt einfach, mit wem du Zeit verbringen solltest und mit wem nicht.

Warte nicht auf bessere Entscheidungen, deine Wahrheit steigt immer spontan, im jetzigen Moment, in dir auf. Auch wenn es unangenehm ist oder anderen Menschen nicht gefallen könnte. Deine Milz hat immer den richtigen »Riecher«. Vertraue auf dein inneres Wissen.

> **TIPP:** Werde immer öfter am Tag still und öffne mit einer wachen Präsenz dein E-Mail-Postfach oder komme bewusst und fokussiert mit deinem Team, Klienten oder potenziellen Mitarbeitern zusammen.
>
> Achte auch im Alltag immer häufiger auf deine körperlichen Zeichen – worauf hast du Hunger, mit wem möchtest du jetzt sprechen, was tut dir jetzt gut? So kommst du Schritt für Schritt in den Kontakt mit deiner Milzautorität.

HERZ/EGO-AUTORITÄT

Mit einer Herz- oder Ego-Autorität gehörst du zu den Menschen mit besonderer Willensstärke, Wettbewerbslust und Selbstwertgefühl. Dich kann man nicht wirklich mit gängigen Statussymbolen beeindrucken, du hast deinen eigenen Kompass, der dir sagt, was du erreichen möchtest und was es dir wert ist.

Du darfst Entscheidungen treffen, indem du schaust, ob dabei etwas für dich herausspringt. Was bringt es dir, bringt es dich nach vorn und verschafft es dir einen Vorteil? Das mag egoistisch klingen und von den meisten Menschen wird das negativ bewertet. Für dich ist aber das, was wirklich zu dir passt, durch dein Ego/Herz definiert und somit auch automatisch das Richtige für alle anderen Menschen um dich herum.

Wenn man Entscheidungen trifft, die mit der eigenen Autorität im Einklang sind, gelangt man auf seinen Seelenweg und tut damit gleichzeitig auch das Beste für alle Menschen in seinem Umfeld. Hab also keine Angst davor, diese Entscheidungen kraftvoll zu treffen, und vertraue darauf, dass du es richtig machst.

Wenn du eine Ego-Autorität hast, ist deine Chart zumindest im unteren Bereich ziemlich offen und viele deiner Zentren empfangen die Energie von anderen Menschen. Das macht es dir manchmal nicht leicht, das zu spüren, was die für dich richtige Entscheidung ist. Achte also darauf, was für dich einen Wert hat, was dir wichtig ist, auch wenn es nicht der Norm oder den Erwartungen anderer entspricht.

Ob du die richtigen Entscheidungen getroffen hast, erkennst du daran, dass deine Willensstärke auch über längere Zeit hinweg verfügbar ist und du wirklich das Gefühl hast, mit dieser Entscheidung etwas für dich gewonnen zu haben.

Alle deine Entscheidungen dürfen mit deinem inneren Wert im Einklang sein und dein Selbstwertgefühl nähren.

TIPP: Triff deine Entscheidungen am besten allein und unbeeinflusst von den Energiefeldern anderer Menschen. Zieh dich kurz zurück und beantworte dir diese Fragen: Mit welcher Entscheidung fühle ich mich auf der Gewinnerspur? Was habe ich davon, wenn ich mich für XY entscheide? Mit welcher Entscheidung gewinne ich mehr Energie, Geld, Wissen?

SELBSTAUTORITÄT

Mit einer Selbstautorität ist es für dich im ersten Schritt wichtig, dass du deine Werte, Ziele und Visionen kennst. Zu wissen, was im Leben für dich zählt, hilft dir in jedem Moment die Entscheidung zu treffen, die mit deinem Herzen, deinen Werten und deiner Richtung im Einklang ist.

Für dich ist es außerdem wichtig, dass deine Umgebung deine innere Welt widerspiegelt. Das bedeutet, es ist wichtig, dass du dich in deinem Job oder auch in der Wohnung, in der du lebst, wohlfühlst. Die Umgebung, die Menschen, die Energie und das was dort gelebt wird, sollte mit dir in Resonanz gehen und für dich richtig sein.

Es kann dir helfen, mit anderen Menschen über deine Erfahrungen zu sprechen, bevor du eine Entscheidung triffst. Angenommen, du hattest ein Vorstellungsgespräch, dann wäre es ideal, wenn dein Gegenüber dich fragt, wie du dich dort gefühlt hast. Waren die Menschen auf deiner Wellenlänge oder haben sie ganz andere Schwerpunkte im Leben? Hat dir die Umgebung gefallen, hat sie dir gutgetan und deine Energie angehoben?

Viele Menschen mit Selbstautorität spüren auch eine körperliche Reaktion. Bei den richtigen Entscheidungen werden der Brustraum und das Herz weit und offen, während sich bei der falschen Wahl alles eng und geschlossen anfühlt. Teste das am besten mal in einfachen Situationen, zum Beispiel, wenn dich jemand fragt, ob du ein rotes oder blaues Logo bevorzugen würdest. Spür in dich hinein: Was passt zu dir und zu deiner Energie, was fühlt sich offen und weit an und was eher eng? Hör dabei nicht auf sachliche Argumente deines Verstandes, sondern auf dein Körpergefühl, besonders im Brustraum.

Wenn du in eine neue Wohnung ziehen willst, ist es für dich weniger entscheidend, was sie kostet oder wie weit du zur Arbeit fahren musst. Du darfst dich in der Wohnung wohlfühlen und prüfen, ob deine Vermieter zu deinen Werten passen, die Menschen in der Nachbarschaft sympathisch auf dich wirken und ob die gesamte Umgebung um das Haus deiner Vorstellung entspricht und deine Energie anhebt. Nimm dir also die Zeit, in dich hineinzuspüren.

Auch bei dir ist es sehr sinnvoll, deine Entscheidungen allein zu treffen und zum Beispiel bei der Wohnungsbesichtigung darum zu bitten, noch einmal für dich durch die Räume gehen zu dürfen und vorab oder im Anschluss allein durch die Straßen um das Haus zu ziehen, um ein Gefühl für die Gegend zu bekommen. Wenn keine anderen Menschen in deiner Aura sind, fällt es dir leichter, wahrzunehmen, was du fühlst, anstatt die Gefühle der anderen Menschen in dir zu spüren.

Deine Entscheidungen dürfen im Einklang mit deinem Herzen sein. Lerne, dich in diesem Bereich einzufühlen und sehr präsent in deinem Brustraum zu sein.

> **TIPP:** Triff deine Entscheidungen in Ruhe und allein. Entscheide dich nicht aufgrund von Bildern im Internet oder von Erzählungen und Erfahrungen anderer Menschen. Wann immer es möglich ist, probiere es vorab persönlich aus, um ein Gespür zu entwickeln.
>
> Da das natürlich bei manchen Entscheidungen nicht funktioniert – etwa bei einem geplanten Urlaub oder gar, wenn es darum geht, ob du ein Kind möchtest – hilft es zum Beispiel, bei Erzählungen auf deine Energie zu achten oder im Zusammensein mit Freunden, die Kinder haben, aufmerksam deine Stimmung zu beobachten. Deine Autorität ist, wie auch die noch folgenden, schwerer greifbar, als die vier zuvor besprochenen Autoritäten. Doch du wirst dich mit Sicherheit in sie eingrooven, wenn du aufmerksam bei dir und deinen Bedürfnissen bzw. deiner Energie bleibst.

> Grundsätzlich hilft es dir, über deine Erfahrungen zu sprechen, darüber, wie du dich gefühlt hast, um dir klar zu werden, ob die Entscheidung im Einklang mit deinen Werten und Lebensvisionen ist.

AJNA/MENTALE-AUTORITÄT

Als mentale Autorität ist deine gesamte Chart offen, außer der Verstand und/oder Kehl- und Inspirationszentrum. Zwischen diesen definierten Zentren entsteht ein besonderes Feld, das Informationen aufnimmt und verarbeitet.

Deine Entscheidungsautorität ist keine innere Autorität, wie all die zuvor besprochenen, du entscheidest, während du mit anderen Menschen sprichst und mit ihnen deine Gedanken teilst. Dabei geht es nicht darum, dass dir andere Menschen Ratschläge geben oder dir ihre Meinung mitteilen, sondern darum, dass du dir selbst beim Sprechen zuhören kannst.

Indem du redest, deine ganz besondere Sicht auf die Welt teilst, andere ihre Weltsicht äußern, ohne dich damit beeinflussen zu wollen, oder du liest, Videos schaust und recherchierst, bildet sich deine Wahrheit immer klarer aus. Nimm dir also auch die Zeit, dir ein Thema aus ganz unterschiedlichen Blickwinkeln anzusehen, im Internet die Meinungen und Ansichten von verschiedensten Menschen zu hören und dann im Sprechen oder Schreiben eine gute Entscheidung für dich zu treffen.

Dieser Prozess kann einige Tage oder Wochen in Anspruch nehmen, und es ist wichtig, dass du dir die Zeit und den Raum dafür nimmst. Sei am besten zwischendurch immer wieder ganz allein, nur in deiner Aura, und vielleicht hilft es dir auch sehr, dir selbst Sprachnachrichten zu schicken oder ein Tagebuch zu führen, um so zu deiner Klarheit zu gelangen.

Durch den Prozess, durch den du gehst, um deine Entscheidung zu treffen, schaust du ganz genau und aus vielen verschiedenen Perspektiven auf eine Sache. Das macht dich zu einem sehr weisen Entscheider – auch wenn die Menschen in deinem Umfeld manchmal etwas Geduld brauchen.

Da deine Chart so offen ist, nimmst du leicht die Energie von anderen Menschen auf. Lerne, deine mentale Klarheit in unterschiedlichen Situationen und unabhängig von deiner Umgebung zu spüren.

TIPP: Finde einen Menschen, dem du von deiner Entscheidungsautorität erzählen kannst, und bitte ihn, dir einfach nur zuzuhören und dann Fragen zu stellen oder dir ganz neutral seine Sicht zu erzählen, ohne dabei Erwartungen an dich zu haben oder zu hoffen, dass du es genauso siehst. Falls du niemanden hast, sprich dir selbst Sprachnachrichten auf, auch dabei kommst du deiner Wahrheit näher.

Wichtig ist, dass du über deine Gedanken ermittelst, wie du dich in einer bestimmten Situation oder Umgebung gefühlt hast, ob sie zu deinem Sein passt.

MONDAUTORITÄT

Die Mondautorität haben nur Reflektoren, sie leben in einer ganz besonderen Verbindung mit dem Mond und seinem Rhythmus. Wie ich im Kapitel über die Typen schon beschrieben habe, bist du als Reflektor jeden Tag anders und im Fluss mit den Energien und den Planeten. Das sorgt auch dafür, dass du mit jedem Tag und mit jedem Tor der Chart, das der Mond durchschreitet, einen anderen Blick auf eine Entscheidung gewinnst.

Deshalb kannst du die besten Entscheidungen treffen, wenn du dir diese aus den unterschiedlichsten Energien und Blickwinkeln eines gesamten Mondzyklus von 28 Tagen anschaust. Jeden Tag bekommst du dabei neue Einsichten, Aspekte und Puzzlestücke, bis du dir am Ende sicher bist. Dieser Prozess ermöglicht dir Einblicke, die den anderen Typen verborgen bleiben.

Lass dich in diesem Prozess nicht drängen. Im Gegenteil, lass dich hineinfallen. Es ist nicht wichtig, dass du jeden Tag an die Entscheidung denkst oder gar vor Ort bist. Es reicht, die Situation einmal »probiert« zu haben und dann deinen Körper durch den Prozess gehen zu lassen, bis du ganz klar sehen kannst, was für dich richtig ist.

Natürlich nutzt du diese Autorität nur für die wichtigen und entscheidenden Dinge im Leben und nicht für die Frage, welche Pizza du bestellen willst oder was du heute in deiner Instagram-Story erzählst. Für die großen Fragen des Lebens ist dieser Prozess, der Zeit, Geduld und Vertrauen braucht, aber absolut sinnvoll. Denn du wirst dafür mit einem ganz besonderen Gespür und einer einzigartigen Sicht auf das Leben belohnt.

Ein Beispiel wäre, dass du überlegst, in einer neuen Firma anzufangen. Du vereinbarst einen Probetag, beobachtest die Menschen, die dort arbeiten, die Prozesse und die Energie des Unternehmens. Am besten ist es, wenn du nicht direkt eingebunden wirst, sondern eher in der Beobachterposition sein kannst. Anschließend beginnt dein Entscheidungsprozess. Du ziehst dich zurück und lässt diese Erfahrung in den nächsten 28 Tagen auf dich wirken, um zu spüren, ob das dein neuer Wirkungsort wird oder nicht.

Der Mondzyklus lässt dich jede Entscheidung in ganz unterschiedlichem Licht sehen, als würde er die verschiedenen Facetten beleuchten. Lass dich darauf vertrauensvoll ein, denn so wirst du mit einzigartiger Klarheit beschenkt.

TIPP: Entdecke die unterschiedlichen Mondphasen für dich und lerne die Transite des Tages (Stellung der Planeten) mit deiner Human-Design-Chart zu lesen. So kannst du große Veränderungen in deiner Energie sichtbar machen und lernst auf diese Weise genau zum richtigen Zeitpunkt durch deinen Prozess zu gehen, größere Energieveränderungen zu nutzen und sogar schneller als in 28 Tagen eine Entscheidung zu treffen. Dies funktioniert besonders dann, wenn du schon sehr mit dir im Einklang bist und Transite und Mondphasen für dich deuten kannst.

BUCH-BONUS:

Im Buch-Bonus-Kurs findest du kurze Videos von Menschen mit den entsprechenden Autoritäten, die dir beschreiben, wie sie Entscheidungen treffen und wie sich die richtige Entscheidung in ihrem Körper anfühlt. Hier geht's zum Buch-Bonus: **hd-buch.com/bonus**

Kapitel 4

DIE PROFILE

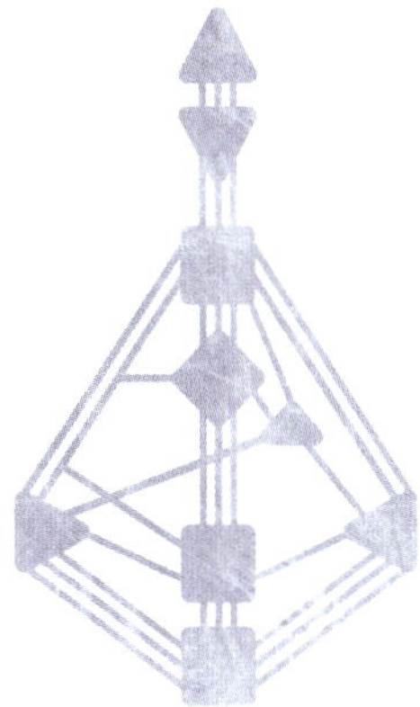

DEIN HUMAN-DESIGN-PROFIL zeigt dir deine Bedürfnisse, deine Stärken und taucht noch einmal tiefer in deine energetische Signatur. Hier erfährst du, wie du lernst und auf welche Art du deinen Lebensweg beschreitest. Gleichzeitig werden hier deine inneren Widersprüche greifbar und die Art, wie du in Beziehung mit anderen Menschen trittst und sie mit deiner Energie wahrnimmst.

Dein Profil setzt sich zusammen aus der Linie deines bewussten Sonnentores (rechte Seite), zum Beispiel 18.4 – dann wäre deine erste Profil-Zahl die 4 – und aus der Linie deines unbewussten Sonnentores (linke Seite), zum Beispiel 53.2 – dann wäre deine zweite Profil-Zahl die 2. Dein Profil wäre in diesem Beispiel also 4/2.

Beide Linien aus deinem Profil sind für dich wichtig. Das bedeutet in diesem Beispiel, dass du dich besonders mit den Eigenschaften der Linie 2 und mit denen der Linie 4 beschäftigen darfst.

Die erste Zahl, also die Linie auf deiner Persönlichkeitsseite, ist durch den Verstand viel fassbarer als die zweite Zahl, die Linie, die auf deiner Design-Seite steht. Diese ist besser für die Menschen deines Umfelds spürbar. Im Beispiel oben würdest du dich selbst also mehr mit der vierten Linie identifizieren können, während Freunde und Bekannte ganz besonders deutlich die unbewusste zweite Linie wahrnehmen.

Gleichzeitig kann man sagen, dass die erste Zahl für deinen Verstand und dein Bewusstsein wichtig ist und du ihre Eigenschaften wahrscheinlich oft bewusst lebst und wahrnimmst. Die zweite, unbewusste Zahl steht dabei auch für dein Unterbewusstsein und deinen Körper, also für die Bedürfnisse, die du körperlich hast, um in deiner Energie und in deiner Entwicklung zu sein.

DIE LINIEN IM EINZELNEN

Es gibt sechs Linien, die insgesamt zu 12 unterschiedlichen Profilen kombiniert werden können. Ich stelle dir nun zuerst die Eigenschaften, Stärken, Bedürfnisse und Schatten der einzelnen Linien vor und dann bekommst du noch einen kurzen Überblick darüber, wie die Profile in den verschiedenen Linienkombinationen wirken. Denn hier geht es nicht nur darum, die Qualitäten der einzelnen Linien zu addieren, sondern darum, welche Ausrichtung das Profil und damit der Mensch generell hat.

Dabei unterscheidet man personale Profile, die sich in diesem Leben vorrangig mit sich selbst und der eigenen Energie auseinandersetzen, transpersonale Profile, die sich mehr um das große Ganze kümmern und andere Menschen für ihren Lebenssinn brauchen, und ein fixiertes Profil, das genau zwischen diesen beiden Themen steht (genauer siehe ab Seite 153).

In diesem Kapitel beschreibe ich dir auch die übertrieben gelebten und unterdrückten Energien der einzelnen Linien. Falls du dich in diesen Beschreibungen ganz oder teilweise wiedererkennst, beginne damit, dich im Alltag zu beobachten und dich selbst in diesem Modus zu »erwischen«. Erinnere dich an die höchste Frequenz der jeweiligen Linie, und frage dich, wie du nun am besten handeln kannst, um diese Energie zu leben.

Der begleitende Umsetzungskurs wird dir auch hier noch ein paar praktische Tipps liefern, um deine beste Energie zu leben: **https://hd-buch.com/bonus**

Linie 1

Forscher/Lehrer/Sicherheit

Mit einer Einser-Linie in deinem Profil bist du immer auf der Suche nach mehr Wissen, mehr Fundament, mehr Sicherheit. Vielleicht brennst du nach diesem Buch darauf, noch viel mehr zu den einzelnen Themen zu erfahren und dich so richtig in dieses Wissen zu vertiefen. Du möchtest lernen, wie das Leben funktioniert, möchtest in die Tiefe gehen und gibst dich nicht mit oberflächlichen Antworten zufrieden.

Trotzdem denkst du meist über dich selbst, dass du noch nicht genug weißt und erst noch ein Buch lesen, einen weiteren Kurs besuchen oder eine zusätzliche Ausbildung machen musst, um dein eigenes Business aufzubauen und damit in die Welt zu gehen. Du bist eine wandelnde Bibliothek, und ich kann dir an dieser Stelle schon mal sagen: Du weißt genug. Bring dein Wissen nun nach draußen, ansonsten verschwendest du dein gesamtes Potenzial.

Mit einer Einser-Linie kannst du dich außerdem sehr gut in andere Lebewesen, Menschen wie auch Tiere, hineinversetzen und dich tief mit ihnen identifizieren. Achte darauf, dass du dich nicht darin verlierst und zum Beispiel zu sehr mitleidest.

Nimm dir viel Zeit für dich, deinen Raum und deine Studien. Und falls du demnächst ein neues Buch anfängst oder eine Ausbildung startest, frage dich immer: Bringt mich das meinen Zielen näher oder möchte ich mich gerade davon ablenken, mein Wissen in die Welt zu bringen, indem ich immer noch mehr lerne, weil ich sonst meine Komfortzone verlassen müsste?

Die unterste (erste) Linie im Hexagramm steht für die Grundlage und die Innenschau. Mit dieser Linie ist es dir ein Anliegen zu lernen, zu forschen, zu lehren, dich zu vertiefen und dich gut vorzubereiten. Du möchtest Sicherheit in deinem Leben und eine stabile Grundlage haben. Für dich ist es wichtig, dich auf andere Menschen oder Dinge verlassen zu können.

Du erkennst mit dieser Linie die Stärken und Schwächen der anderen und liebst es, sie und ihr Verhalten zu analysieren. Gleichzeitig kannst du gut recherchieren und damit die Grundlage für ein Projekt oder ein neues Produkt schaffen.

Wenn die Linie zu extrem oder zu wenig gelebt wird

Wenn du diese Linienqualität übertrieben lebst, bist du besserwisserisch und konfrontierst andere gerne mit dem, was sie nicht wissen. Du bist ungeduldig, sehr starr in deinem Verhalten und versuchst krampfhaft, Dinge und Menschen festzuhalten, um deine Sicherheit nicht zu gefährden.

Die Unterdrückung einer Einser-Energie führt zu ängstlicher Unsicherheit. In diesem Fall traust du dich weder Entscheidungen zu treffen noch Möglichkeiten, die das Leben dir bieten würde, auszuschöpfen. Du bist bedürftig und betrachtest Dinge nur oberflächlich, denn du hast regelrecht Angst vor Tiefe, egal, ob es um Beziehungen oder mehr Wissen geht.

Wie du mit einer Einser-Linie Erfolg hast

- Du willst mehr wissen und in die Tiefe gehen. Du bist eine Bibliothek. Das darfst du anerkennen und in deinem Business kommunizieren.
- Hör auf, dich mit Ausbildungen und immer neuen Themen davon abzulenken, endlich deine Geschenke in die Welt zu tragen.
- Du bist oft echt gemein und superkritisch zu dir selbst. Lerne, liebevoll mit dir zu sein und dich selbst in einem guten Licht zu sehen.
- Du stellst richtig gute Fragen und sorgst bei anderen Menschen für ganz neue Blickwinkel, nutze diese Talente.
- Sei wählerisch, wie du deine Zeit verbringst und mit wem, denn du tauchst immer richtig tief ein und nimmst damit natürlich auch alle Energien auf, die mit diesem Menschen oder einem Thema zusammenhängen.
- Erschaffe dir ein gutes Fundament in deinen Beziehungen, deinen Finanzen und in deinem Business. Das Gefühl von Sicherheit wird dir Mut geben, kraftvolle Entscheidungen zu treffen.
- Menschen kommen zu dir, weil sie tiefer gehen wollen und keine Lust mehr auf Oberflächlichkeit haben. Sorge dafür, dass deine Tiefe gleich im ersten Kontakt mit dir sichtbar wird.

Affirmation

Mein Wissen ist mein Geschenk für diese Welt. Ich nehme mir die Zeit, mich vorzubereiten und fließe dann mit dem Leben.

Linie 2

Einsiedler/Talent/Natürlichkeit
Wenn du eine Zweier-Linie im Profil hast, dann bist du ein Naturtalent, und zwar in ziemlich vielen Dingen. Obwohl du sie nicht wirklich gelernt, keine Ausbildung gemacht und kein Zertifikat dafür erworben hast, kannst du sie einfach.

Mit einer Zweier-Linie bist du dir deiner Talente, deines Wissens und deines Potenzials nicht selbst bewusst. Andere Menschen dürfen dich erst ermuntern, alles, was du kannst, mit der Welt zu teilen. Sie sehen deine Talente meist sofort, haben deshalb auch hohe Erwartungen an dich und setzen darauf, dass du sie weiterbringst.

Du bist sehr gut darin, Dinge zu entwickeln, die wirklich funktionieren, zum Beispiel Produkte zusammenzustellen oder den Inhalt eines Kurses oder Buches festzulegen, und zu wissen, was funktionieren wird.
Oft haben Menschen mit einer zwei im Profil eine unendlich lange Liste an Ausbildungen und einen ganzen Ordner voller Zertifikate, die sie im Leben erworben haben. So fällt es ihnen leichter zu glauben, dass sie etwas können. Meist ist ihnen der Inhalt schon vorher bekannt, sie möchten aber eine offizielle Bestätigung ihrer Fähigkeiten haben. Falls du dich hier wiederfindest, kann ich dir sagen, dass du aufhören darfst, Ausbildungen und Zertifikate zu sammeln. Vertraue stattdessen auf deine Fähigkeiten und wirke mit ihnen in dieser Welt. Du brauchst keine Erlaubnis von außen, nutze einfach deine Talente.

Mit einer Zweier-Linie brauchst du viel Zeit und Raum für dich. Beispielsweise ein Zimmer, das du abschließen kannst, um ganz für dich zu sein. Wenn du allein bist, kommen dir die besten Ideen und Erkenntnisse. Im Coaching sind Klienten mit Zweier-Linie meist eher zweifelnd-kritisch, doch wenn sie sich später die Unterlagen in Ruhe noch einmal anschauen, erwächst im Nachhinein aus der Tiefe ihrer Seele eine innere Gewissheit.

Wenn die Linie zu extrem oder zu wenig gelebt wird

Wird die Zweier-Linie übertrieben gelebt, benimmst du dich wie eine Primadonna, eitel, arrogant und von oben herab. Du bist übertrieben wählerisch, in der Grundhaltung abweisend und dogmatisch in deinem Denken.

In der Unterdrückung der Zweier-Linie isolierst du dich vom Leben, bist zurückgezogen und sehr schüchtern. Du bist total blind für deine Gaben und lebst in einer naiven Traumwelt.

Wie du mit der Zweier-Linie Erfolg hast

- Verbringe viel Zeit mit dir allein, beschäftige dich mit dir. In diesem Zustand verarbeitest du am besten und triffst kraftvolle Entscheidungen.
- Sei nicht ständig erreichbar, setze klare Grenzen für deine Kunden und deine Familie. Dein Rückzug darf dir heilig sein.
- Bei deinen Kunden und Mitarbeitern darfst du sehr wählerisch sein. Mit wem möchtest du wirklich zusammenarbeiten, wen lässt du in deine Energie?
- Erfolg im Business braucht Energie und Schub nach vorn, du bekommst diese Energie am besten durch Zeit für dich. Also nutze das ganz gezielt, weniger zu tun, ist manchmal mehr.
- Menschen erzählen dir oft sofort ihre ganze Lebensgeschichte, weil sie sich direkt mit dir verbunden fühlen. Lerne, dich klar abzugrenzen, um dich und deine Energie zu schützen.
- Du kannst die Welt daran erinnern, dass Zeiten der Stille und Rückzug wichtig für uns alle sind und man trotzdem erfolgreich sein kann. Zeig dich, wie du bist.

Affirmation

Ich achte und ehre die Zeit für mich allein und nehme sie mir, wann immer ich sie brauche. Zeit allein zu verbringen, hebt meine Energie und lässt sie auf hohem Niveau schwingen.

Linie 3

Aktivist/Priester/Erfahrenheit

Mit einer Dreier-Linie lernst du durch Erfahrungen und Experimente. Nach dem Motto »Probieren geht über Studieren« darfst du Dinge einfach machen, damit du weißt, ob sie für dich funktionieren.

Du darfst mutig immer neue Erfahrungen machen, du bist ein Pionier und Entdecker. Aus jedem noch so großen Fehler lernst du für deine Zukunft und wirst dadurch weiser.

Du liebst Spontanität und Abenteuer und hast Lust, in die Welt zu ziehen. In Beziehungen und Arbeitsverträgen wünschst du dir immer eine Ausstiegsklausel, zu enge Bindungen und das Gefühl eingesperrt zu sein, erträgst du schwer. Du magst Flexibilität und bist sehr anpassungsfähig und ausdauernd.

Vielleicht hast du schon oft Dinge aus Trotz gemacht, von denen andere sagten, das ginge nicht, und riesige Erfolge gefeiert. Vielleicht bist du aber auch in jedes Fettnäpfchen gestiegen, vor dem dich andere eigentlich gewarnt hatten. Alles ist für dich genau richtig, es ist deine Art zu lernen, um später deine Erfahrungen weitergeben zu können. Wichtig ist, dass du immer wieder aufstehst, weiter aktiv und mutig durchs Leben gehst und Lust auf jede neue Erfahrung hast.

Durch dein Tun und dein Vorangehen bewirkst du Veränderungen und Verbesserungen für diese Welt. Du kannst Dinge, die vorher nur auf dem Papier existiert haben, materialisieren und damit erfahrbar machen.

Wenn die Linie zu extrem oder zu wenig gelebt wird

Übertreibst du die Energie der dritten Linie wirst du ungestüm und verantwortungslos. Du überschätzt deine eigenen Kräfte, springst hyperaktiv von einem zum anderen und bist nicht fähig, in deinen Beziehungen treu zu sein und Beständigkeit zu bieten.

Wenn du dagegen die Dreier-Energie unterdrückst, bist du pessimistisch, unentschlossen und kraftlos. Du traust dich nicht mehr an neue Dinge heran und bleibst in deiner Komfortzone. Du bist enttäuscht von dir und dem Leben und beschuldigst dich selbst. Du bist passiv geworden und willst bloß keine Fehler mehr machen.

Wie du mit einer Dreier-Linie Erfolg hast

- Sammle praktische Erfahrungen, probiere dich aus und gehe aktiv voran. So kommst du am schnellsten und erfolgreichsten vorwärts.
- Du brauchst Abenteuer in deinem Leben und in deinem Business, sorge dafür, dass es spannend und lebendig bleibt, indem du zum Beispiel öfter Dinge wagst, die du noch nie getan hast.
- Oft stehst du an dem Punkt, an dem du Hilfe brauchst – lerne zu erkennen, wann es an der Zeit ist, um Hilfe zu bitten bzw. sie anzunehmen und guten Ratschlägen zu folgen. Du brauchst nicht alle Fehler selbst zu machen und es bringt dich auch nicht weiter, immer rebellisch das Gegenteil von dem zu tun, was dir gesagt wird.
- Du kannst perfekt Empfehlungen aussprechen – denn wer, wenn nicht du, hat genug Erfahrungen gesammelt, um authentisch zu empfehlen?

- Durch deinen riesigen Erfahrungsschatz kannst du anderen in deinem Business die passgenaue Abkürzung für ihre Probleme geben. Das funktioniert im Bereich der Beratung, aber auch mit guten Produkten.
- Starte morgens in deinen Tag mit der Frage: »Wonach ist mir heute?« Bring so mehr Schwung und kribbelige Energie in dein Leben.

Affirmation

Ich muss die Dinge ausprobieren, um sie wirklich zu verstehen. Alle meine Fehler sind in Wirklichkeit die Schritte in meine höchste Weisheit.

Linie 4

Netzwerker/Opportunist/ Offenheit

Mit einer Vierer-Linie im Profil baust du starke Verbindungen und echte Beziehungen zu anderen Menschen auf. Du bist mit allem, was um dich herum ist, verbunden und mit dem Herzen bei der Sache.

Über persönliche Kontakte kannst du alles erreichen. Auf dein Netzwerk hast du einen großen Einfluss und die Menschen interessiert, was du gerade tust und welche neuen Themen du einbringst. Je mehr Vertrauen sie zu dir haben, umso größer ist dein Einfluss. Die Bedürfnisse von anderen Menschen erkennst du genau und kannst perfekt darauf eingehen.

Genauso erkennst du die Möglichkeiten, die sich dir bieten, und zögerst nicht, sie beim Schopf zu packen.

Dir sind Werte und Vertrauen in Beziehungen sehr wichtig, du brauchst diese Grundlage, um dich in der Gegenwart von anderen Menschen wirklich entspannen zu können und dich ganz zu öffnen. Sollte jemand aus deinem Umfeld dein Vertrauen missbrauchen oder deine Werte mit Füßen treten, ist die Verbindung für dich Vergangenheit.

Sei achtsam, mit welchen Menschen du viel Zeit verbringst, denn deine Gesundheit ist ein Spiegel deiner nahen Beziehungen. Lerne deine Werte, deine Bedürfnisse und deine Grenzen klar zu kommunizieren und in jeder Beziehung das Verhältnis zwischen Geben und Nehmen in Balance zu halten.

Im Business bist du sehr gut darin, Kontakt zu Kunden aufzubauen und dich in ihre Bedürfnisse hineinzuversetzen. Dadurch gelingt es dir, Dinge zu kreieren, die deiner Community richtig gut gefallen und die gebraucht werden.

Wenn die Linie zu extrem oder zu wenig gelebt wird

In der Übertreibung wirst du mit einer Vierer-Linie überfreundlich, schmeichelst dich ein und wirst aufdringlich. Beziehungen werden berechnend und manipulativ eingesetzt, während Geheimnisse und vertraute Details einfach weitergegeben werden.

Unterdrückst du die Vierer-Energie, bist du verschlossen und menschenscheu. Du bist unnahbar, sehr förmlich und misstrauisch. Das Grundvertrauen und der Optimismus einer Vierer-Linie sind hier komplett verloren gegangen.

Wie du mit einer Vierer-Linie Erfolg hast

- Du bist mit allem aus deinem Herzen heraus verbunden. Kultiviere diese Verbindung, baue bewusst Verbindungen auf und spüre in diese hinein. So erkennst du viel schneller, was für dich dienlich ist.
- Eine starke Community ist die Basis deines Erfolgs. Kreiere dir einen Soultribe, Menschen, mit denen du eng verbunden

bist, denen du einen Mehrwert bietest und die ein gutes Netzwerk bilden.

- In Gruppen und auf Events unter Menschen blühst du richtig auf. Nutze diese Energie, um in deine Kreativität zu finden.
- Du hast sehr klare und hohe Werte. Kommuniziere diese Werte in deinem Business, damit nur die Menschen zu dir finden, die sich damit identifizieren können.
- Nutze deine Networker-Fähigkeiten. Verbinde dich mit vielen Menschen, und verknüpfe auch andere Menschen untereinander. Je mehr Netze du spinnst, umso erfolgreicher wird dein Projekt.
- Stelle auch im Business freundschaftliche Beziehungen in den Vordergrund, und finde eine gute Balance zwischen Professionalität und Verbindung.
- Wacklige persönliche Beziehungen können deinen Erfolg und deine Energie behindern. Sorge möglichst oft in deinen Beziehungen für Klarheit und Vertrauen.

Affirmation

Beziehungen bilden die Basis in meinem Leben. Aus ihnen heraus entstehen die meisten Gelegenheiten, die mich weiterbringen.

Linie 5

Held/Generalist/Klarheit

Mit einer Fünfer-Linie im Profil denkst du lösungsorientiert. Du verstehst Modelle und Konzepte sofort und versuchst sie so zu gestalten, dass sie allgemeine Gültigkeit haben und für jeden Menschen umsetzbar sind.

Du kannst es überhaupt nicht verstehen, wenn Menschen ihre Probleme von rechts nach links wälzen, obwohl es doch so eine einfache und praktische Lösung geben würde. Am liebsten würdest du DIE Lösung für die ganze Welt finden und diese dann verbreiten.

Andere Menschen spüren, dass du Lösungen zu bieten hast und projizieren ihre hohen Erwartungen auf dich. Sie sehen dich als Held und Retter, somit wirst du genau dann gerufen, wenn sie nicht weiterwissen. Das ist einerseits schmeichelhaft, auf der anderen Seite löst es einen hohen Druck in dir aus, und du darfst wissen, für welche Menschen du dieser Troubleshooter sein magst.

Mit der Fünfer-Energie kommunizierst du klar, lösungsorientiert, realistisch und praktisch. Zu abgehobene Gedankenkonstrukte, die nicht wirklich umsetzbar sind, nerven dich genauso wie Menschen, die die Lösung kennen, sie aber nicht umsetzen und lieber jammern.

Im Business verstehst du sehr gut, was der Markt benötigt und was es braucht, damit ein Produkt oder eine Dienstleistung von der Masse angenommen wird.

Wenn die Linie zu extrem oder zu wenig gelebt wird

Wenn die Fünfer-Energie übertrieben wird, bist du bekehrend, prahlerisch und intolerant. Du verallgemeinerst alles, bleibst fanatisch bei deiner Überzeugung und beginnst, Menschen bewusst zu täuschen, damit sie dir folgen.

Wird die lösungsorientierte, praktische Fünfer-Linie unterdrückt, bist du enttäuscht und total in deinen eigenen mentalen Konstrukten gefangen. Du fühlst dich verwirrt und agierst und kommunizierst total unklar.

Wie du mit einer Fünfer-Linie Erfolg hast

- Du hast für alles eine Lösung und wirst gerne als Held und Retter gesehen. Gleichzeitig bekommst du auch schnell Verantwortung zugeschoben und du darfst für dich Klarheit bekommen, für wen und bis zu welchem Punkt du diese Energie aufrechterhalten möchtest.
- Schaffe in jeder Zusammenarbeit einen klaren Rahmen und klare Grenzen. Kommuniziere deine Erwartungen und halte dich dann auch selbst daran.
- Du schaffst es, den Horizont von Menschen zu erweitern und sie wachzurütteln. Achte dabei auf deine Autorität und den richtigen Zeitpunkt, sonst erntest du Widerstand.
- Menschen, die nicht in die Umsetzung kommen und ständig in der Opferhaltung sind (»ich weiß nicht, ich kann nicht, ich will nicht«), kannst du nicht verstehen, und sie rauben dir deine Energie. Deswegen sei klar in deinem Marketing und in deinen Erwartungen, damit du die richtigen Menschen anziehst.
- Bei dir gibt es die besten Lösungen und hoch qualitatives Leadership. Arbeite mit Menschen, die das zu schätzen wissen und die bereit sind, in die Umsetzung zu gehen.
- Mach dir immer mal wieder bewusst, dass es nicht dein Job ist, jeden Menschen zu retten. Lass los, wenn die Energien nicht zueinanderpassen.

Affirmation

Ich bin Katalysator für Veränderungen und kann andere Menschen mit Ideen und Inspirationen versorgen. Weil mich andere schnell als Held sehen und erwarten, dass ich sie rette, kommuniziere ich klar und deutlich meine eigenen Wünsche und Erwartungen.

Linie 6

Visionen/Vorbild/Verbundenheit

Mit einer Sechser-Linie darfst du dich als Vorbild ansehen und die Dinge mit einem gewissen Abstand betrachten. Du hast einen guten Überblick und Verständnis für Systeme, das heißt, du weißt intuitiv, wie alles läuft. Oft wirst du direkt in die Verantwortung genommen, sobald Menschen diese Gabe bemerken und die Erwartungshaltung an dich ist riesig.

Du hast einen besonders weiten Blick, kannst Visionen vor dir sehen und gehst unvoreingenommen und optimistisch an neue Dinge heran.

Um in die vorbildhafte Weisheit einzutreten, darfst du in deinem Leben drei Phasen durchlaufen. Bis du 18 Jahre alt bist, testest du das Leben mit einer Dreier-Linie (die Sechser-Linie agiert bis dorthin als drei) und machst unglaublich viele Erfahrungen. Bis zum 30. Lebensjahr transformierst du diese Erfahrungen, reflektierst und kommst immer mehr in deine Kraft. Ab deinem 50. Lebensjahr verkörperst du diese Weisheit und strahlst sie aus. Du bist ein weises Vorbild und kommst so richtig bei dir an. Oft fühlt sich die Zeit um das 50. Lebensjahr mit einer Sechser-Linie unglaublich befreiend an.

Um in die Energie der Sechser-Linie möglichst früh einzutauchen, darfst du besonders darauf achten, dass du auch das tust, was du anderen predigst: »Walk the Talk«.

Achte darauf, dich Jobs, Hobbys, Ideen und Menschen nicht zu sehr verpflichtet zu fühlen. Sieh dich eher als Wegweiser, anstatt alle Dinge selbst in die Hand nehmen und verändern zu wollen.

Ein Teil von dir ist auf der Suche nach tiefen Verbindungen und echten Seelenverwandtschaften, du liebst Rituale und einen festen Platz in einer Gemeinschaft. Achte aber darauf, dass du dich dabei nicht in Abhängigkeiten oder das Gefühl verstrickst, andere Menschen für dein Glück zu brauchen.

Deine Stärke im Business ist es, gute Produkte noch besser zu machen und den Veränderungen in der Welt und der Gesellschaft anzupassen. Du liebst es, Weiterentwicklung in Projekte und Unternehmen zu bringen. Durch diese transformierende Kraft in dir hilfst du Menschen immer wieder, ein neues, besseres Level zu erreichen. Kreierst du in deinem Job zum Beispiel Schuhe, die gut angenommen werden und mit denen die Kunden zufrieden sind, wirst du sie trotzdem auf der Basis der aktuellen Trends und neuesten Technologien weiterentwickeln und damit zukunftsfähig machen.

Wenn die Linie zu extrem oder zu wenig gelebt wird

Wird die Sechser-Energie übertrieben, verhältst du dich selbstverliebt, abgehoben und auch ein bisschen verrückt. Du agierst zynisch und fühlst dich als etwas Besseres.

In der Unterdrückung zeigst du dich abwesend, du isolierst dich und kappst deine eigentlich so natürliche Verbindung zum Universum. Du wirst unrealistisch und lebst in deiner Fantasiewelt.

Wie du mit einer Sechser-Linie Erfolg hast

- Du hast Überblick, Wissen und Weisheit, stellst dir die großen Fragen des Lebens und liebst es, die Welt zu verstehen. Achte darauf, das Gleichgewicht zu halten und mit dir als Mensch verbunden zu bleiben.
- Du entwickelst dich erst im Laufe der Jahre in die Energie der Sechser-Linie hinein und erlebst meist um das 30. Lebensjahr

eine größere Sinnkrise. Du darfst in dieser Zeit alles loslassen, was nicht zu dir gehört, und in deine Rolle als Leader eintreten.

- Viele Menschen kommen zu dir, die ihren Überblick und ihren Sinn im Leben verloren haben. Sei ihnen ein Wegweiser und inspiriere sie, aber trage sie nicht an ihr Ziel.
- In deiner Nähe haben Menschen das Gefühl, dass alles gut wird und dass sich eine neue Ordnung finden wird. Gib diesem Gefühl von Sicherheit auch genug Raum in dir.
- Lebe deine authentische Weisheit, und halte dich nicht in dem Gefühl, etwas zu brauchen, an Menschen oder Dingen fest. Mach dich unabhängig und spüre die Freiheit in dir.

Affirmation

Ich achte mich so, wie ich bin. Authentisch zu sein, ist meine wichtigste Aufgabe, dann gebe ich mich dem Fluss des Lebens hin.

DIE PROFILE – DIE LINIEN IN KOMBINATION

Wie vorn beschrieben, entsteht aus der Linie deiner bewussten Sonne und der Linie deiner unbewussten Sonne dein Profil.

Es gibt drei Arten von Profilen. Sieben persönliche Profile, vier transpersonale Profile und ein fixiertes Profil. Welche Bedeutung das für dich hat, erfährst du auf den folgenden Seiten.

Persönliche Profile

Hast du ein persönliches Profil, geht es in diesem Leben vor allem um deinen eigenen Prozess, und du darfst den Fokus auf deine inneren Prozesse legen. Dein Blick ist eng gestellt, auf das, was unmittelbar um dich herum und in deinem Leben geschieht.

Profil 1/3

Stark, mutig, flexibel, erfahren

- Du probierst mutig und neugierig Neues aus und erfährst dadurch, was funktioniert und was nicht.
- Du bist selbstbewusst und forderst Autoritäten heraus.
- Altes wird von dir widerlegt und du stößt Innovationen an.
- Wenn du Fehler machst, darfst du immer wieder aufstehen, es weiter probieren und an deiner Sache dranbleiben, damit Sicherheit und Erfolg entstehen kann.

Profil 1/4

Stark, offen, kommunikativ, sicher

- Du kannst supergut mit Menschen umgehen, kommunizieren und Verbindungen aufbauen.
- Dein starkes Netzwerk bietet dir Sicherheit und gleichzeitig versorgst du es mit deiner Energie.
- Voller Vertrauen gehst du Beziehungen ein, diese erfüllten Beziehungen geben dir Selbstvertrauen und Sicherheit.
- Du bist erfolgreich, wenn du es schaffst, ein Gleichgewicht zwischen Geben und Nehmen aufzubauen und wirkliche Nähe zu den Menschen aufzubauen.

Profil 2/4

Zurückgezogen, offen, kommunikativ, talentiert

- Du liebst es, deine Talente und Leidenschaften auszuleben, einfach nur für dich, nicht unbedingt für andere. Gleichzeitig wartest du darauf, von anderen Menschen erkannt zu werden.
- Du entscheidest weise, mit wem du deine Zeit verbringst und wem du deine Fähigkeiten zeigst.

- Deine Offenheit für andere Menschen und Gemeinschaften wechselt sich mit dem Wunsch ab, nur für dich allein zu sein.
- Du hast besonders dann Erfolg, wenn du deine natürlichen Talente in dein Netzwerk einbringst und dadurch an Einfluss gewinnst.

Profil 2/5

Zurückgezogen, klar, lösungsorientiert, talentiert

- Deine Talente und Fähigkeiten bildest du im Alleingang aus und entwickelst sie weiter.
- Wählerisch entscheidest du, wer durch deine Talente und Lösungen profitieren darf.
- Auch fremde Menschen sehen in dir direkt jemanden, mit dem sie sich identifizieren können und fragen dich um Rat.
- Durch deine Talente, gepaart mit deinen einzigartigen Lösungen, bist du der Geheimtipp in deiner Branche.

Profil 3/5

Erfahren, klar, lösungsorientiert, stark

- Du findest durch deine Selbstexperimente praktische Lösungen, die auch für andere anwendbar sind.
- Bewährtes stellst du immer wieder auf den Prüfstand und liebst es, Dinge zu verbessern und neu zu erfinden.
- Deine Erfahrenheit, gepaart mit deinen Lösungen, machen dich zum Troubleshooter, der jedes Problem in den Griff bekommt.
- Deine ungewöhnlichen Lösungen machen dich gerade dann erfolgreich, wenn es auf normalem Wege nicht mehr funktioniert.

Profil 3/6

Stark, individuell, transformierend, erfahren

- Du gehst unvoreingenommen auf alles Neue zu und bist bereit zu testen und deine Erfahrungen zu machen.
- In deinem Prozess findest du heraus, welche Transformation funktioniert und was der nächste Schritt sein kann.
- Du bist komplett anders als die anderen, sehr individuell und gleichzeitig ein erfahrenes Vorbild.
- Du machst durch Selbstversuche Erfahrungen und findest erfolgreich heraus, was Transformation bewirken kann. Dann stellst du diese Informationen den Menschen zur Verfügung, die bereit dafür sind.

Profil 4/6

Einflussreich, individuell, transformierend, offen

- Du beobachtest den persönlichen Prozess anderer Menschen objektiv und offen und weißt, wie du sie unterstützen kannst.
- Du bist einflussreich mit deiner transformierenden Wirkung und ein Vorbild für viele.
- Du gehst gerne mit anderen Menschen in Verbindung und suchst darin Antworten auf deine großen Fragen des Lebens.
- Deine Energie transformiert Menschen und hat besonders auf dein Netzwerk einen großen Einfluss

Transpersonale Profile

Mit einem transpersonalen Profil liegt dein Schwerpunkt in diesem Leben im Außen, und zwar in den zwischenmenschlichen Beziehungen und im Weltgeschehen. Du hast einen weiten Blick auf alles, was um dich herum geschieht, und du möchtest in dieser Welt etwas bewirken.

Profil 5/1

Praktische Lösungen, weise, Autorität, kompetent

- Du findest allgemeingültige, praktische Lösungen, die für das Kollektiv nutzbar und von Bedeutung sind.
- Du möchtest Konzepte finden, die allgemeine Gültigkeit haben, tauchst dafür tief in diese Konzepte und Ideen ein und interessierst dich für die Grundlagen.
- Von anderen wirst du als weise Autorität wahrgenommen.
- Deine Lösungen sind idealerweise für viele Menschen praktisch und nützlich und von grundlegender Bedeutung.

Profil 5/2

Talentiert, weise, lösungsorientiert, spezialisiert

- Du schaust dir allgemeine Lösungen genauer an und passt sie deinen Talenten und Bedürfnissen an.
- Deine größte Stärke sind spezielle Lösungen für ganz besondere Fälle.
- Du stellst dein Talent der Allgemeinheit zur Verfügung und zeigst dich aktiv mit deiner Energie. Halte dich nicht zurück.
- Dir ist klar, dass es keine »one size fits all«-Lösung geben kann, deswegen arbeitest du an individuellen Antworten auf Probleme.

Profil 6/2

Vorbild, individuell, talentiert, spezialisiert

- Du lebst deine individuelle Energie voll aus und bist unabhängig davon, ob das, was du machst, anderen gefällt oder für die Mehrheit geschaffen ist.
- Deine Talente werden von dir stetig verbessert und auf das nächste Level gebracht, egal, ob sie erfolgreich sind oder dir einfach nur Freude bringen.
- Du lebst deine Individualität und bist damit ein Leitstern für viele andere Menschen.

Profil 6/3

Vorbild, individuell, Veränderungen, flexibel

- Du möchtest etwas verändern, bestehende Systeme transformieren und Innovationen in diese Welt bringen.
- Dein Verständnis von Innovationen, die wirkliche Wandlung hervorbringen, lässt dich mutig große Veränderungen angehen und sorgt dafür, dass du alles loslässt, was dem im Wege steht.
- Du bist einzigartig, flexibel und eigenständig.
- Du bist hier, um die Welt zu transformieren.

Fixiertes Profil

Das Profil 4/1 ist das einzige fixierte Profil. Damit stehst du quasi mit einem Fuß in der persönlichen und mit dem anderen in der transpersonalen Welt. Dies verschafft dir einen umfassenden Blick auf alles, sodass du auf besondere Art und Weise für andere als Lehrer wirken kannst.

Profil 4/1

Einflussreich, autoritär, kompetent, offen

- Du findest neue Wahrheiten durch deinen besonderen Einblick in zwei Welten.
- Deine Einsichten wirken transformierend auf deine Umgebung und entfalten ihren Einfluss besonders in deinem Netzwerk.
- Du hast eine angeborene Autorität, und Menschen, die mit dir in Verbindung sind, geben viel auf deine Meinung.
- Du setzt neue Standards, die die Grundlage dafür schaffen, dass sich diese Welt verändern kann.

WAS BRINGT ES, DEIN PROFIL ZU KENNEN?

Das Bewusstsein über die Linien deines Profils im Einzelnen und ihre Kombination hilft dir besser zu verstehen, wie du mit anderen Menschen interagierst, was du für Bedürfnisse hast und wo du eventuell stolpern könntest. Mit dem Wissen um dein Profil wird zum ersten Mal so richtig deutlich, dass kein Generator, Projektor usw. wie der andere ist, denn die Profile zeigen uns erst unsere einzigartige Energie.

An dieser Stelle ist es auch sinnvoll, in deinen Beziehungen, privat und beruflich, hinzuschauen, welches Profil die Menschen um dich herum haben. Hast du zum Beispiel eine vier im Profil und liebst sichere Verbindungen und Menschen, auf die du dich verlassen kannst, und dein Business-Partner hat eine drei und braucht daher Veränderungen und Abenteuer, dann kann diese Information euch unglaublich dabei unterstützen, einander zu verstehen und anzunehmen. Gleichzeitig hilft dir das Wissen um dein Profil auch, deine Bedürfnisse in dein Bewusstsein zu holen, damit du sie klarer kommunizieren kannst. Auf diese Weise wirst du in deinen Beziehungen eine neue Qualität erfahren.

Ich habe schon oft erlebt, dass ich mit einem Problem zu meinem Partner gekommen bin und mit meiner Vierer-Linie eigentlich Verständnis und Nähe gesucht habe. Er hatte mit seiner Fünfer-Linie immer sofort einen passenden und auch sehr pragmatischen Lösungsvorschlag parat, den ich aber in diesen Momenten nicht haben wollte. Missverständnisse und Unmut sind in so einer Konstellation vorprogrammiert, oder? Unserer Beziehung hilft es enorm, dass wir unsere Typen und Profile kennen und die Dinge auf diese Weise richtig einordnen können. Mit deinem neuen Verständnis über dich als Typ plus deinem Wissen über dein Profil wird es nun auch für dich leichter, dich selbst und andere Menschen zu verstehen. Jeder Mensch ist dabei mit seinen Bedürfnissen richtig und darf gesehen und verstanden werden.

Insbesondere wenn du mit Menschen arbeitest oder Menschen führst, kann dir das Wissen aus diesem Kapitel helfen, jedem so weit wie möglich das anzubieten, was er gerade braucht. So fühlen sich alle wohl, wertgeschätzt und geachtet, und das bringt eine stabile Basis für Zusammenarbeit, die wir heutzutage besonders in großen Unternehmen kaum mehr antreffen.

Mit dem Wissen um die Profile kannst du nun auch dein Business und/oder deinen Arbeitsalltag noch individueller gestalten. Wie kannst du deine Bedürfnisse in deinen Alltag einbauen, dir zum Beispiel mit einer Zweier-Linie genug Freiraum einplanen? Oder wie schaffst du es, mit einer Sechser-Linie deinen Umgang mit deinen Mitarbeitern so umzustellen, dass du in Zukunft zwar Wegweiser bist, aber ihnen nicht immer alle Arbeit abnimmst? Wie kannst du mit einer Fünfer-Linie auf deinem Social-Media-Account deine Erwartungen und Grenzen so klar kommunizieren, dass du Menschen für dein Coaching anziehst, die das Gelernte umsetzen wollen, und sich die Jammerer gleich jemand anderen suchen?

Gehe am besten die Eigenschaften der Linien deines Profils noch einmal in Ruhe durch, und versuche dir Beispiele in deinem Arbeitsalltag vorzustellen. So kannst du deine Energie noch besser integrieren, damit du mehr in den Flow kommst, dein Energiefeld stärker sendet und du Erfolg und Glück in dein Leben einlädst.

Für deinen beruflichen Erfolg ist es wichtig, dass du dein Business ganzheitlich anschaust und von vorn bis hinten prüfst, ob alles passend zu deiner Energie schwingt. Denn so baust du einen Magnetismus auf, der Menschen anzieht, die zu dir passen, mit denen dir die Arbeit Spaß macht und die auch mit deiner Energie wirklich etwas anfangen können.

EIN BEISPIEL AUS DEM BUSINESS-MENTORING

Andreas ist Generator mit einem 3/5-Profil und im Network-Marketing tätig. Er findet seine neuen Teampartner online über mehrere Gruppen, die sich mit persönlicher Entwicklung beschäftigen. Dank Human Design hat er verstanden, dass er mit seinem Profil klar, lösungsorientiert und auch ein bisschen triggernd sein darf. Auf seinem Instagram-Profil hat er deshalb schon seine Farben verändert, ist dunkler, kantiger und mutiger in den eigenen Aussagen geworden.

Im Mentoring erzählt er mir, dass er am Anfang seiner Network-Karriere am laufenden Band neue Partner gefunden habe. Allerdings hätten diese ihn schnell genervt und an seine persönlichen Grenzen gebracht, weil sie nicht bereit gewesen seien, etwas umzusetzen, neue Dinge auszuprobieren und am liebsten stundenlang über ihre persönlichen Probleme gesprochen und die Energie seiner kraftvollen Aura genossen hätten.

Seit er seinen Instagram-Kanal in der Energie umgestellt hat, finden viel weniger Menschen zu ihm. Das irritiert ihn, denn eigentlich hat er jetzt so viel mehr Freude daran, zu posten.

Wir gehen tiefer in seine Chart und entdecken, dass er tatsächlich seine eigene Energie intensiver zeigen und ausdrücken darf. Sein Social-Media-Account darf also noch polarisierender werden.

Was mir sofort auffällt, sind die Communitys, in denen Andreas aktiv ist und wo er Kommentare abgibt, um neue Follower für seinen Account zu bekommen. Diese Communitys sind weiblich, weich, auf Verbindung, Spiritualität und gemeinsame Aktivitäten ausgerichtet. Sie entsprechen also gar nicht seiner 3/5-Energie. Ihm wird schnell klar, dass er in diesem Umfeld keine Menschen finden wird – oder nur selten –, die sich von ihm angezogen fühlen und seinen Weg mitgehen werden.

Andreas bekommt also die Aufgabe, sich Communitys zu suchen, die zu seiner Energie passen, in denen er Menschen findet, die so ticken wie er selbst. Menschen, die Lust auf Lösungen, Umsetzung und Transformation haben, denn für ihn ist es wichtig, dass sie nicht nur ihn als Held wahrnehmen, sondern vor allem motiviert sind, selbst etwas zu verändern. Nebenbei darf er auch noch die Fotos auf seiner Webseite, die Texte und Farben so wählen, dass alles Klarheit, Fokus, Veränderung, praktische Lösungen und Erfolg ausstrahlt.

Nachdem ihm all das klargeworden ist, hat er wieder so richtig Lust gehabt, aktiv zu werden. Die ersten Partner, die wirklich zu ihm passen, hat er sofort gefunden, und sein Network-Team wächst mittlerweile rasant.

BUCH-BONUS:

Im Buch-Bonus-Kurs bekommst du zu diesem Kapitel zusätzliche Informationen, welche Bedürfnisse die Linien und Profile in Beziehungen haben und wie du Menschen mit diesen Linien Wertschätzung und Anerkennung ausdrücken kannst. Hier geht's zum Buch-Bonus: **hd-buch.com/bonus**

Kapitel 5

DIE NEUN ZENTREN UND IHRE ENERGETISCHE WIRKUNG

LASS UNS NUN gemeinsam in die nächst tiefere Ebene deiner Chart einsteigen und uns deine definierten (farbigen) und offenen (weißen) Zentren anschauen und wie sie in deiner Chart wirken. Jedes Zentrum hat seine eigene Aufgabe, ist mit unterschiedlichen Körperfunktionen und Themen verknüpft. Hier wird Human Design sehr greifbar und praktisch und du erhältst viele Umsetzungstipps für dein Leben, dein Business, Erfolg und Glück.

Alles, was du bisher in diesem Buch über dich erfahren hast, nimmst du natürlich mit in dieses Kapitel. So entsteht mit jedem Puzzlestück ein klareres Bild deiner energetischen Signatur und du erkennst immer besser, was du konkret tun kannst, um deine Energie auch wirklich zu leben.

Insgesamt findest du neun Zentren in deiner Chart, das sind von unten nach oben: Wurzelzentrum, Emotionszentrum, Sakralzentrum, Milzzentrum, Ego/Herz-Zentrum, Selbstzentrum, Kehlzentrum, Verstandeszentrum und das Inspirationszentrum, auch Krone genannt.

VON DRUCK, MOTOREN UND BEWUSSTSEIN IN DER CHART

Alle Zentren lassen sich unterschiedlichen Oberthemen zuordnen. Die Wurzel und die Krone sind sogenannte **Druckzentren.** Von unten über die Wurzel wird der Druck zu handeln, zu erschaffen und in Bewegung zu kommen, in die Chart gebracht. Von oben über das Inspirationszentrum kommt der Druck zu denken, zu überlegen, zu erkennen und zu wissen hinein.

Dieser Druck möchte sich natürlicherweise in Richtung des Kehlzentrums entladen, denn dies ist das einzige Ausdruckszentrum der Chart, es ermöglicht dir, dich in dieser Welt mitzuteilen – nicht nur über Sprache, sondern auch über Kreativität, Taten, Kunst oder Bewegung.

Die vier **Motorzentren** in der Chart liefern Energie und treiben dich in deinem Leben an. Zu den Motoren gehört die Wurzel (ja, sie hat zwei Funktionen), das Emotionszentrum, das Sakralzentrum sowie das Herz/Ego-Zentrum. Auf ihre unterschiedliche Art und Weise sorgen diese vier Zentren in deiner Chart für Antrieb und Schubkraft. Wie genau, erfährst du gleich bei den einzelnen Zentren.

Die letzte Gruppe sind die **Bewusstseinszentren,** sie sorgen dafür, dass du bestimmte Dinge klar erkennen kannst. Hierzu gehören die Milz als intuitive Bewusstheit, das Verstandeszentrum als mentale Bewusstheit und das Emotionszentrum (das ebenfalls zwei Funktionen hat) als emotionale Bewusstheit. In diesen Zentren findest du auch die fundamentalen Ängste, mit denen wir uns alle, mehr oder weniger intensiv, in unserem Leben auseinandersetzen dürfen.

Ein Zentrum fehlt noch, das Selbstzentrum. Es steht für sich, denn es ist das Zentrum deiner Identität. Hier geht es darum, wer du wirklich in diesem Leben bist.

Hier siehst du alle Zentren noch mal auf einen Blick

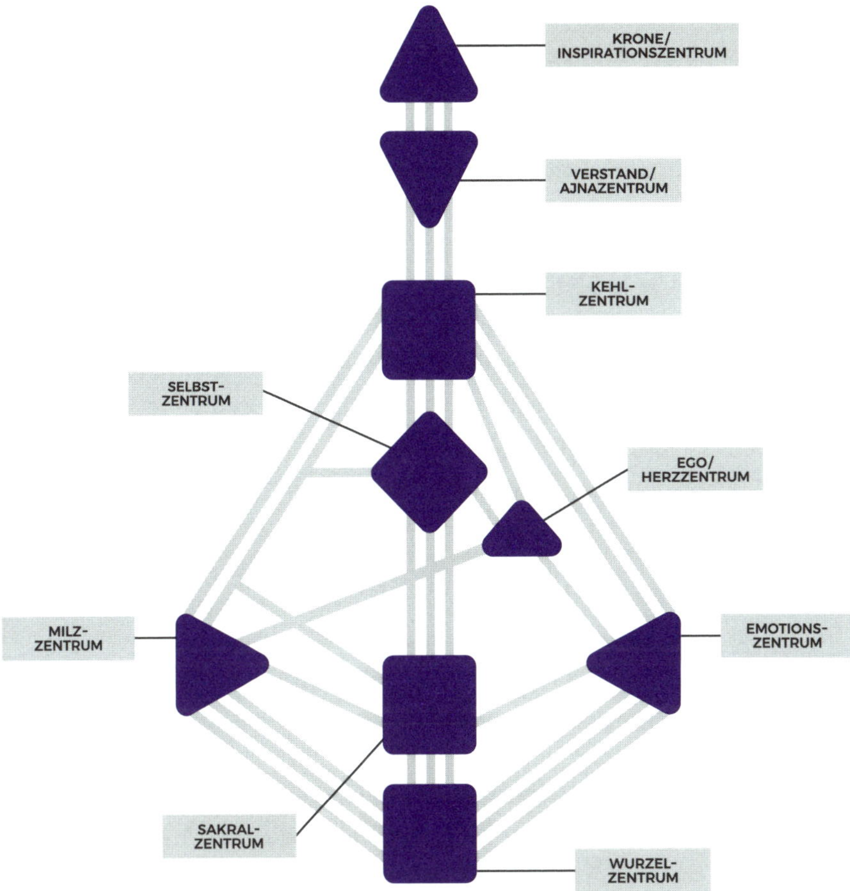

Definierte und offene Zentren

Wenn du dir jetzt deine Chart anschaust, kannst du allein durch deine definierten Zentren schon viel über dich und deine Aufgabe in diesem Leben erfahren. In meiner Chart zum Beispiel sind die Milz, das Selbstzentrum und die Kehle definiert. Für mich bedeutet das, dass ich intuitive Bewusstheit und mein authentisches Sein, so wie ich bin, über die Kehle zum Ausdruck bringe. Da alle Motorzentren in meiner Chart offen sind, habe ich wenig Antrieb, etwas zu tun und zu leisten, bei mir geht es mehr ums Sein. Worum geht es in deiner Chart?

Jede Chart besteht aus den gleichen Parametern, die Unterschiede zeigen sich einzig und allein darin, welche Aspekte definiert (farbig) und welche offen (weiß) sind. Deine definierten Aspekte in der Chart stehen dir kontinuierlich und dauerhaft zur Verfügung. Sie sind deine Superkräfte, auf die du dich immer verlassen kannst. Die offenen Aspekte deiner Chart sind variabler, sie sind mal vorhanden und mal nicht, je nachdem in welchem Umfeld du dich bewegst und wie die Planeten als Transite auf deine Chart einwirken. Du kannst sie dir willentlich aneignen und auch leben, doch damit bist du nicht in deiner ursprünglichen Energie und wirst es immer als anstrengend empfinden. Ganz anders, wenn du auf deine natürlichen Superkräfte zurückgreifst.

Jeder Mensch ist dabei einzigartig und besonders. Jeder ist ein Superheld auf die eigene Art und Weise und es macht gar keinen Sinn, einen anderen Helden um seine Kräfte zu beneiden oder ganz viel Energie aufzuwenden, um neue Fähigkeiten zu erlernen, von denen du ganz schnell spürst, dass sie dir Energie rauben, dir also nicht liegen. Du besitzt deine eigenen Begabungen und Talente, die du dir lediglich bewusst machen darfst. Denn dies sind genau die Special Forces, die du für deine Mission hier auf diesem Planeten brauchst.

Generell ist es so, dass du über die definierten Zentren deine Energie zum Ausdruck bringst, sie strahlt nach außen und ist wie ein Radiosender für die Menschen in deiner Umgebung zu spüren. Je mehr du dir dieser Energie bewusst bist und die Stärken dieser Zentren lebst, umso klarer ist dein Signal für andere Menschen wahrzunehmen und umso höher ist seine Reichweite.

Im Business ist es wichtig, die Energie deiner definierten Zentren zum Ausdruck zu bringen, da andere Menschen deutlich spüren können, dass das deine authentische Wirkweise ist.

Deine offenen Zentren sind deine Empfangsstationen, sie sind dafür da, Frequenzen aus deiner Umgebung aufzunehmen und dir damit Informationen über die Menschen um dich herum und den Ort, an dem du dich befindest, zu vermitteln.

Offene Zentren eigenen sich logischerweise nicht so gut, um sie als Stärken in deinem Business zu kommunizieren, da sie für andere Menschen nicht so gut spürbar sind.

Im Business und besonders in den ersten Kontakten geht es darum, dass dein potenzieller Kunde oder Business-Partner direkt deine Energie wahrnimmt und sie für sich als authentisch bewertet. Dieser Vorgang passiert bei den meisten Menschen völlig unbewusst. Werden in diesem ersten Kontakt Unstimmigkeiten wahrgenommen, vielleicht, weil du vorgibst etwas zu sein, was du eigentlich nicht bist, dann werden die Kunden nicht buchen, zögerlich und erst einmal abwartend sein. Je besser dein Business, deine Online- und Offline-Auftritte und deine authentische Energie matchen, umso eher haben die Menschen das Gefühl »Wow, genau das habe ich gesucht«, und kaufen oder buchen direkt.

Du kannst dir vorstellen, dass deine definierten Zentren auch einen definierten Wirkungsbereich haben. Natürlich kannst du sie mal konstruktiver und mal destruktiver ausleben, aber im Grunde bleiben sie in ihrer Mitte und Kraft. Die offenen Zentren dagegen haben einen riesigen Spielraum. Du kannst ihre Energie komplett im Schatten und Opfermodus leben, aber auch in einer sehr weisen und hohen Frequenz. Es liegt an dir und deiner Entwicklung.

Wenn du in deiner Kindheit gezwungen warst, entgegen deiner eigentlichen Energie zu leben, trägst du viele Schichten der Konditionierung mit dir herum (siehe ab Seite 33). Entsprechend schwerer wird es dir fallen, dein authentisches Selbst zu spüren, und die Chance, dass du die Schattenseiten der Zentren lebst, steigt. Doch mit Human Design hast du nun einen wertvollen Schlüssel zur Selbsterkenntnis in der Hand. Je mehr du durch die Chart und Selbstreflexion erkennst, wer du bist und wie du schon immer gedacht warst, umso mehr fremde Denk- und Verhaltensweisen kannst du ablegen und umso weniger bist du beeinflussbar.

Ich wünsche mir, dass du mithilfe dieses Buches die Frequenz deiner definierten Zentren über Worte, Taten, Farben und Bilder möglichst gut zu kommunizieren lernst. Und dass es dir gelingt, bei deinen offenen Zentren nicht in den Schattenmodus zu rutschen, sondern deren Weisheit zu nutzen und in der höchsten Frequenz zu leben.

Lass uns jetzt durch jedes einzelne Zentrum wandern. Lies dir am besten immer beide Seiten durch, die Punkte für das definierte und für das offene Zentrum. So bekommst du ein sehr gutes Gespür dafür, wer du bist und wer nicht, und wo dein größtes Entwicklungspotenzial liegt.

Am Ende eines jeden Zentrums bekommst du kurze Impulse zu jedem einzelnen Tor, das sich in diesem Zentrum befindet. Dich interessieren dabei besonders die Tore, die in deiner Chart aktiviert sind. Die Beschreibungen sollen dir helfen, deine Art dieses Zentrum zu leben, noch besser zu verstehen. Denn der Druck der Wurzel (als Beispiel) ist nicht immer auf alle Lebensbereiche gerichtet. Manche Menschen haben einen besonderen Druck, immer wieder neue Dinge zu starten, andere haben den

Druck, die emotionalen Erwartungen der Menschen in ihrem Umfeld zu erfüllen. Arbeite dich am besten Schritt für Schritt bis in die Tiefe vor, um dich zu entdecken.

BUCH-BONUS:

Im Buch-Bonus findest du eine leere Chart-Vorlage. Drucke sie dir möglichst groß aus, und mache dir am besten schon während des Kapitels Notizen zu deinen Zentren. So bekommst du einen perfekten Überblick über deine Energie. Außerdem findest du einige Chart-Beispiele anhand derer ich dir erkläre, wie die Energie der unterschiedlichen Zentren zusammenwirkt: **hd-buch.com/bonus**

WURZELZENTRUM

Bei ca. 60 Prozent der Menschen definiert
und bei 40 Prozent offen

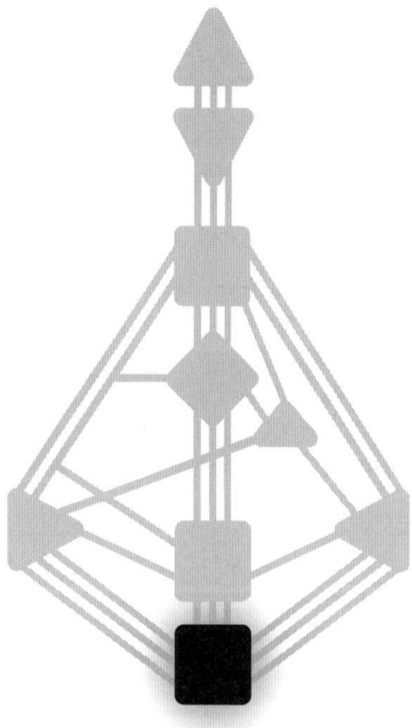

Funktion des Wurzelzentrums

Das Wurzelzentrum gibt uns Lebensantrieb, es sorgt dafür, dass wir uns entwickeln, bewirkt Wachstum und Veränderung und gleichzeitig versucht es, unsere Existenz zu sichern. Hier finden sich sowohl Anspannung als auch Entspannung und damit die Verbindung zu Hormonen wie Adrenalin und Serotonin. Beide

Aspekte – der Antrieb und die Ruhe – werden durch die unterschiedlichen Tore mehr oder weniger aktiviert. Die Wurzel kann dir also innere Ruhe und Stärke, genau wie intensiven Antrieb verschaffen. Viele energetische Prozesse starten in der Wurzel.

Höchster Ausdruck des Wurzelzentrums

Im Wurzelzentrum liebst du den Ausgleich von Anspannung und Entspannung und möchtest dich gelassen fühlen. Hier bist du bereit für die Herausforderungen des Lebens, möchtest Neues erschaffen und das, was sinnvoll ist, bewahren. Im Wurzelzentrum wird die Geschwindigkeit des Lebens reguliert. Die offene Wurzel möchte frei von Druck sein, die definierte Wurzel möchte ihren Druck ausleben dürfen.

Die definierte Wurzel

Als Mensch mit definiertem Wurzelzentrum hast du die Ausstrahlung des »Fels in der Brandung«, du bist stabil und hast eine innere Gelassenheit. Die definierte Wurzel gibt dir Erdung und das Gefühl, alles schaffen zu können. Deshalb fallen dir große und lebensverändernde Entscheidungen, wie einen ungeliebten Job zu kündigen, nicht so schwer, und du kannst gut und vertrauensvoll in die Umsetzung kommen.

Stressige Situationen und enge Deadlines lassen dich erst so richtig Warmlaufen. Der Spruch »unter Druck entstehen Diamanten« kommt garantiert von einem Menschen mit definierter Wurzel, denn unter moderatem Druck läufst du zu Höchstleistungen auf, während du dich schwertust, ohne einen festen Termin überhaupt ins Tun zu kommen.

Am besten kannst du arbeiten, wenn du möglichst wenig im

reaktiven Modus bist. Vermeide es also, den ganzen Tag E-Mails, Sprachnachrichten und Social Media Pop-ups zu bekommen und direkt darauf zu antworten. Werde aus eigenem Antrieb aktiv und spüre, wie sich deine Kraft entfaltet, wenn du genauso handeln kannst, wie es sich für dich richtig anfühlt.

Übermäßigen Druck in deiner Wurzel, der dich vielleicht unruhig und hibbelig macht, kannst du gut durch Bewegung abbauen, indem du zum Beispiel nach der Arbeit Sport treibst, bevor am Abend Entspannung mit deiner Familie oder Freunden angesagt ist.

Business-Tipp

Wenn du von außen keine Deadlines bekommst, setze dir selbst welche, sodass du die Dinge, die du dir vornimmst, auch wirklich realisierst. Sei nicht ständig verfügbar, finde deinen eigenen Arbeitsrhythmus. Bringe dich aktiv in den Zustand von Vertrauen und Stabilität, wenn es um dich herum einmal hektisch und wild wird.

Authentische Ausstrahlung

- Du hast den Mut, in die Umsetzung zu gehen.
- Du besitzt Ruhe und Gelassenheit.
- Du weißt, wie man mit Stress umgeht.
- Deine Energie ist von Erdung und Sicherheit geprägt.

Der Schattenmodus oder das »Not-Self«

Ein Schatten der definierten Wurzel könnte sein, dass du dich entweder ständig rastlos und getrieben fühlst oder im Gegenteil deine Impulse unterdrückst, also lethargisch und antriebslos wirst. Mit deinem eigenen Antrieb nicht umgehen zu können, kann bei dir sowohl emotionale als auch gesundheitliche Probleme auslösen. Lerne, deinen Druck zu nutzen oder ihn durch Bewegung oder körperliche Arbeit abzubauen.

Wenn du zu Rastlosigkeit neigst, kann es sein, dass du in der Annahme, jeder Mensch brauche so viel Druck wie du, um Dinge zu erledigen, auch anderen in deinem beruflichen oder privaten Umfeld Druck machst und erwartest, dass sie damit umgehen können. Sei achtsam, die Zeichen richtig zu erkennen und Menschen, die sehr empfänglich für den Druck der Wurzel sind, nicht noch zusätzlich zu stressen. Allein deine definierte Wurzel in der Aura eines Menschen mit offener Wurzel reicht schon, um ihn unter Druck zu setzen.

Affirmation

Ich kann Stress und Druck konstruktiv einsetzen. Ich agiere in meinem eigenen Rhythmus. Ich bin gelassen und voller Vertrauen.

EIN BEISPIEL AUS DEM COACHING

Anna ist Generatorin 2/4 mit einer definierten Wurzel. In ihrem Human-Design-Chart-Reading erfährt sie, dass sie damit für andere Menschen den »Fels in der Brandung« darstellt. Sie reagiert darauf etwas genervt, denn schon oft haben Menschen ihr genau das gesagt und als Kompliment gemeint, doch sie selbst kann diese Energie gar nicht empfinden. Sie fühlt sich viel mehr häufig unter Druck, unruhig und besonders in Gegenwart von bestimmten Menschen überhaupt nicht geerdet, sondern eher wie jemand, der es allen recht machen will und nicht gut mit Stress umgehen kann. Ihr Gefühl sich selbst gegenüber und diese Aussage passen einfach nicht zusammen. Ich zeige ihr, dass sie außerdem ein offenes Emotionszentrum in ihrer Chart hat und daher sehr sensibel für die Emotionen der Menschen um sie herum ist und diese oft auf sich bezieht. Sie versteht, dass es eigentlich kein Zeit- oder Leistungsdruck ist, der das Stressgefühl in ihr auslöst, sondern vielmehr die Emotionen der Menschen um sie herum, insbesondere die ihres Chefs.

Sie möchte ihn weder enttäuschen noch wütend sehen, und daher fühlt sie einen großen inneren Druck, der aber nichts mit dem im Wurzelzentrum zu tun hat. Nun kann Anna erkennen, dass sie sehr wohl dieser wundervolle »Fels in der Brandung« sein kann, wenn sie versteht, dass die Emotionen von anderen Menschen nichts mit ihr zu tun haben und sie sich bewusst davon abgrenzen darf.

Die offene Wurzel

Mit deiner offenen Wurzel bist du empfänglich für Druck und Stress von außen. Du hast die Tendenz, schnell in den »Fight or Flight«-Modus zu wechseln, wenn dir zu viel Druck gemacht wird oder du dich selbst stresst. Gerade, wenn du wenig definierte Tore in deiner offenen Wurzel hast, wirst du bei Stress schnell zu einem kopflosen Huhn und dann geht es richtig schief. Besonders wichtig ist es für dich, in diesem Stress-Modus keine wichtigen Entscheidungen zu treffen.

Wenn du allein bist, ohne Handy, Mails etc. bist du entspannt und gelassen. Zeit allein zu verbringen, hilft dir, den Stress in Job und Familie loszulassen und zur Ruhe zu kommen. Schon die Anwesenheit eines Menschen mit definierter Wurzel kann in dir den Druck auslösen, etwas tun zu müssen, obwohl es nichts zu tun gibt.

Die offene Wurzel schenkt dir aber auch Flexibilität. So kannst du dich neuen Gegebenheiten sehr schnell anpassen und von einem Modus in den anderen springen. Da du sehr empfänglich bist für den Stress, den andere empfinden, kannst du ein weiser Ratgeber sein und so dein Gegenüber beruhigen – vorausgesetzt du schaffst es, den empfundenen Druck als seinen zu erkennen und dich nicht davon anstecken zu lassen.

Mit einer offenen Wurzel brauchst du nicht andauernd in einem aktiven Modus zu sein, es ist viel mehr wichtig für dich zu wissen, wann sich Aktivität wirklich lohnt und wie du sie effizient einsetzen kannst. Du darfst lernen zu unterscheiden, welcher Druck im Außen wirklich mit dir zu tun hat und vielleicht auch wichtig für dich ist, und welchen Antrieb du einfach wieder loslassen kannst, weil er nichts mit deinem authentischen Sein zu tun hat.

Von Natur aus bist du mit deiner offenen Wurzel eher antriebslos und auf deine Art entspannt. Da wir in unserer Gesellschaft antriebslos eher mit »faul« assoziieren, mag das für dich keine gute Eigenschaft sein, es ist hier aber so gemeint, dass du dann Antrieb hast, wenn es sich lohnt und dienlich ist, und du zwischendurch entspannt auch einfach nichts tun kannst.

Business-Tipp

Sorge in deinem Business für ausreichend Erdung, Verbindung mit der Natur und Zeit für dich allein. Entspanne dich mit Yoga, Massagen, Atemübungen oder Spaziergängen und finde Techniken, den Stress deines Alltags bewusst abzubauen. Genieße außerdem deine Flexibilität, beiß dich nicht künstlich fest, du darfst immer wieder neue Wege gehen.

Der Schattenmodus

In der Schattenfrequenz sorgt die offene Wurzel oft für Hektik. Das Gefühl, keine Zeit zu haben, ist stets im Vordergrund. Menschen im Schattenmodus erledigen Aufgaben umgehend und superschnell, um den Druck loszuwerden, und dennoch stellt sich auch danach kein Gefühl der Erleichterung oder gar des Stolzes auf das Ergebnis ein. Frustriert versuchen sie es noch schneller hinzubekommen, was natürlich wieder nichts bringt.

Der andere Aspekt des Schattens ist, sich komplett in die Antriebslosigkeit fallen zu lassen, lustlos, unflexibel und bewegungslos zu werden. Eine weitere Möglichkeit ist, dass die fehlende Erdung ein erhöhtes Bedürfnis nach Sicherheit erzeugt, welche dann im Außen gesucht wird und sich in Kontroll- und Klammerverhalten äußert.

Affirmation

Ich lasse mich nicht unter Druck setzen und treffe meine Entscheidungen in der mir eigenen Energie. Ich nutze Druck von außen bewusst, um Dinge zu erledigen, und lasse den Stress dann gezielt wieder los, wenn die für mich richtige Zeit gekommen ist.

Ich atme tief. Es ist genug Zeit vorhanden für alles.

EIN BEISPIEL AUS DEM COACHING

Marc hat eine offene Wurzel und er bemerkt schon lange, dass er in seiner Selbständigkeit zu sehr unter Druck steht. Er kann nie so richtig abschalten. Seine Frau ist schon genervt. Jedes Mal, wenn sein Handy einen Ton von sich gibt, schaut er sofort nach, ob es nicht etwas Wichtiges ist. Jede eingehende E-Mail muss dahingehend geprüft werden, ob es nicht etwas zu tun gibt. Marc kann sich weder in seiner Arbeitszeit konzentrieren noch im Privatleben abschalten. Sobald ein Problem auftaucht, hat er das dringende Gefühl, es sofort lösen zu müssen, und wenn mehrere Dinge gleichzeitig auf ihn einprasseln, wird er echt unentspannt und ist schnell überfordert. In seinem Business-Mentoring erkennt er sich in der offenen Wurzel gleich wieder und ist sehr neugierig, wie er es schaffen kann, eher die positive Seite der Leichtigkeit und Flexibilität zu leben, anstatt ständig unter dem gefühlten Druck seiner Kunden und Mitarbeiter zu stehen. Wir vereinbaren feste Zeiten am Tag, an denen Marc auf sein Handy schaut und dann auch durch Notifikation erreichbar ist. Seine Hausaufgabe ist, alle Töne, Banner und Pop-ups auf seinem Handy auszuschalten, sodass er nur bemerkt, dass neue E-Mails oder Nachrichten eingegangen sind, wenn er die jeweilige App öffnet. Klar definierte Zeiten, in denen er die Anfragen abarbeitet, helfen ihm, in den anderen Stunden abzuschalten und sich zu entspannen.

Er weiß ja genau, dass nichts sofort gelöst werden und er auch nicht 24/7 für jeden verfügbar sein muss. Die strikten Regeln für die Nutzung seines Handys und das Ausschalten aller Plings und Pop-ups helfen ihm schon sehr. Für die Zukunft möchte er außerdem wieder feste Bürozeiten für sich selbst festlegen, in denen er arbeitet und erreichbar ist. Die restliche Zeit möchte er mit seiner Frau genießen und sich auch wieder den Dingen widmen, die ihm neben seinem Unternehmen sonst noch Spaß machen.

Die Tore der Wurzel

Wie du auf Seite 25 schon erfahren hast, kann ein Tor sowohl in einem definierten, als auch in einem undefinierten Zentrum aktiviert sein. Die aktivierten Tore der Zentren zeigen deine Veranlagungen und Eigenschaften, mit denen du auf die Welt gekommen bist und die ein fester Teil deiner Persönlichkeit sind. Der erste Satz beschreibt jeweils die Energie, die dir natürlich zur Verfügung steht. Der kursiv geschriebene führt dir den besonderen Druck vor Augen, der auf dich einwirkt und an dem du arbeiten darfst.

58 Meisterschaft
Freude ist dein Antrieb, du möchtest dein volles Potenzial leben.

Du empfindest Druck, immer alles perfekt machen zu müssen und zu verbessern.

38 Visionen
Kämpfe für die Visionen, die es wert sind, für sie zu kämpfen. Lass dich nicht von Hindernissen oder Zweifeln abhalten und bringe Ideen und Veränderungen in diese Welt.

Du empfindest Druck, den Sinn des Lebens zu finden.

54 Inspiration
Du hast eine besondere Verbindung zum Universum. Empfange göttliche Inspirationen und setze sie um. Vertraue dir und dem Universum.

Dich beherrscht der Druck, mehr zu erreichen, dich zu verbessern und zu transformieren.

53 Anfänge
Du hast die Energie, Chancen zu sehen und Dinge zu starten, das heißt aber nicht, dass du auch derjenige bist, der sie vollenden muss.

Du spürst den Druck, immer neue Dinge zu beginnen.

60 Bewahrung
Sei optimistisch und fokussiere dich auf die Dinge, die funktionieren. Erlaube dir Wachstum und Veränderung. Du strahlst eine besondere innere Stärke aus.

Du empfindest Druck, Veränderungen/Verbesserungen zu erreichen und Limitierungen zu sprengen.

52 Perspektive
Behalte deinen Fokus und den Überblick über das Ganze. Lass dich nicht von Kleinigkeiten ablenken. So stehst du stabil und ruhig im Leben.

Dich beherrscht der Druck, deine Energie zu fokussieren und dich zu konzentrieren.

19 Einstimmung
Du besitzt eine besondere Sensibilität und baust starke und emotionale Verbindungen auf. Achte dabei auch immer auf deine eigenen Bedürfnisse und gehe nicht ständig Kompromisse ein, bei denen du zurücksteckst.

Du empfindest Druck, sensibel zu sein, um die Bedürfnisse anderer zu bemerken.

39 Neuausrichtung

Lass Mangel und Unsicherheit los und entscheide dich für Vertrauen. Du kannst jede Erfahrung zu einer Chance für noch größere Fülle werden lassen.

Du spürst den Druck, deine Passion und deinen Seelenweg zu finden, sowie den Druck, emotional zu sein.

41 Vorstellungskraft

Deine Fantasie ist pure Manifestationskraft und Inspiration. Bleibe mit deiner kreativen Kraft verbunden. Du erschaffst Wunder.

Dich beherrscht der Druck, immer neue emotionale Erfahrungen zu machen.

BUCH-BONUS:

Nimm dir jetzt die Zeit und notiere dir die Energie zu deinem Wurzelzentrum in deiner Buch-Bonus-Vorlage. So hast du alles auf einen Blick und kannst viel besser in die tägliche Umsetzung kommen: **hd-buch.com/bonus**

EMOTIONSZENTRUM

Bei ca. 50 Prozent der Menschen definiert
und bei 50 Prozent offen

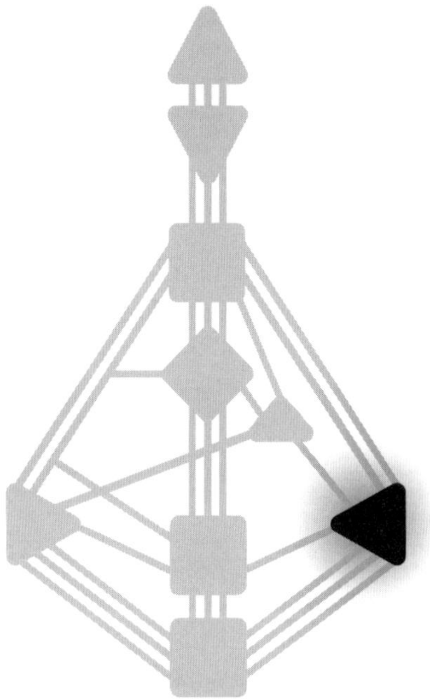

Funktion des Emotionszentrums

Im Emotionszentrum geht es um emotionale Bindungen, Verlangen, Romantik, Gefühle, Empathie und Sensitivität. Emotionen sind sowohl ein Antrieb als auch eine Möglichkeit, sich über Themen bewusst zu sein. Emotionen sind in Bewegung, innerhalb des Emotionszentrums sind sie wie Wellen, die ein Auf und Ab in der Stimmung und im Blickwinkel eines Menschen verursachen. Emotionen sind schwer greifbar und deshalb vermitteln sie uns nie ein Gefühl von absoluter Sicherheit.

Höchster Ausdruck des Emotionszentrums

In der höchsten Frequenz sorgt das Emotionszentrum dafür, dass du Gefühle in allen Facetten erleben und die Höhen und Tiefen des Lebens auskosten kannst. Das Emotionszentrum bewertet Emotionen nicht, deshalb möchte es dafür sorgen, dass du Lust und Hoffnung ebenso wie Schmerz und Angst, Begeisterung und Aufregung spüren kannst. Gleichzeitig ist dort auch der Wunsch nach emotionaler Stabilität und Klarheit, die nicht durch eine emotionale Brille eingefärbt wird, angelegt.

Das definierte Emotionszentrum

Wenn du ein definiertes Emotionszentrum hast, dann wirst du zwar von anderen wahrscheinlich eher als emotional stabil wahrgenommen, doch tatsächlich geht es gefühlsmäßig in dir auf und ab, sodass du ohne ersichtlichen Grund total positiv gestimmt und dann wieder sehr angespannt bist. Du darfst dir darüber bewusst werden, dass keine Emotion für immer bleibt, weder die größte Freude noch der heftigste Schmerz. Lerne, an keiner Emotion anzuhaften, um im Fluss zu bleiben. Auch wenn du emotionale Stabilität suchst, sie ist in diesem Leben nicht deine Stärke.

Deine Stärken sind Leidenschaft, tiefe Gefühle, Aufregung und Lebendigkeit. Emotionen sind spannend, nur ihretwegen funktionieren Filme und Bücher so gut. Zeige also deine Emotionen authentisch, denn genau das werden andere an dir lieben.

Wichtig ist, dass du für dich regelmäßig emotionale Klarheit findest. Beobachte deine emotionalen Wellen, und schaue bewusst aus den unterschiedlichsten Blickwinkeln auf deine Beziehungen, Entscheidungen und Lebensumstände. Nur, weil der Himmel heute grau ist und dein Chef blöde Kommentare abgegeben hat, brauchst du nicht gleich deinen Job zu kündigen und auszuwandern. Lass jede Situation durch die rosarote und auch durch die dunkelgraue Brille auf dich wirken, bevor du etwas entscheidest.

Generell kann es für dich wichtig sein, nicht sofort auf Nachrichten und Ereignisse zu reagieren. Gib dir die Zeit, die emotionale Brille, durch die du gerade auf die Situation schaust, zu wechseln, bevor du entweder wütend und beleidigt Menschen verletzt oder mit deiner neuen Flamme zusammenziehst, bevor du sie oder ihn richtig kennengelernt hast.

Achte darauf, im Alltag nicht zu viele Termine einzuplanen, lass dir immer etwas Luft, denn du kannst nie wissen, wo deine emotionale Welle gerade steht. So schaffst du dir den Raum, zu dir zu kommen und nicht ständig funktionieren zu müssen.

Außerdem darfst du wissen, dass du mit deinem definierten Emotionszentrum deine Emotionen nach außen sendest und mit ihnen andere Menschen und ganze Räume beeinflussen kannst. Alle Menschen in deinem Umfeld mit einem offenen Emotionszentrum (eine 50:50 Chance besteht, falls du es nicht weißt), nehmen deine Emotionen auf und verstärken sie unbewusst in sich. Dies kann schnell zur Eskalation führen. Vielleicht kommt dir folgende Situation bekannt vor, wenn du mit einem Partner lebst, der ein offenes Emotionszentrum hat: Stell dir vor, du kommst völlig genervt und gestresst von der Arbeit nach Hause, weil du dich über einen Kollegen geärgert hast, und dein Partner nimmt diese Emotionen unbewusst auf und verstärkt sie, weil er sie auf sich bezieht. Streit und Unruhe sind vorprogrammiert, nicht wahr?

Deine Aufgabe in diesem Spiel ist es, dir deiner Emotionen möglichst oft bewusst zu sein. Dich einerseits bewusst zurückzuziehen, wenn du nicht gut drauf bist, um die Energie erst zu transformieren. Und andererseits deine begeisternden und mitreißenden positiven Emotionen zu nutzen, um viele Menschen genau damit anzustecken.

Business-Tipp

Beobachte dich selbst und finde vielleicht einen Rhythmus in deinen emotionalen Wellen. Das kann dir helfen, um mit jeder Emotion entspannt zu bleiben, weil du weißt, dass sie wieder geht. Nutze deine Gefühle bewusst als Antrieb für dein Tun. Du kannst sowohl schöne als auch herausfordernde Emotionen als Motor nutzen, um etwas in dieser Welt zu bewegen.

Authentische Ausstrahlung

- Du besitzt emotionale Intelligenz und kannst mit Emotionen umgehen.
- Du bist zum Konfliktmanagement fähig und in der Lage, zwischenmenschliche Verbindungen zu stärken.
- Du kannst gute Grenzen setzen und emotional bei dir bleiben.
- Du bist emotional mitreißend und fähig zu steuern, wie sich andere in deiner Nähe fühlen.

Der Schattenmodus

In der Übertreibung bist du mit deinem definierten Emotionszentrum unbeherrscht und lebst deine Gefühle unkontrolliert aus. Dabei ist dir fast egal, was es mit deinem Gegenüber macht.

Auf der anderen Seite können Emotionen auch komplett unterdrückt werden, um Schmerzliches nicht fühlen zu müssen.

Oft geben emotionale Menschen ihren Gefühlen zu viel Bedeutung und identifizieren sich so sehr mit ihren Gefühlen, dass sie sie nicht wieder loslassen können. Gleichzeitig sind sie eher ungeduldig und immer auf der Suche nach neuen emotionalen Höhepunkten.

Sexuelle Lust hängt sehr eng mit deiner emotionalen Welle zusammen. Geht es dir gut, kannst du leidenschaftlich und experimentierfreudig sein, bist du schlecht drauf, regt sich gar nichts. Fließe mit diesen Gefühlswellen und erwarte nicht von dir, dass du in jeder Situation funktionierst.

Affirmation

Ich nehme mir wirklich Zeit für meine Entscheidungen und weiß, dass sich die Klarheit mit der Zeit einstellt. Ich achte auf meine wahren Absichten und behalte immer im Kopf, dass es gute und noch bessere Tage in meinem Leben gibt.

EIN BEISPIEL AUS DEM COACHING

Martin ist emotionaler Manifestor 5/1 und Chef eines großen mittelständischen Unternehmens. Er ist oft gestresst, weil er immer sein Bestes geben will. Im Mentoring erzählt er, dass er völlig genervt davon ist, dass in der Firma alle von seiner Stimmung abhängig sind. Kommt er gut gelaunt ins Büro, sind auch alle anderen entspannt und die Zusammenarbeit läuft prima. Aber genau an den Tagen, an dem es ihm nicht gut geht oder er wütend ist (dabei ist es egal, ob das etwas mit der Firma zu tun hat oder nicht), sind auch alle anderen angespannt, es gibt mehr Streitigkeiten zu schlichten und unglaublich viele Probleme zu lösen.

Als ich ihm die Wirkung des definierten Emotionszentrums erkläre, wird ihm sofort klar, warum das so ist, und gleichzeitig hat er keinen Schimmer, wie es ihm gelingen kann, immer gut drauf zu sein, um so die Stimmung in seiner Firma hochzuhalten.

Immer bester Dinge zu sein, ist natürlich eine Illusion und nicht die wirkliche Lösung. Ich schlage ihm zwei Maßnahmen vor, die für ihn und seine Mitarbeiter sehr gut funktionieren. Zunächst lässt er in Zukunft sein Auto zu Hause stehen und fährt die fünf Kilometer mit dem Rad zur Arbeit und nach Hause. So kann er sich auf dem Weg emotional abreagieren und neutralisieren, und bringt weder den Stress von Zuhause mit in die Firma noch den Ärger vom Büro heim. Diese paar Minuten auf dem Fahrrad lassen ihn ohne Ablenkung zu sich kommen, die Bewegung und die frische Luft fluten seinen Körper mit Sauerstoff, und ganz oft erwächst in dieser kurzen Zeit so viel Klarheit in ihm, dass viele emotionale Blockaden erst gar nicht mehr entstehen.

Die zweite Maßnahme fällt ihm deutlich schwerer: Er informiert alle seine Mitarbeiter über das, was er über sich und seine Emotionen gelernt hat und stellt klar, dass seine Gefühle nichts mit ihnen persönlich zu tun haben und sich niemand Sorgen machen muss, nur weil er ab und an mürrisch wirkt. Sollte sich seine schlechte Laune wirklich mal auf einen Mitarbeiter beziehen, wird er mit diesem direkt sprechen.

In den kommenden Wochen entspannt sich die Situation in seiner Firma mehr und mehr, und das Arbeitsklima verbessert sich für alle Beteiligten deutlich.

Das offene Emotionszentrum

Wenn du zu den Menschen mit einem offenen Emotionszentrum gehörst, bist du allein für dich klar, ruhig, nüchtern und gesammelt. Sobald du mit jemandem zusammenkommst, der ein definiertes Emotionszentrum hat, besteht die Tendenz, dich in dessen Emotionen zu verlieren. Dasselbe kann dir auch bei Filmen, Musik etc. passieren.

Deine Emotionen werden immer von außen beeinflusst, es sind in den meisten Fällen nicht wirklich deine Gefühle, die überkochen, sondern die, die du von außen aufgenommen hast.

Deshalb ist deine größte Aufgabe, dich nicht mit den Emotionen von anderen Menschen zu identifizieren. Es ist natürlich eine deiner Superkräfte, Emotionen von anderen wahrzunehmen und sie ihnen zu spiegeln. Sobald du dich aber damit identifizierst, bist du in ihnen gefangen und siehst nicht mehr klar. Lerne also, Distanz zu den Emotionen anderer Menschen aufzubauen und schon gar nicht zu denken, dass du etwas falsch gemacht hast und sie deswegen empfindest. Neutralität und Objektivität sind eine deiner größten Lernaufgaben.

Generell hast du eher die Tendenz, deine Wahrheit nicht offen auszusprechen oder deine Entscheidungsautorität zu sabotieren, da du die Emotionen und Reaktionen der anderen Menschen fürchtest, die sich in dir dann zu schlimm anfühlen. Natürlich liebst du Harmonie und entspannte, friedliche Beziehungen. Es ist aber wichtig, dass du dafür auf keinen Fall deine eigene Wahrheit leugnest. Lerne deshalb, besser zu bemerken, welche Emotionen zu dir gehören und welche nicht.

Da du wirklich feine Antennen für die Gefühle von anderen Menschen hast, bemerkst du sofort, ob Gefühle echt sind oder nur vorgetäuscht werden. Du weißt intuitiv, ob es sich zum Beispiel bei einem Kleinkind um eine Laune oder um ein echtes Problem handelt. Von deinem Umfeld wünschst du dir emotionale Wahrhaftigkeit und verträgst sie auf Dauer viel besser als zurückgehaltene oder überspielte Emotionen.

Dein Lieblingszustand mit einem offenen Emotionszentrum ist unbeschwerte Heiterkeit. Durch deine Sensibilität bist du von anderen Menschen beeinflussbar, die versuchen, dich über ihre Emotionen in die Richtung zu lenken, die ihnen gefällt. Lass dich ruhig mehr auf Konfrontationen ein und sprich deine Wahrheit aus. Wenn andere Menschen darauf emotional reagieren, sei dir bewusst, dass du diese Emotionen nicht aufzunehmen und in dir zu fühlen brauchst.

Deine sexuelle Lust wird von außen getriggert, das bedeutet, dass sie meist erst in der Begegnung mit jemandem entsteht, der ebenfalls Lust empfindet. Du darfst dich in diesem Leben verführen lassen, egal, ob Mann oder Frau.

Business-Tipp

Nutze das Mantra »Ich bin Ich und Du bist Du« in deinem Alltag, um dich von den Emotionen anderer Menschen abzugrenzen und bei dir zu bleiben. Lass immer wieder das Bedürfnis los, anderen Menschen gefallen zu wollen und sprich deine Wahrheit aus.

Der Schattenmodus
Menschen mit offenem Emotionszentrum reagieren oft sehr empfindlich auf die Gefühle von anderen und sind fast harmoniesüchtig. Außerdem könntest du dich selbst als langweilig empfinden, weil in dir nicht die klassischen emotionalen Dramen ablaufen. Du lässt dich vielleicht zu oft in den Emotionen anderer treiben und vermeidest Konfrontationen und damit die Wahrheit. Eine weitere Möglichkeit ist, dass du dich und andere Menschen durch deine emotionalen Reaktionen und deren Verstärkung in deinem offenen Zentrum so sehr verletzt, dass deine Beziehungen relativ häufig in die Brüche gehen und du irgendwann für dich entscheidest, dass du nicht für eine Partnerschaft geeignet bist.

Affirmation
Ich habe ein klares Bewusstsein darüber, wer oder was die Quelle meiner Emotionen ist. Ich erlaube mir, etwas distanziert die Emotionen der anderen Menschen zu betrachten, und falls sie zu intensiv werden, nehme ich mich raus und mache eine Pause.

Die Tore des Emotionszentrums

Hier findest du die Übersicht der Tore im Emotionszentrum. Sie haben alle ein bestimmtes Thema, das sie mit in dein Leben bringen. Da das Emotionszentrum gleichzeitig ein Motorzentrum und ein Bewusstseinszentrum ist, findest du immer ein Thema, was dich besonders antreibt, und eines, was dir Angst machen könnte.

36 Durchdringung
Bleib an einer Sache dran, bis sie erfolgreich ist und lass nicht zu, dass deine Lust auf Neues dies immer wieder abbricht und Chaos verursacht. Halte deine Vision und deine emotionale Energie aufrecht, um deine Träume zu verwirklichen.

Du bist getrieben, neue Erfahrungen machen zu wollen. Du hast Angst, sexuell/emotional nicht genug zu sein. Du hast Angst, generell nicht gut genug zu sein.

22 Offenheit

Habe den Mut, deinen Leidenschaften zu folgen, das Universum wird dir beistehen. Vertraue und alles wird perfekt. Lerne, öfter zuzuhören und nicht zu oft selbst zu reden.

Du hast Angst, dass niemand dir zuhört oder es nichts Wertvolles zu hören gibt. Angst vor Stille.

37 Frieden

Triff friedvolle Entscheidungen, egal, was um dich herum passiert. Innerer Frieden entsteht nicht durch die Kontrolle der äußeren Welt. Durch deinen Frieden im Inneren erschaffst du Frieden im Außen.

Im Zusammenleben mit anderen Menschen sind dir klare Regeln wichtig, ohne sie findest du keinen Sinn und keinen Antrieb.

Du hast Angst, Traditionen (traditionelle Rollen) fortführen zu müssen.

6 Einfluss

Du verbreitest hochfrequente Energie und bringst Menschen friedvoll und auf Augenhöhe zusammen. Du bist eine Inspiration für andere.

Du bist wie eine Membran, die je nach Qualität der emotionalen Welle entweder offen für Verbindungen oder verschlossen ist. Du hast Angst vor Intimität.

49 Prinzipien

Es ist nicht gesund, zu lange in Kompromissen, Beziehungen und Verträgen zu bleiben, die deinen Werten nicht entsprechen oder in denen dein Wert nicht geschätzt wird. Du bist allein mit deiner

Anwesenheit ein Katalysator für Entwicklung und inspirierst andere, sich oder etwas zu verändern.

Du vertrittst die Prinzipien der Menschen, denen du nahestehst, das kann deine Familie, der Freundeskreis oder auch Kollegen sein, und hilfst einer Gemeinschaft zu bestehen. Du hast Angst vor Zurückweisung und Unberechenbarkeit. Auch eine Angst vor der Naturgewalt kann spürbar sein.

55 Vertrauen

Du wirst vom Universum unterstützt. Wenn du deine emotionale Frequenz halten kannst, bist du grenzenlos dazu in der Lage, neue Dinge zu manifestieren.

Du hast eine angeborene Melancholie, die auch ein Antrieb sein kann. Du hast Angst davor, deine eigene Leidenschaft nicht zu entdecken und ohne sie nicht erfolgreich werden zu können. Angst vor der Leere.

30 Leidenschaft

Nutze deine Leidenschaft, um an Dingen dranzubleiben und deine Träume zu leben. Sei dabei nicht blind vor lauter Gefühlen, denn erst, wenn du bewusst bei dir bist, kannst du das Feuer deiner Leidenschaft teilen.

Du wünschst dir, alles sehr tief zu fühlen. Du hast Angst davor, nicht zu wissen, was passiert. Angst vor dem Schicksal.

BUCH-BONUS:

Nimm dir jetzt gleich die Zeit und notiere dir die Energie zu deinem Emotionszentrum in deiner Buch-Bonus-Vorlage. So hast du alles auf einen Blick und kannst viel besser in die tägliche Umsetzung kommen: **hd-buch.com/bonus**

SAKRALZENTRUM

Bei ca. 70 Prozent der Menschen definiert
und 30 Prozent offen

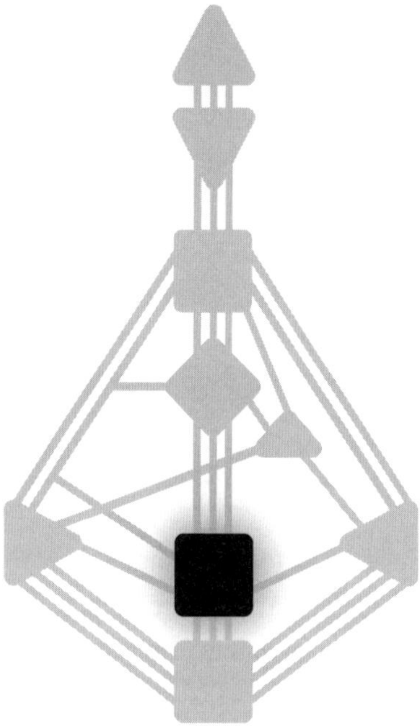

Funktion des Sakralzentrums

Das Sakralzentrum ist der Ausdruck von Lebenskraft, hier sitzt die Energie für Arbeit, Sexualität, Fortpflanzung und Fürsorge. Hier entstehen Bewegungsimpulse und Vitalität. Das Sakralzentrum antwortet mit seiner Kraft auf die Gelegenheiten des Lebens und entfaltet erst dann die komplette Lifeforce-Energie. Wenn du ein definiertes Sakralzentrum hast, ist auch deine Aura geöffnet und daher liebst du Gemeinsamkeit und Kooperationen.

Höchster Ausdruck des Sakralzentrums

Im höchsten Ausdruck ist das Sakralzentrum durch das eigene Tun befriedigt. Es ist dieses Gefühl nach getaner Arbeit, die wirklich Spaß gemacht hat, müde und total erfüllt zu sein. Das Sakralzentrum möchte seine Lebensenergie nutzen, möchte sich verbinden, in Aktion und Bewegung sein.

Das definierte Sakralzentrum

Nur bei Generatoren und Manifestierenden Generatoren kann dieses Zentrum definiert sein, und damit haben diese beiden Typen eine ausdauernde Lebenskraft zur Verfügung, die mit all ihrer Power auf das Leben und seine Gelegenheiten antwortet.

Wenn du ein definiertes Sakralzentrum hast, möchtest du dich in deinem Leben verwirklichen, du möchtest dich auspowern und deine Lebenskraft befriedigend einsetzen. Je mehr du von dem tust, was dich wirklich begeistert, umso kraftvoller und energiegeladener wirst du dich fühlen, egal, wie viel du arbeitest. Der Spruch »wenn du das tust, was du liebst, dann musst du nie mehr arbeiten« trifft definitiv auf dich zu.

Spürst du jedoch in deinem Leben über einen längeren Zeitraum hinweg Langeweile und Frustration, setzt du deine Lebensenergie für die falschen Dinge oder mit den falschen Menschen ein. Für dich ist es extrem wichtig, schon beim Tun Befriedigung zu verspüren und nicht nur auf das Ergebnis hinzuarbeiten. Du wirst schnell merken, dass sich allein durch die Tatsache, dass du ein dir gestecktes Ziel erreicht hast, dieses erfüllte Gefühl nicht einstellen wird.

Für dich geht es nicht darum, immer produktiver und effizienter zu werden, es geht darum, immer mehr Freude bei dem zu entwickeln, was du tust. Dann kommt Produktivität und Erfolg von ganz allein. Solltest du müde und unkonzentriert werden, leg einfach eine Pause ein und sorge dafür, dass sich deine Akkus wieder aufladen, dann kannst du später mit voller Energie fortfahren.

Mit einem definierten Sakralzentrum kannst du deine Energie langfristig nutzen und Menschen oder Projekte über einen längeren Zeitraum betreuen. Dir nimmt man ab, dass du Experte auf deinem Gebiet bist, weil du, statt nur in der Theorie Bescheid zu wissen, die Praxiserfahrung hast.

Als Generator oder Manifestierender Generator erlebst du deine eigene Entwicklung in Schüben. Mal geht es voran, die Dinge verändern sich und alles wächst. Mal stagniert alles, und du befindest dich in der sogenannten Plateau-Phase. Diese Phase signalisiert, dass es jetzt wichtig ist, dich zurückzunehmen, Pause zu machen und dich wieder neu auszurichten. Halte deinen Impuls zurück, in dieser Phase zu initiieren, bleib entspannt, tu, was du liebst, und antworte auf die Gelegenheiten des Lebens. In dieser Phase, die so wichtig für deine Entwicklung ist, ist die Versuchung groß, unbedingt weiterkommen zu wollen und das Leben in die Richtung zu schieben, die sich dein Verstand gerade wünscht. Bleib entspannt, lass dich treiben und vertrau auf dein Lebenskraftzentrum.

Du kannst am besten schlafen, wenn du dich vorher so richtig ausgepowert hast und deine Akkus leer sind. Werde also ruhig abends noch einmal aktiv, wie ein Kind, das vor dem Zubettgehen richtig aufdreht, damit du, wenn du müde bist, in dein Bett fallen kannst und erholsam schläfst.

Business-Tipp

Der wichtigste und einzige Tipp für dich ist: Tu die Dinge, die dir wirklich Spaß machen. Sorge dafür, dass dir der Prozess Freude bereitet. Das ist in deinem Leben der Erfolgsfaktor Nummer eins.

Authentische Ausstrahlung

- Du verstehst es, Menschen für Themen und Projekte zu begeistern.
- Deine Energie ist ansteckend und kann andere mitreißen und produktiver machen.
- Du stellst Energie zur Verfügung und hilfst Menschen dabei, ihre eigene zu mobilisieren.
- Deine Energie strahlt Freude und Befriedigung aus, daher bist du sehr anziehend.

Der Schattenmodus

Wenn du die sakrale Energie übertreibst, setzt du deine Lebenskraft zu wahllos ein, du sagst zu oft Ja und bist ständig in Aktion, aber ohne dabei wirklich Freude und Befriedigung zu empfinden.

Wird die Lebenskraft unterdrückt, dann darf die eigene Energie nicht entfaltet werden. Ein typisches Beispiel ist, wenn Generator-Kinder in der Schule zu lange still sitzen müssen oder Erwachsene in einem Meeting. In diesen Fällen kann deine Lebenskraft abnehmen und du wirst lethargisch.

Sobald du aus dem Verstand heraus etwas initiierst, legst du los, ohne zu wissen, ob überhaupt Energie dafür zur Verfügung steht. Genauso ist es, wenn du zu etwas Ja sagst, bei dem sich dein Bauch schon im Vorfeld zusammenzieht. Solche Verstandesentscheidungen lassen dich kraftlos und frustriert werden. Kommt dann noch Ungeduld dazu, weil nichts so funktioniert, wie du dir das vorgestellt hast, und triffst du deshalb die nächste strategische Entscheidung, wird das Gefühl von Frustration ein ständiger Begleiter werden. Um Befriedigung und Erfüllung zu erfahren, darfst du unbedingt auf deinen Körper hören.

Affirmation

Alles, was ich tue, ist, auf das Leben zu antworten. So werde ich voller Freude auf die richtigen Dinge und Menschen treffen. Ich bin im Fluss des Lebens und achte auf meine körperlichen Signale.

EIN BEISPIEL AUS DEM COACHING

Sonja gehört zu den Menschen, deren liebste Beschäftigung das Golfen ist. Der Sport, aber auch die Energie auf dem Golfplatz haben es ihr so richtig angetan.

Ihr großes Ziel ist es, sich eine eigene Firma aufzubauen, Mitarbeiter einzustellen und einen Geschäftsführer, sodass sie mit möglichst wenig Aufwand genug Geld verdienen kann, um den ganzen Tag auf dem Golfplatz zu verbringen.

So lautet ihr Plan. Doch sie merkt schon ziemlich zu Beginn ihrer Selbständigkeit, dass es ihr unglaublich schwerfällt, ihr Unternehmen aufzubauen. Irgendwie ist alles zäh, anstrengend und voller Stress. Irgendwann geht sie sogar nicht mehr auf den Golfplatz, weil ihre eigene frustrierte Energie sie so herunterzieht.

Im Coaching erinnert sie sich daran, was ihr pure Freude bereitet: Golf spielen. Zufällig erfährt sie kurz darauf, dass ein Nachfolger für den Golfladen auf ihrem Lieblingsgolfplatz gesucht wird. Ihr Sakralzentrum springt an, sie ist Feuer und Flamme und geht den einzig richtigen Schritt. Sonja kündigt alle Verträge, wickelt die Firma ab und übernimmt den Golfladen. Sie ist ab diesem Moment wie ausgewechselt, voller Freude und purer Energie. Sie ist den ganzen Tag in der Umgebung, in der sie sich wohlfühlt und wo ihre Lebensenergie sprudelt – kein Wunder, dass es für sie auch finanziell besser läuft als je zuvor.

Das offene Sakralzentrum

Mit einem offenen Sakralzentrum, bist du entweder Projektor, Manifestor oder Reflektor und in diesem Leben nicht für die Umsetzung gedacht. Du bist nicht hier, um den ganzen Tag zu arbeiten und Dinge auszuführen. Deine Aufgaben liegen, wie im Kapitel zu deinem Typen beschrieben, auf anderen Ebenen. Dir steht einfach nicht 24 Stunden und sieben Tage die Woche konstante Lebensenergie zur Verfügung. Deshalb werden diese drei Typen im Human Design auch oft »Nicht-Energie-Typen« genannt. Das ist allerdings nicht ganz korrekt, denn es gibt neben dem Sakralzentrum noch drei weitere Antriebszentren, die ebenfalls kraftvoll, aber nun mal nicht so ausdauernd sind.

Das Geheimnis liegt in Pausen. Und zwar darfst du Pausen machen, bevor du das Gefühl hast, dass du eine bräuchtest. Plane daher solche Auszeiten regelmäßig ein, und nutze sie für dich allein (oder zumindest ohne ein definiertes Sakralzentrum in deiner Nähe).

Du darfst außerdem lernen zu delegieren, outzusourcen und Arbeit abzugeben, am besten an Menschen, die diese Tätigkeit hundertprozentig gern machen. Wenn du dein eigenes Business führen möchtest, darfst du diese Rolle des Koordinators, der im Hintergrund die Fäden in der Hand hält, lernen und weniger deine Taten als viel mehr deine Energie sprechen lassen. Mit deinen Visionen wirst du Menschen anziehen, die diesen Weg voller Freude und Energie mit dir gehen.

Achte mit deiner nicht permanent verfügbaren Lebensenergie möglichst darauf, nicht ständig erreichbar zu sein, und erlaube dir, Dinge zu automatisieren und Menschen eher über Impulse, als über eine sehr intensive Betreuung zu begleiten. Lass in deinem Terminkalender ausreichend Lücken für unvorhersehbare Ereignisse, so kannst du spielerischer agieren und empfindest nicht so häufig das Gefühl von Überforderung.

Mit deinem offenen Sakralzentrum spürst du, wofür andere Menschen Energie haben und weißt, wie diese Energie effizient eingesetzt werden muss. Du bemerkst außerdem, wann Menschen nur noch blind funktionieren und auf dem besten Weg in ein Burn-out sind.

Da dein Sakralzentrum ein Empfangszentrum ist, nimmst du die Lebenskraft der Menschen um dich herum auf. Das kann im Büro ab und an sehr hilfreich sein, um deine Arbeit durchzuziehen, doch auf Dauer sorgt es dafür, dass du aus deiner eigenen Energie herausgezogen wirst und eine für dich nicht passende Energie lebst. Schlaf besser allein und gönne dir immer wieder Pausen, ohne einen Generator oder einen Manifestierenden Generator in deinem Energiefeld. In diesen Auszeiten bist du in der Lage, dein eigenes Energielevel richtig wahrzunehmen und kannst auch das spüren, was du die ganze Zeit versuchst zu sein, aber eigentlich nicht bist.

Business-Tipp

Du darfst das Bild von dir loslassen, alles alleine umsetzen zu müssen. Finde Menschen, die dich unterstützen, mach Pausen, noch bevor du sie brauchst, und etabliere effiziente und energiesparende Prozesse.

Der Schattenmodus

Im Schatten ist das offene Sakralzentrum viel zu aktiv und du weißt nicht, wann genug ist. Denn auf der Suche nach Bestätigung durch dein Tun wirst du immer mehr zu einem Arbeitstier. Obwohl du dich überfordert und ausgelaugt fühlst, machst du weiter, nur um ein bisschen Anerkennung zu erhalten. Dabei besteht die Gefahr, zu oft Ja zu sagen und dir immer viel mehr zuzumuten, als du schaffen kannst.

Ein offenes Sakralzentrum kann auch dafür sorgen, dass du das Gefühl hast, im Vergleich zu anderen Menschen nicht fleißig oder aktiv genug zu sein und dass du dich für deine wenige Energie selbst schlecht machst. Du darfst erkennen, dass du deine Superkräfte erst dann entdecken kannst, wenn du dir erlaubst, weniger zu tun und mehr zu sein.

Affirmation

Ich kann supereffizient in kurzer Zeit arbeiten und dann nehme ich mir Zeit für mich alleine und genieße meine Energie. Ich kümmere mich gut um mich und lasse die Erwartungen der anderen an mich los. Ich bin.

EIN BEISPIEL AUS MEINEM LEBEN

Bevor ich Human Design kennengelernt habe, schliefen Marco und ich in einem Bett, so wie das in einer Beziehung üblich ist. Marco war in dieser Zeit morgens ständig erschöpft und unausgeschlafen, ich dagegen aktiv und voller Schaffensdrang. Und das, obwohl er der Generator ist und ich die Projektorin bin.

Was war passiert? Ich hatte die ganze Nacht die Lebensenergie aus Marcos Sakralzentrum gezogen. Er hatte so im Schlaf seine Akkus nicht richtig aufladen können und ich habe morgens schon total unter Strom gestanden. Als uns klar wurde, was da ablief, zogen wir die Konsequenzen und seither schlafen wir getrennt. Das sorgt dafür, dass ich morgens eher gemütlich in den Tag starte, während er schon in der Früh seine volle Kraft zur Verfügung hat. Jeder ist nun also in seiner richtigen Energie.

Jetzt könnte ich mir natürlich denken, dass es doch viel besser wäre, wenn ich voller Elan aus dem Bett springen und direkt drei Posts auf meinem Instagram-Account schreiben würde. Ja, auf der Leistungsebene unserer Gesellschaft wäre das richtig. Wenn aber das Ziel lautet, dass jeder in seine wahre Energie kommt, dann darf ich meine Slow-Mornings genießen und mich mehr im Sein als im Tun befinden, denn so kann ich die anderen Stärken meiner Chart viel besser ausleben und ausstrahlen.

Als wir im Winter 2022 in Südafrika waren, haben wir uns zwei Monate lang wieder ein Bett geteilt und rate mal, wer morgens um sechs hellwach war und schon mal gearbeitet hat? Richtig, ich. Nach einigen Wochen, in denen ich es sehr genossen habe, so produktiv zu sein, kam dann die volle Erschöpfung, weil ich viel zu viel Generator-Energie gelebt und meinem Körper nicht genug Pausen gegönnt hatte.

Vielleicht kann ich dich ermuntern, es in deiner Partnerschaft einfach mal auszuprobieren, ein paar Wochen allein zu schlafen – es braucht nur eine kleine Umgewöhnungsphase –, um zu sehen, was das mit deiner Energie macht.

Die Tore des Sakralzentrums

Diese Tore können dir zeigen, welche Energien du in deinem Leben brauchst, um deine Lebenskraft gut abrufen und voll entfalten zu können.

5 Konsequenz
Lerne, Rhythmen, Routinen und Gewohnheiten zu etablieren, die dir dienlich sind. Bleibe bei deinen Gewohnheiten, was auch immer um dich herum geschieht.

Du darfst Rhythmen und Gewohnheiten etablieren, die dir einen gleichbleibenden Flow ermöglichen.

14 Schöpfung
Leichtigkeit entfaltet sich, indem du auf die Möglichkeiten reagierst, die dir das Leben bietet. Vertraue, anstatt etwas zu erzwingen oder dich zu überarbeiten. Alles, was du benötigst, trägst du in dir.

Du hast die Energie, den für dich richtigen Weg im Leben einzuschlagen, und kannst andere dazu animieren, in die für sie richtige Richtung zu gehen.

29 Hingabe

Committe dich zu den Dingen, die wirklich zu dir passen. Lerne, dann Nein zu sagen, wenn du Nein sagen willst. Und nur dann Ja zu sagen, wenn es dir entspricht.

Du hast die Energie, dich einer Sache ganz hinzugeben, um dein wahres Potenzial zu entfalten.

59 Nachhaltigkeit

Langfristige, vertrauensvolle Partnerschaften unterstützen dich in deiner Kraft. Lass dich auf tiefe Beziehungen ein und teile, was du zu geben hast. Lerne, Entscheidungen aus einem Gefühl der Fülle und nicht des Mangels heraus zu treffen.

Du kannst mit Intimität und Nähe Verbindungen schaffen.

9 Fokus

Erkenne sowohl die einzelnen Teile als auch das große Ganze. Teile mit diesem Wissen deine Energie ein und lerne, deinen Fokus auszurichten.

Du hast die konzentrierte Energie, um Details zu managen und das große Ganze zu erschaffen.

3 Innovationen

Verändere deine alten Ansichten. Integriere neue Ideen und neue Wege erst in deinem eigenen Leben, und bringe die Innovationen dann zur richtigen Zeit in diese Welt.

Du hast die Energie, Ordnung in das Chaos der Weiterentwicklung zu bringen.

42 Wachstum und Abschluss

Bringe Dinge zu Ende, anstatt ständig etwas Neues anzufangen. So verzettelst du dich nicht, sondern bleibst auf dein Ziel ausgerichtet. Auf diese Weise entsteht Wachstum.

Du hast die Energie, einen Entwicklungszyklus zu beenden.

27 Verantwortung

Du kümmerst dich um andere Menschen und nährst sie mit deiner Energie und Aufmerksamkeit. Die Kunst ist, ihnen auch zu erlauben, die Verantwortung für ihr Leben selbst in die Hand zu nehmen, damit ein Gleichgewicht entsteht. Achte darauf, dass du keine Abhängigkeiten provozierst.

Du hast die Energie, andere zu schützen und zu nähren.

34 Macht

Du entfaltest deine Macht, indem du auf das Leben antwortest. Wenn du jedoch ständig versuchst, die Dinge um dich herum nach deinem Willen zu gestalten, anstatt auf das Leben zu reagieren, brennst du aus. Je mehr du korrekt nach deiner Energie handelst, desto kraftvoller spürst du die Veränderung in dir selbst.

Du besitzt die pure Energie, andere zu empowern.

BUCH-BONUS:

Nimm dir jetzt gleich die Zeit und notiere dir die Energie zu deinem Sakralzentrum in deiner Buch-Bonus-Vorlage. So hast du alles auf einen Blick und kannst viel besser in die tägliche Umsetzung kommen: **hd-buch.com/bonus**

MILZZENTRUM

Bei ca. 55 Prozent der Menschen definiert
und bei 45 Prozent offen

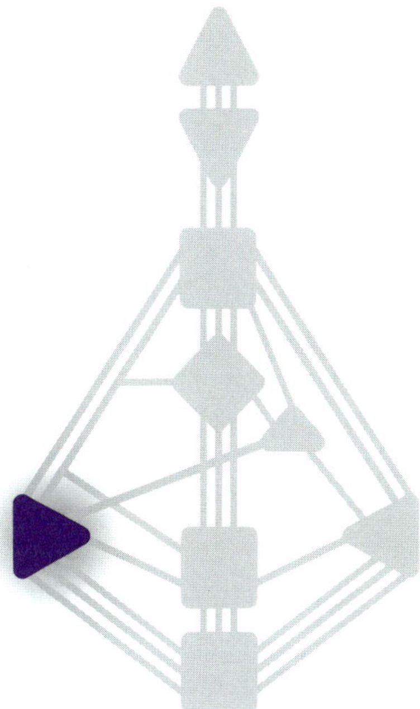

Funktion des Milzzentrums

Im Milzzentrum sitzt deine Intuition, die wie eine scharfe Alarmanlage für dein Überleben und deine Gesundheit sorgt. Dein Körperbewusstsein befindet sich im Hier und Jetzt, von daher spürst du genau, was dein Körper gerade braucht. Im Milzzentrum sitzt, anatomisch gesehen, deine Immunabwehr, aber auch die Sinne spielen eine große Rolle, denn sie sorgen dafür, dass du intuitiv Schwingungen aus deinem Umfeld aufnehmen und in

»gefährlich« oder »ungefährlich« einordnen kannst. Somit werden auch die Gefühle Sicherheit und Präsenz mit der Milz in Verbindungen gebracht. In diesem Zentrum sind die Erinnerungen der gesamten Menschheitsgeschichte gespeichert. Du greifst also auf ein tieferes Wissen, aber auch auf die Ängste zurück, die schon in den Menschen existierten, die vor dir gelebt haben.

Höchster Ausdruck des Milzzentrums

Deine Milz sorgt für dein Überleben, dein Wohlgefühl und deine Sicherheit. Ihre feinen Antennen können schon lange bevor etwas passiert, die Veränderungen in der Schwingung wahrnehmen und deine Milz weiß immer, was für dich sicher ist. Aus diesem Zentrum heraus darfst du ganz spontane Entscheidungen treffen, denn du hast ein gutes Gespür dafür, was in der Zukunft passieren wird.

Das definierte Milzzentrum

Wenn du ein definiertes Milzzentrum hast, spürst du eine tiefe Sicherheit in dir, ein Urvertrauen. Es sorgt dafür, dass du gesundheitlich robust, also wenig krankheitsanfällig bist und eine gute Verbindung zu deinem Körper hast. Du kannst die Signale deines Körpers gut deuten und weißt zu jeder Zeit, was du brauchst, damit du gesund und fit bleibst.

Deine definierte Milz ist eine eingebaute Frühwarnanlage. Sie sendet dir immer dann ein deutliches Signal, wenn etwas nicht stimmt oder sogar gefährlich ist. Dafür nutzt die Milz deine Körpersinne – da hört sich etwas komisch an, es riecht seltsam oder klingt unaufrichtig. Eine andere Variante wäre, dass du ein inneres Wissen hast, was jetzt zu tun ist.

Mit einem definierten Milzzentrum darfst du deine intuitive Spontanität leben, lass also besser allzu langfristige Planungen sein. Wenn du flexibel und spontan agieren kannst, läufst du beruflich und privat zu Hochform auf.

Möchtest du mit Menschen intensiver zusammenarbeiten, dann überprüfe rechtzeitig, ob du sie riechen kannst. Also so richtig im echten Leben, weshalb du sie wenigstens einmal persönlich und nicht nur über Zoom treffen solltest. Ob du den Eigengeruch eines Menschen in deiner Umgebung leiden kannst oder nicht, ist für dich ein wichtiges Zeichen für eine funktionierende und fruchtbare Zusammenarbeit. Denn Körpergerüche vermitteln uns extrem viele Informationen über den anderen, es sind sogenannte Ehrlichkeitssignale, die im Laufe der menschlichen Entwicklungsgeschichte erhalten geblieben sind und die du durch dein aktives Milzzentrum intuitiv wahrnehmen kannst. Natürlich sind die authentischen Körpergerüche oft durch Parfüm oder Deos überdeckt, das macht es für deine Milz schwieriger. Du darfst also umso sensibler in dich hineinspüren und genau »hinriechen«.

Je gesünder dein Körper ist, umso besser sind auch dein seelisches Wohlbefinden und deine Verbindung zu deiner Körperweisheit. Du darfst also gerade zu Beginn deines Human-Design-Prozesses achtsam sein, bewusst hinhören und dich aktiv um deine Gesundheit kümmern, damit deine Milz-Weisheit dir den Weg zeigen kann.

In der Milz sind auch Ängste, insbesondere tiefe Urängste, gespeichert. Achte auf einen gesunden Umgang mit deiner Angst, indem du beobachtest und immer wieder überprüfst, wann du aus deinen Ängsten heraus entscheidest, und wann aus deiner Autorität heraus. Das setzt viel Selbstreflexion voraus, aber es lohnt sich. Bei den Beschreibungen zu den Toren des Milzzentrums kannst du deine definierten Tore einmal genauer ansehen und bekommst vielleicht ein besseres Gefühl dafür, welche Ängste in dir gespeichert sind und wie du damit umgehen kannst. Ängste sind wichtig, sie können uns motivieren und auch vor Gefahren warnen. Wenn sie uns aber komplett ausbremsen und dafür sorgen, dass wir gar nicht mehr aktiv sind, dann sind sie destruktiv.

Im Business liebst du es, Sicherheit zu haben. Erlaube dir einen Sicherheitspuffer, mit dem du dich wohlfühlst, und dann triff kraftvolle intuitive Entscheidungen, die dich nach vorn bringen. Denn deine Milz nimmt so sensible Schwingungen auf, die dein Verstand nie wahrnehmen würde, und deshalb auch nicht begründen kann.

Menschen mit einer definierten Milz muten sich meist zu viel zu, weil sie so robust sind und so viel aushalten. Achte auf dich und deinen Körper, auch du bist nicht unverwundbar.

Business-Tipp

Du besitzt eine sehr sensible Intuition, folge ihr und du bist auf dem richtigen Weg. Triff Menschen, mit denen du eng zusammenarbeiten und denen du vertrauen musst, mindestens einmal persönlich. Sorge aktiv für einen Sicherheitspuffer, mit dem du dich wohlfühlst, und dann lebe deine Spontanität.

Authentische Ausstrahlung

- Du bist voller intuitiver Fähigkeiten und hast eine Anbindung an die Quelle, die Weisheit des Universums.
- Du besitzt eine tiefe Körperweisheit, die dir sagt, was gut und gesund für dich ist.
- Du hast ein Gespür dafür, was funktioniert und was nicht.
- Du bist fähig, Menschen ein Sicherheitsgefühl zu vermitteln.

Der Schattenmodus

Wenn die Milz-Energie übertrieben wird, mutest du dir viel zu viel zu und überreizt deinen Körper. Das kann so lange gehen, bis es zu ernsthaften gesundheitlichen Problemen kommt. In diesem

Fall ignorierst du die Signale deines Körpers und lebst, als wärest du unverwundbar.

In der Unterdrückung wird das Leben so laut gedreht, dass die Signale der Milz und des Körpers nicht mehr gehört werden können. Alles andere wird viel wichtiger genommen als das eigene Wohlbefinden und die eigene Gesundheit.

Ein weiterer Schatten der definierten Milz ist es, die eigene Energie als Erpressung in Beziehungen zu verwenden. Denn Menschen mit offenem Milzzentrum fühlen sich in der Gegenwart von Menschen mit definiertem Milzzentrum besonders wohl, geborgen und sicher. Aus dieser Kombination können dann Abhängigkeiten entstehen, die der oder die Stärkere ausnutzen kann nach dem Motto: »Wenn du nicht so bist, wie ich es mir wünsche, dann ziehe ich meine Wohlfühlenergie von dir ab«. Das kann zum Beispiel so aussehen, dass dem Partner bewusst Aufmerksamkeit und Zeit zu zweit entzogen wird, um den eigenen Willen zu bekommen.

Affirmation

Ich vertraue meinem Körper und meiner Intuition. Ich kann schnell reagieren und vertraue meinen scharfen Sinnen. Ich lebe meine Verbundenheit mit dem Universum.

EIN BEISPIEL AUS DER PRAXIS

Es ist Martinas erster Tag im neuen Job. Bei ihrem Vorstellungsgespräch hatte sie sich mit dem Chef in einem anderen Gebäude getroffen. Die Chemie stimmte und sie hatte spontan zugesagt. Jetzt befindet sie sich an ihrem eigentlichen Arbeitsplatz und sofort schlägt ihre Milz »Alarm«. Sie spürt ein mulmiges Gefühl, eine innere Warnung. Martina kennt dieses Gefühl, denn vor drei Jahren hatte sie es auch schon einmal vor einem großen Autounfall.

Sie blickt sich genauer um und versucht ausfindig zu machen, auf was sie reagiert. Die Kollegen scheinen nett zu sein, und auf ihre neue Aufgabe freut sie sich auch.

Sie spricht mit ihrem Chef über das ungute Gefühl und er erzählt ihr, dass es in dem Gebäude tatsächlich ein starkes Schimmelproblem gibt, das immer irgendwie sporadisch behandelt, aber nie vernünftig angegangen wurde. Martina bekommt einen Arbeitsplatz im Neubau, und schon wenige Monate später wird das alte Gebäude endlich kernsaniert. Ihre Milz hatte sie sehr zuverlässig vor der gesundheitlichen Gefahr gewarnt und dafür gesorgt, dass sie sofort handelt.

Die Warnfunktion der Milz bezieht sich aber nicht nur auf wirkliche Gesundheitsgefährdungen, sondern auch auf destruktive Beziehungen, Unfälle oder andere Dinge, die im weitesten Sinne dein Überleben, deine Sicherheit und dein Wohlgefühl gefährden.

Das offene Milzzentrum

Mit einem offenen Milzzentrum hast du ein super Gespür dafür, was bei anderen los ist. Du weißt einfach intuitiv, ob jemand in deinem Umfeld gesund ist, sich sicher fühlt oder unglücklich ist. Für dich selbst und deinen Körper hast du kein so gutes Gespür, deshalb kann es auch etwas herausfordernder sein, mit destruktiven Gewohnheiten, wie dem Rauchen oder zu viel Süßigkeiten, aufzuhören, obwohl du weißt, dass sie dir nicht guttun.

Du besitzt keine aktive Alarmanlage und hast daher die Tendenz, bei allem, was du machst, ein zu hohes Tempo vorzulegen, zu wenig Pausen zu machen und völlig über das Ziel hinauszuschießen, weil »gut« nie gut genug ist. So kann es passieren, dass du dir am Ende noch selbst schadest. Für dich ist es wesentlich herausfordernder, zur abgesprochenen Zeit, also pünktlich, am richtigen Ort zu sein.

Du liebst es, dich wohlzufühlen, und wenn dir andere Menschen mit definiertem Milzzentrum dieses Gefühl von Geborgenheit, Sicherheit und »Gesehenwerden« geben, dann tust du viel, um in ihrer Aura bleiben zu können. Du spürst es oft nicht, wenn Menschen dich negativ beeinflussen und tust dich, selbst wenn du es schließlich erkannt hast, extrem schwer, diese Verbindungen komplett loszulassen. In dir ist das Gefühl, diese Menschen in deinem Leben zu brauchen oder du hast den Drang, dich mit ihnen zu identifizieren. Dabei ist es nur ihre definierte Milz, die dir ein sicheres und geborgenes Gefühl gibt, und vielleicht wäre es sogar viel besser, dich davon bewusst zu lösen, Zeit allein zu verbringen und Klarheit darüber zu bekommen, was dich in den Tiefen deines Seins wirklich nährt.

Mit deiner offenen Milz bist du ein perfekter Diagnostiker, erkennst intuitiv, wer gesund und wer krank ist. Du spürst die Energiereserven der anderen Menschen und weißt genau, was sie jetzt brauchen und was sie heilen kann.

Außerdem nimmst du die Ängste anderer Menschen intensiv wahr. Hier ist wieder wichtig, dass du dich nicht damit identifizierst und sie in dir noch verstärkst, sondern eine gesunde Distanz aufbaust, sie eher beobachtest und darüber sehr viel lernst. Auf diese Weise kannst du eine große Weisheit zum Thema Ängste entwickeln und anderen ein Vorbild oder ein guter Lehrer sein.

Mit einem offenen Milzzentrum reagierst du nicht spontan, also auch nicht besonders schnell. Lass dir tatsächlich Zeit, denn alles andere würde nicht deiner Energie entsprechen. Bitte die Menschen in deiner Umgebung, rechtzeitig mit dir zu sprechen und dich in ihre Pläne einzuweihen.

Business-Tipp

Finde gute Berater, die dich beim Thema Gesundheit unterstützen und mit dir Gewohnheiten etablieren, die dir guttun. Lass alles los, was nicht gut für deinen Körper ist und schaffe so Platz für neue Gelegenheiten und Menschen in deinem Leben. Auch hier kann dir ein Coach helfen, Klarheit zu gewinnen und dich aus eventuellen Abhängigkeiten zu befreien.

Der Schattenmodus

Im Schatten suchen Menschen mit offenem Milzzentrum ständig im Außen nach Sicherheit und Wohlbefinden. Sie fühlen sich unsicher und ängstlich und halten an Beziehungen fest, die eigentlich nicht gut für sie sind. Oftmals machen sie sich abhängig von anderen und sind entsprechend erpressbar.

Viele übernehmen auch die Ängste anderer Menschen in ihrem Umfeld, ohne zu merken, dass es gar nicht ihre eigenen sind, die sie da spüren. Häufig passiert das schon in der Kindheit, sodass manche zum Beispiel ihr Leben lang mit Ängsten zu kämpfen haben, die eigentlich zu ihren Eltern gehören. Sie haben es früh so gelernt, und da es unbewusst passierte, seitdem nie mehr infrage gestellt. Du siehst, es gehört immer eine Portion Mut zur Selbstreflexion dazu, dass einem so etwas überhaupt auffällt.

Kinder mit offener Milz hängen oft noch sehr lange an ihren Eltern, besonders, wenn diese ein definiertes Milzzentrum haben. Sie wollen nicht alleine schlafen oder alleine auf eine Geburtstagsfeier gehen. Hier kann manchmal der Kontakt zu Tieren helfen und Selbstsicherheit bringen.

Affirmation

Ich lasse mit Leichtigkeit alles los, was nicht zu mir passt. Ich halte mich an meine gesunden Routinen und achte gut auf meine Autorität, um die Menschen zu finden, die zu mir passen. Ich bin zur richtigen Zeit am richtigen Ort.

EIN BEISPIEL AUS DEM COACHING

Ina ist Yogalehrerin, sie liebt ihren Job und hat auf einer Fortbildung ihren Freund Christoph kennengelernt, der ein eigenes Yogastudio in Berlin betreibt. Sie ist sofort verliebt in die Idee, mit ihm zusammenzuziehen und gemeinsam mit ihm in seinem Yogastudio zu arbeiten. Ina ist eine kraftvolle Manifestierende Generatorin mit offener Milz. Christoph ist Projektor mit definiertem Milzzentrum.

Am Anfang läuft es einfach traumhaft. Ina fühlt sich von Christoph wirklich gesehen und unglaublich wohl in seiner Nähe. Ein paar Monate nach ihrem Umzug geht es dann los – Christoph wird richtig eklig, wenn nicht alles genauso läuft, wie er sich das vorstellt. Er wird nicht laut, im Gegenteil, er redet nicht mehr mit Ina, geht ohne sie aus und bleibt dabei extra lange weg, entzieht ihr also seine komplette Projektor-Aufmerksamkeit und das Milz-Wohlgefühl.

Ina wird fast verrückt, weil sie ihn einerseits so vermisst und andererseits auch spürt, dass ihr diese Beziehung einfach nicht guttut. Als sie von einer Freundin hört, dass sie wegen ihrer offenen Milz achtsam sein darf und sie sich daraufhin mit Human Design auseinandersetzt, wird ihr der Mechanismus zwischen Christoph und ihr schnell klar.

Sie hatte sich bei ihm sicher, geborgen und wohlgefühlt. Er fühlte sich durch ihre Begeisterungsfähigkeit und Power angeregt. Ein paar Monate klappte dieses Energie-Tauschgeschäft sehr gut, aber jetzt wurde ihr klar, dass dies keine Beziehung für immer sein konnte.

Trotz der Unterstützung ihrer Freundin brauchte Ina noch einige Wochen, um sich wirklich zum Gehen durchzuringen, denn zwischendurch gab es auch immer wieder viele schöne Momente, sodass sie sich einreden konnte, dass doch alles gar nicht so schlimm ist. Die Auseinandersetzung mit ihrer Chart half ihr aber schlussendlich, nicht weiter aus den vermeidbaren Schwächen der offenen Milz heraus zu leben, sondern sich ihrer Stärken zu entsinnen und den Mut zu finden, noch einmal ganz neu anzufangen.

Die Tore des Milzzentrums

Die Tore der Milz helfen dir zu verstehen, in welchen Bereichen du eine besonders starke Intuition hast und welche Ängste dich begleiten könnten. Erinnere dich daran, dass du jederzeit die Wahl hast, was du leben möchtest.

48 Weisheit

Schaffe dir eine Wissensgrundlage, und erlaube dir, dir selbst und deiner Verbindung zum Universum zu vertrauen. Du bist genug.

Du hast eine besondere Bewusstheit für Lösungen und auch dafür, dass es manchmal keine gibt.

Du hast Angst, nicht genug tiefes Wissen zu besitzen, um eine Lösung zu finden, Angst, nicht gut genug zu sein.

57 Intuition

Vertraue deinem inneren Wissen. Du weißt genau, wann es Zeit ist zu handeln, und was für die Zukunft vorbereitet werden darf.

Du spürst einfach, ob dein Gegenüber die Wahrheit sagt oder dir eine Lüge auftischt.

Du hast Angst davor, was die Zukunft bringen könnte, und hältst dich deshalb bei Entscheidungen zurück.

44 Wahrheit

Du hast den Mut für Veränderung und blickst furchtlos in die Zukunft. Lerne, Schmerz in Kraft zu verwandeln, und dich ohne Kompromisse authentisch auszudrücken.

Du hast eine besondere Bewusstheit für das Potenzial und die Talente anderer Menschen.

Du hast Angst davor, dass sich vergangene Erlebnisse wiederholen.

50 Fürsorge
Kümmere dich gut um dich und versorge dich mit dem, was du brauchst. Nur dann kannst du dich auch gut um andere kümmern. Hör auf, dich selbst und andere Menschen zu verurteilen.

Du hast eine besondere Bewusstheit, was andere Menschen brauchen und wie sie versorgt werden sollten.

Du hast Angst davor, zu viel Verantwortung zu tragen und den Ansprüchen nicht genügen zu können.

32 Ausdauer
Du bist sehr gut im Manifestieren, bereite dich also auf deine nächsten Schritte vor. Du weißt genau, was du brauchst, um deine Träume zu verwirklichen.

Du hast ein besonderes Gespür dafür, was verändert werden kann und was nicht.

Du hast Angst vor Fehlern, was dich manchmal daran hindert, das zu tun, was du wirklich tun willst.

28 Abenteuer
Lerne, dein Leben als Abenteuer zu sehen. Teile deine Erfahrungen, Herausforderungen und Erfolge mit anderen. Erst die Abenteuer machen dein Leben zu einer sinn- und bedeutungsvollen Reise.

Du hast eine besondere Bewusstheit über den Sinn des Lebens.

Du hast Angst, dass das Leben keinen Sinn ergibt, und Angst vor dem Tod.

18 Neuausrichtung
Verändere die Dinge, erneuere sie sogar, aber warte auf den richtigen Zeitpunkt und die richtigen Umstände. Es geht nicht darum, recht zu haben, sondern eine bessere Welt zu erschaffen.

Du spürst genau, welche Gewohnheiten verändert werden und welche beibehalten werden dürfen, weil sie sinnvoll sind.

Du fürchtest dich, von anderen verurteilt zu werden und verurteilst dich auch selbst. Du hast grundsätzlich Angst vor Autoritäten.

BUCH-BONUS:

Nimm dir jetzt gleich die Zeit und notiere dir die Energie zu deinem Milzzentrum in deiner Buch-Bonus-Vorlage. So hast du alles auf einen Blick und kannst viel besser in die tägliche Umsetzung kommen: **hd-buch.com/bonus**

HERZ/EGO-ZENTRUM

Bei ca. 30 Prozent der Menschen definiert
und bei 70 Prozent offen

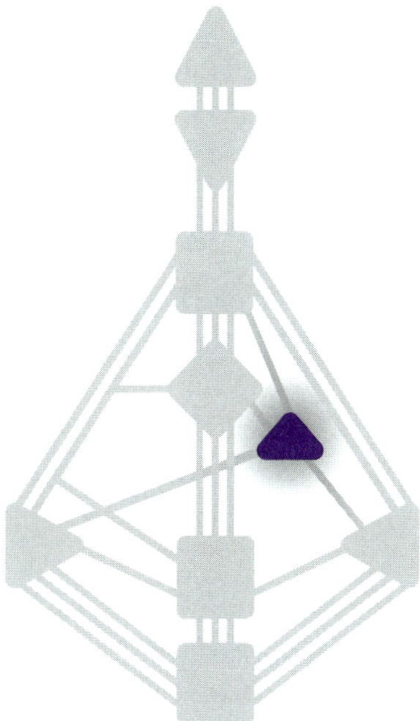

Funktion des Herzzentrums

Im Herzzentrum, oder auch Ego-Zentrum genannt, stecken deine Willenskraft, dein Selbstwert und dein Stolz. Hier geht es darum, das, was du willst, gegen das, was dein Umfeld und die Gesellschaft wollen, abzuwägen. In dieser Energie werden Verträge geschlossen und materieller Erfolg und Sicherheit angestrebt. Im Herzen fasst du Mut, um für dich und deine Vision loszugehen, egal, was andere sagen.

Höchster Ausdruck des Herzzentrums

Das Herzzentrum möchte Anerkennung erhalten, für das, was es in die Welt bringt, und erwartet einen energetischen Ausgleich in Form von Geld oder anderen »Tauschmitteln« wie Zuneigung, Sicherheit usw. dafür. Der Wunsch, die Materie kontrollieren zu können, Versprechen zu halten und zu vertrauen, ist genauso ein Teil der Herzenergie wie kraftvolle Gemeinschaften zu bilden und sich gegenseitig zu unterstützen. Das Herzzentrum liebt es, Erster und Bester zu sein.

Das definierte Herzzentrum

Mit einem definierten Herzzentrum möchtest du eine Wirkung in dieser Welt entfalten. Dein Beitrag ist natürlicherweise selbstbewusst und mutig. Du möchtest viel bekommen, bist aber auch bereit, sehr viel zu geben, und hast genug Willenskraft, um all deine Träume auch wirklich in die Tat umzusetzen.

Das definierte Herzzentrum schenkt dir ein hohes Bewusstsein für deinen Wert. Du weißt, was du leisten kannst, und verlangst unbewusst oder bewusst für deinen Einsatz einen angemessenen energetischen Ausgleich. Du liebst es, Ressourcen wie Geld, Wissen, Nahrung etc. zu sammeln und zu verteilen und bist daher der Mittelpunkt der Familie oder einer Gruppe von Menschen, die gemeinsam an einem Strang ziehen.

Für dich gibt es nichts Schöneres, als Wettbewerbe zu gewinnen und deine Kräfte zu messen. Achte aber darauf, dass du trotz deiner großen Willensstärke energetisch nicht übermäßig ausdauernd bist. Denn das Herzzentrum gehört zwar zu den Motoren, hat aber nicht die kontinuierliche Kraft des Sakralzentrums und ist daher eher für energetische Sprints als für einen Marathon ausgelegt.

Du kannst Menschen unglaublich gut motivieren und sie in Aktion bringen. Sie haben in deiner Gegenwart das Gefühl, alles zu schaffen und trauen sich daher, endlich in die Umsetzung zu gehen. Gleichzeitig kann das auch dazu führen, dass sie Dinge versprechen, die sie ohne deine Aura-Energie dann nicht umsetzen können.

Dir selbst fällt es dank deines definierten Herzzentrums leicht, ein Versprechen zu geben und dieses aufgrund deiner Willenskraft auch zu halten. Die meisten Menschen haben allerdings ein offenes Herzzentrum und tun sich damit auf Dauer schwer. Erkenne, dass diese Fähigkeit deine persönliche Stärke darstellt, und erwarte nicht zu viel von anderen Menschen.

Kommuniziere in deinem Leben klar deine Spielregeln: Wie soll sich eine Zusammenarbeit, ein gemeinsames Leben oder ein Projekt konkret gestalten? Für dich ist es elementar, Regeln aufzustellen und einzufordern. Du darfst sie allerdings auch deutlich kommunizieren, damit dein Umfeld überhaupt eine Chance hat, sie einzuhalten. Nur weil etwas in deinem Kopf klar und logisch ist, muss das noch nicht bei anderen Menschen so angekommen sein. Halte die getroffenen Vereinbarungen natürlich auch selbst ein.

Nutze deine Willenskraft und deine Lust auf Wettbewerbe und Gewinnen nur für die Dinge, die dir wirklich am Herzen liegen. Es geht nicht darum, in allem der oder die Erste zu sein. Wenn du das versuchst, wirst du ausbrennen und am Ende nicht glücklich sein. Wenn du dich entscheidest, deine Energie zu investieren, tu dies bewusst und achte vorher auf deine Autorität.

Business-Tipp

Nutze deine Willenskraft für dein Herzensprojekt, und lass das los, an dem dein Herz nicht hängt. Nutze deine Fähigkeit, andere zu motivieren und in Aktion zu bringen, erwarte aber im Gegenzug nicht dasselbe Committment von ihnen.

Authentische Ausstrahlung

- Du bist willensstark und fähig, mutig neue Wege zu gehen.
- Du besitzt eine hohe Motivation und Einsatzbereitschaft.
- Du hast Lust am Wettbewerb und liebst es, zu gewinnen.
- Du bist in der Lage, kraftvolle und erfolgreiche Gemeinschaften zu bilden.

Der Schattenmodus

Wenn jemand mit definiertem Herzzentrum die eigene Energie übertreibt, dann ist ihm jedes Mittel recht, um seinen Willen zu bekommen. Es könnte also sein, dass du in Beziehungen anfängst zu manipulieren und anderen deinen Willen regelrecht aufzuzwingen. In der Übertreibung wird die Energie egoistisch, selbstsüchtig und hart.

Wenn du deine Herzenergie unterdrückst, versuchst du ständig, es allen anderen recht zu machen. Du hast dann das Gefühl, dass du deinen Willen nicht in diese Welt bringen darfst, damit du nicht egoistisch wirkst.

Die Balance in der Mitte macht, wie bei allen anderen Zentren auch, die Magie und die wundervollste Entfaltung eines Zentrums aus.

Affirmation

Ich mache mir bewusst, was ich wirklich will, und gehe mit meiner kraftvollen Energie in die Umsetzung. Ich mache ausreichend Pausen und stelle keine übertrieben hohen Erwartungen an andere Menschen.

EIN BEISPIEL AUS DEM COACHING

Tim und Olaf sind Geschäftspartner. Beide sind Generatoren, Tim mit einem 2/4-Profil und einem offenen Herzzentrum, Olaf mit einem 5/1-Profil und einem definierten

Herzen. Die beiden arbeiten super zusammen, ganz intuitiv engagiert Tim sich vor allem bei den Kundenbeziehungen und Olaf bringt seine praktischen Lösungen in ihr Business ein. Seit einigen Monaten ist das Ganze aber in Schieflage geraten: Olaf hatte sich neue und noch größere finanzielle Ziele gesetzt und daher sich und Tim gleich mit verpflichtet, morgens zwei Stunden eher anzufangen, um diese Ziele möglichst schnell zu erreichen.

Schon nach wenigen Wochen war bei Tim die Luft raus, er kam immer häufiger zu spät ins Büro und brauchte immer wieder Olafs Motivation, um überhaupt noch mithalten zu können. Als die beiden im Team-Mentoring bei mir sitzen und ich ihnen von der Energie des definierten Herzzentrums erzähle, geht ihnen ein Licht auf.

Gemeinsam beschließen sie, in Zukunft noch klarer zu kommunizieren und die kommenden Ziele zusammen zu definieren. Bei Olaf ist ein großes Verständnis für Tim entstanden, und er kann dessen Verhalten nun viel besser einordnen. Wenn es ihm wirklich wichtig ist, dass Tim morgens zur selben Zeit mit ihm im Büro erscheint, bespricht er es vorab, wodurch keine Missverständnisse mehr entstehen. Auch Tims Freude kehrt zurück und beiden ist klar geworden, dass sie jedes Ziel am schnellsten erreichen, wenn sie beide in ihrer höchsten Energie sind.

Das offene Herzzentrum

Mit einem offenen Herzzentrum hast du ein Gespür dafür, wer welchen Beitrag leisten kann und wessen Kraft in welcher Aufgabe so richtig aufblühen wird. Außerdem nimmst du die Leistungsbereitschaft von anderen Menschen wahr und weißt intuitiv, wer sich wie einbringen will.

Zu dir selbst bist du oft sehr streng und glaubst, dich über Leistung beweisen zu müssen. Das Gefühl für deinen eigenen

Wert ist wahrscheinlich nicht sehr ausgeprägt. Daher tut es dir gut, Berater und Coaches zu haben, die dich mit ihrer Sichtweise unterstützen und zum Beispiel auch in der Preisfindung deiner Produkte beraten.

Feedback und Anerkennung zu bekommen, ist sehr wichtig für dich. Gib anderen am besten selbst viel davon und fordere sie auch für dich aktiv ein. Mit scharfer Kritik und Hate-Kommentaren kannst du gar nicht gut umgehen, dein Selbstwertgefühl rast in den Keller und du spürst enormen Leistungsdruck. Lass diese Gefühle los, denn du bist nicht hier, um etwas zu leisten oder allen Menschen zu gefallen.

Hüte dich davor, Dinge zu versprechen, die du nicht halten kannst. Es macht keinen Sinn, deine neuen Produkte für ein bestimmtes Datum anzukündigen, wenn du noch nicht mal mit der Produktion begonnen hast. So erhöhst du nur unnötig den Druck auf dich und enttäuschst andere schließlich doch immer wieder. Bleib in deinen Aussagen besser etwas vage und versprich nichts fest, denn dann läuft alles automatisch im Flow und geht dir viel leichter von der Hand.

Mit deinem offenen Herzzentrum kann es sinnvoll sein, den Umgang mit Geld und anderen Ressourcen bewusst zu erlernen. Denn wahrscheinlich liebst du es, Geld zu haben und es auszugeben, bist aber kein Professional darin, Geld zu empfangen und in deinem Leben zu halten. Diese Fähigkeiten lassen sich aber durchaus aneignen, um ein entspanntes Leben in Fülle zu führen.

Business-Tipp

Du musst dich nicht beweisen; lass den Kampf und den Wettbewerb los, agiere in deinem Tempo. Arbeite mit Business-Buddys, die dir helfen, deinen Wert zu erkennen und mit denen du dich gegenseitig im Selbstwert unterstützen kannst. Anstatt etwas fest zu versprechen, sage: »Ich werde mein Bestes geben.«

Der Schattenmodus

Mit undefiniertem Herzzentrum meinst du, du müsstest deinen Wert beweisen. Du fühlst dich unwichtig und ungenügend. Dieses Selbstwertdefizit sorgt dafür, dass du dich einerseits selbst runtermachst und andererseits anderen unrealistische Versprechen gibst, die du gar nicht halten kannst. Dennoch sind diejenigen, denen du sie gegeben hast, enttäuscht, und du fühlst dich noch minderwertiger. Hör einfach auf, Vereinbarungen zu treffen, die für dich schwierig oder nicht haltbar sind, und lerne dich selbst mit all deinen Eigenschaften zu mögen.

Affirmation

Ich verspreche nur dann etwas, wenn es im Einklang mit meiner Strategie und meiner Autorität ist. Ich muss nichts beweisen, ich bin von unschätzbarem Wert. Ich bekomme einen sehr guten Energieausgleich für das, was ich anderen gebe.

EIN BEISPIEL AUS DEM COACHING

Jessica hat ein offenes Herzzentrum und ist Manifestorin mit 1/3-Profil. Sie liebt ihren Job in einem großen Architekturbüro und wird dort für ihre wundervollen Visionen geschätzt, vor allem, weil diese auch umsetzbar sind.

Als sie zu mir ins Mentoring kommt, ist sie allerdings wütend und total ausgebrannt. So sehr sie ihre Arbeit liebt, sie ist völlig am Ende mit ihren Kräften, und ihr Stresslevel liegt unter der Woche auf einer Skala bei 9 von 10. In unserem Gespräch kommen wir darauf, dass Lisa bei jedem neuen Projekt in der ersten Begeisterung Kunden und Chef immer verspricht, sich sofort an die Arbeit zu machen und in wenigen Tagen ein Ergebnis zu liefern. Irgendwie schafft sie es auch jedes Mal, dieses Versprechen zu halten, doch sie bezahlt die Zusage mit so vielen Überstunden, dass keine Energie mehr für ihr Privatleben bleibt.

Ich mache sie darauf aufmerksam, dass sie in ihrem Job vor allem den Schatten ihres offenen Egozentrums lebt, indem sie viel zu große Versprechungen macht und ihre Fähigkeit, andere Menschen zu rekrutieren, die sie unterstützen könnten, gar nicht lebt. Gemeinsam entwickeln wir folgenden Plan: Erstens wird sie in Zukunft keine festen Zusagen mehr machen, bis wann die neuen Projekte fertig sind, und zweitens kommuniziert sie, dass das Projekt mit Priorität bearbeitet wird, gute Gedanken und Pläne jedoch einfach ihre Zeit brauchen. Gleichzeitig spricht sie offen mit ihrem Chef über die schwierige Situation und darf nun zwei qualifizierte Mitarbeiterinnen einstellen, die bereit sind, auf ihrem hohen Leistungsniveau mitzuarbeiten.

Innerhalb weniger Wochen kommt Jessica noch viel mehr in ihre Kraft, ihre Projekte werden besser und besser und die Kunden sind mehr als zufrieden. Typisch für einen Manifestor, ist Lisa rasch in die Umsetzung gekommen und kann ihre Energie jetzt noch mehr leben.

Die Tore des Herzzentrums

Die Tore des Herzzentrums zeigen dir, in welchen Bereichen du besonders mit Willenskraft und Motivationsenergie ausgestattet bist und wie du beide am besten nutzen kannst.

21 Selbstkontrolle

Kontrolliere nur die Dinge in deinem Leben, die du auch wirklich beeinflussen kannst. Lass den Rest los und vertraue dem Universum. Konzentriere dich auf die Schwingungsfrequenz, die du aussendest. Entspricht sie deinen Werten?

Du willst deine Gefühle, aber auch die Umstände und Ressourcen kontrollieren.

40 Alleinsein

Du brauchst Zeit für dich, um deine inneren Ressourcen wieder aufzuladen. Übernimm die Verantwortung für dich. Wenn du erholt und energievoll bist, hast du viel mehr zu geben.

Du willst abliefern und anderen Menschen, am besten der ganzen Welt, immer zur Verfügung stehen.

26 Integrität

Handle so, dass du deinen eigenen Wert und den des Lebens spürst. Verwandle deine Vergangenheit und deine Traumata in neue Träume und Ideen. Setze klare Grenzen und mach genau die Dinge, die gerade nötig sind und die deine Energie unterstützen.

Du willst immer der oder die Beste sein. Du kannst supergut verkaufen und bist ideal im Marketingbereich.

51 Initiierung

Halte deine Verbindung zum Universum. Lerne, deine Geschichte zu verwandeln und deine daraus gewonnene Power für deine Manifestationen einzusetzen. Hilf anderen Menschen, ihren Platz im Leben zu finden und für ihren Weg einzustehen.

Du hast Wettbewerbslust und liebst es, bei allem auf dem Siegertreppchen zu stehen.

BUCH-BONUS:

Nimm dir gleich jetzt die Zeit und notiere dir die Energie zu deinem Herzzentrum in deiner Buch-Bonus-Vorlage. So hast du alles auf einen Blick und kannst viel besser in die tägliche Umsetzung kommen: **hd-buch.com/bonus**

SELBSTZENTRUM

Bei ca. 58 Prozent der Menschen definiert
und bei 42 Prozent offen

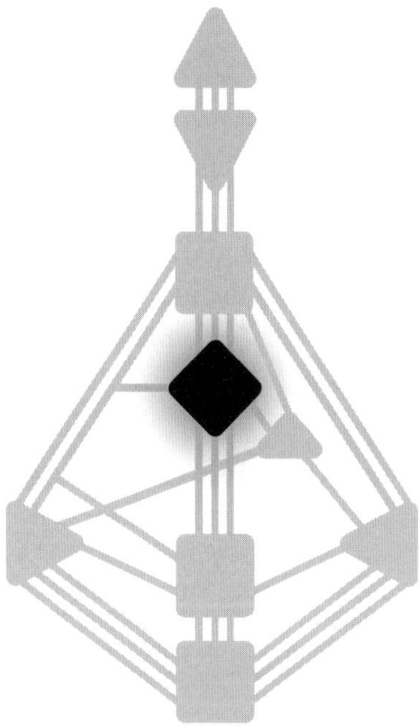

Funktion des Selbstzentrums

Im Selbstzentrum liegt das Wissen über unsere Identität, die eigenen Werte und unsere Bestimmung. Das Selbst ist unsere innere Mitte, die unsere Persönlichkeit und unseren Design-Anteil (Unterbewusstsein, Körper) zusammenhält. Hier spüren wir (Selbst-)Liebe, Bewusstsein, Verbundenheit und die Unendlichkeit des Seins. Das Selbstzentrum definiert, wer wir sind, wie wir uns verhalten und nach welchen Grundsätzen wir handeln.

Höchster Ausdruck des Selbstzentrums

Das Selbstzentrum möchte sich selbst erkennen und mit dem eigenen Sein anziehend auf andere Menschen wirken. Es möchte Liebe und die Verbundenheit mit dem großen Ganzen fühlen. Im Selbst wollen wir unsere Richtung finden und anderen Menschen eine Richtung geben. Wir wollen »selbst-bewusst« sein.

Das definierte Selbstzentrum

Als Mensch mit definiertem Selbst weißt du genau, wer du bist und was dich ausmacht. Du strahlst innere Stärke und Stabilität aus und spürst eine gute Verbindung zu dir selbst.

Je weiter du dich von deinem wahren Selbst entfernst, umso stärker empfindest du Gefühle wie Langeweile, Frustration, Angst oder Überforderung und umso weniger magnetisch wird deine Anziehung. Für dich ist es privat und in einem Business wichtig, hundertprozentig nach deinem inneren Kompass zu leben.

Andere Menschen können spüren, wer du bist, sie nehmen dich als starke Persönlichkeit wahr. In all deinem Tun sind deine Werte, dein Selbstbild und deine Liebe sichtbar, denn du bist in diesen Punkten festgelegt.

Lerne, dich so authentisch wie möglich auszudrücken. Mache dir dafür bewusst, welche Werte du hast, wer du wirklich bist (unter all den Masken des Alltags) und in welche Richtung es in deinem Leben gehen soll. Sobald du hier Klarheit empfindest, kannst du das mit deinem Sein, mit dem, was du sagst, schreibst und ausdrückst, in Einklang bringen. Du darfst in all deinen Produkten, Dienstleistungen, Online- und Offline-Auftritten authentisch spürbar sein.

Wenn du dich mit deinem wahren Selbst voll einbringst, wirst du unglaublich anziehend für andere Menschen sein.

Business-Tipp

Authentisch zu sein steht ganz oben auf der Liste für deinen Business-Erfolg. Sprich deine Wahrheit aus und folge deinem inneren Kompass. Erschaffe dich als starke und individuelle Marke.

Authentische Ausstrahlung

- Du bist dir deiner Identität, deiner Eigenschaften, Werte und deiner Richtung voll bewusst. Dieses Selbstbewusstsein strahlst du auch aus.
- Du hast feststehende Werte und Visionen.
- Du bist der Fels in der Brandung.
- Du bist ein Vorbild für diejenigen, die auch nach ihrer Identität suchen.

Der Schattenmodus

Wird das definierte Selbst in der Übertreibung gelebt, drängt es anderen die eigene Identität auf. Es fordert von anderen Menschen, genau das Gleiche zu tun und genauso wie es selbst zu werden. Ein definiertes Selbst kann sehr dominant agieren und keine anderen Ansichten und Werte zulassen.

Menschen, die ihre Selbst-Energie unterdrücken, meiden enge Beziehungen, aus Angst, sich selbst nicht mehr spüren zu können, sich im anderen zu verlieren.

Affirmation

Ich bin, wie ich bin und drücke mich in allem aus, was ich tue. Ich bin einzigartig und feiere mich als das Wunder, das ich bin.

EIN BEISPIEL AUS DEM COACHING

Carina ist Coach und Influencerin auf Instagram. Sie hat einige Tausend Follower und Fans, aber leben kann sie von ihrem Business nicht. Da sie das ändern möchte, kommt sie zu mir ins Human-Design-Mentoring.

Ich habe mir ihren Auftritt bei Instagram schon vor unserer Session angeschaut und natürlich auch die Chart genau betrachtet. Ihr Außenauftritt entspricht einer Generatorin 2/4, die allen gefallen will: schön klingende Zitate, verschnörkelte Schriften und alles in Pastellfarben. Das Ganze sieht so aus, wie 90 Prozent der Accounts von Frauen, die Persönlichkeitsentwicklung anbieten, eben aussehen … so wie »man« es halt macht. Carina ist allerdings Projektorin 5/1 mit Selbstautorität und ganz viele Aspekte in ihrer Chart haben eine völlig andere Energie als das, was sie auf Instagram zeigt. Wir sprechen intensiv über die Energie in ihrer Chart und Carina kann all diese Aspekte bestätigen, sie ist sehr berührt und fühlt sich komplett in ihrem Wesen erkannt.

Gemeinsam erarbeiten wir, dass sie sich auf Instagram bisher so dargestellt hat, wie sie glaubte, dass es richtig ist, um erfolgreich zu sein, aber nicht so, wie es ihr tatsächlich entspricht. Für Menschen, die einigermaßen bei sich sind, ist es spürbar, ob die Energie eines Accounts stimmig ist oder nicht. Carina hatte bis jetzt kaum Kunden angezogen, weil sie mit ihrem Business nicht sich selbst verkörpert, sondern einfach eine Vorlage kopiert hat.

Durch die Arbeit mit Human Design versteht sie jetzt viel besser, welche Energie sie ausstrahlen will und auch, wie sie es anstellt, viel tiefer, kantiger, direkter und richtungsweisender wahrgenommen zu werden. Ihr Design wird dunkler, die Schrift klarer, die Fotomotive weniger beliebig. Carina strahlt jetzt endlich ihre eigene Energie aus, und das werden die richtigen Menschen spüren und genau bei ihr buchen.

Das offene Selbstzentrum

Mit einem offenen Selbstzentrum bist du flexibel, facettenreich und anpassungsfähig. Dein offenes Selbst ermöglicht dir, dich in andere Menschen hineinzuversetzen und intuitiv zu wissen, wer diese Menschen sind und was sie wirklich wollen.

Du hast die Fähigkeit, die Identität, die Liebe und den Weg anderer Menschen nachzuempfinden und dich damit zu identifizieren. Wenn du dich mit den richtigen Menschen verbindest, kannst du das für deine Entwicklung und für gute Energie in deinem Leben nutzen. Hier liegt der größte Erfolgs- und Glücksfaktor für dich verborgen. Das Umfeld, mit dem du dich umgibst, die Menschen, die Orte, all das entscheidet, wer du bist.

Daher ist es enorm wichtig für dich, wählerisch zu sein, mit wem du deine Zeit verbringst und wo. Was haben diese Menschen für Werte, Ziele und Visionen? Bist du überwiegend mit Menschen in Kontakt, die wenig erfolgreich, wenig selbstbewusst und eher unglücklich sind? Dann weißt du jetzt genau, in welche Richtung sich dein Leben entwickeln wird. Bist du dagegen an wunderschönen Orten, die deine Energie heben, und mit Menschen zusammen, die erfolgreich, glücklich und voller Visionen sind, dann wird das auch zu deinem Normalzustand.

Du darfst unbedingt aufhören, es allen recht machen zu wollen und dich wie ein Chamäleon anderen Menschen anzupassen, nur damit sie dich mögen. Besser wäre es, dir sehr bewusst die Menschen auszusuchen, die so sind, wie du sein willst.

Wenn du dein Leben ändern willst, schaffst du das am besten durch eine Veränderung in deinem Umfeld. Neue Wohnung, neue Stadt, neue Beziehung, neuer Freundeskreis, neues Arbeitsumfeld oder einfach nur eine neue Mastermind für dein Business. Wechselst du dein Umfeld, verändert sich die Energie in deinem Leben ganz automatisch.

Du brauchst in deinem Business nicht immer auf dieselbe Art

nach außen aufzutreten und musst dich auch nicht festlegen, welche Facetten du von dir zeigen willst. Reflektiere nur ab und an, was du zeigst und wie du dich zum Beispiel auf Social Media darstellst – entspricht das der Version, die du einmal werden willst?

Ob du in deiner idealen Energie lebst, erkennst du am besten daran, dass es sich für dich wirklich gut anfühlt. Es fällt dir leicht, deine Richtung zu verändern, nutze also diese Fähigkeit, wenn du bei etwas kein gutes Gefühl hast und erfahre, dass man auf die unterschiedlichsten Arten und Weisen leben, erfolgreich sein und lieben kann. Lerne, dich dem Fluss des Lebens hinzugeben und dich in deine Richtung führen zu lassen. Achte einfach darauf, wann und wo dein Herz aufgeht und du frei atmen kannst.

Sei dir darüber bewusst, dass sich dein Leben häufig so entwickelt, wie die Menschen in deinem Umfeld, die ein definiertes Selbstzentrum haben, es vorgeben. Achte darauf, nicht einfach blind die Identität von anderen zu übernehmen, um ins Bild zu passen. Sprenge das Bild lieber häufiger, damit sich dein Leben für dich richtig gut und stimmig anfühlt.

Business-Tipp

Lebe deinen Facettenreichtum und zeige dich von unterschiedlichsten Seiten. Achte auf dein Umfeld – privat und im Business entscheiden die Menschen, mit denen du Zeit verbringst, wer du bist!

Der Schattenmodus

Menschen mit offenem Selbstzentrum sind so sehr auf der Suche danach, wer sie sind, dass sie an viele Menschen andocken und sich mit ihnen verbinden, einfach um Liebe und Selbstbewusstsein zu spüren. Sie denken, dass sie die eine bestimmte Liebe und Richtung finden müssen, die dann für immer bleibt. Auf dieser Suche harren sie auch in Situationen aus, die ihnen nicht guttun.

Affirmation

Ich begreife mich wandelbar und einzigartig, je nachdem, mit wem ich zusammen bin und wo ich mich befinde. Ich suche mir Orte, Umgebung und Menschen danach aus, was sich für mich richtig anfühlt. Ich nutze meine Kraft, andere Menschen zu spüren, nicht, um mich mit ihnen zu identifizieren, sondern um bei mir zu bleiben und es ihnen zu spiegeln.

EIN BEISPIEL AUS DEM COACHING

Nadja ist digitale Nomadin und immer in unterschiedlichen Ländern auf der Welt unterwegs. Überall trifft sie neue Menschen, baut Freundschaften auf und fängt dann wieder an einem anderen Ort von vorne an. Sie liebt ihr unabhängiges und freies Leben, es gestaltet sich jeden Tag anders, und genau das gefällt ihr sehr.

Seit einigen Monaten beobachtet sie, dass ihr Einkommen und ihre Produktivität sehr stark schwanken, je nachdem, wo sie ist und mit wem sie sich umgibt. Man könnte fast sagen, sie passt sich von ihrer Energie und der Höhe des Einkommens immer den Menschen an, mit denen sie die meiste Zeit verbringt.

Ganz besonders war ihr das vor zwei Monaten aufgefallen, als sie mal wieder mehrere Wochen mit ihrem Kumpel Nico und seinen Freunden verbracht hatte. Alle in dieser Runde sind Einkommensmillionäre, genießen ihr Leben, denken groß und sind voller Motivation, die Welt zu verändern. In dieser Zeit hatten sich bei ihr ebenfalls super Projekte entwickelt, die jetzt an einem anderen Ort und mit anderen Menschen einfach nicht gelingen wollen. Da sie alleine reist, möchte sie unabhängig bleiben und sucht einen Weg, trotzdem erfolgreich sein zu können.

Im Mentoring bekommt sie den Tipp von mir, dass sie mit den Menschen, die so sind, wie sie sein will, nicht unbedingt ständig in physischem Kontakt stehen muss. Natürlich macht es das einfacher, aber es funktioniert auch anders.

Nadja entwickelt also eine neue Mastermind, hört regelmäßig Podcasts von Menschen, die sich da befinden, wo sie hinwill, und achtet bei der Auswahl ihres Reiseziels und der Unterkünfte darauf, dass auch die physische Umgebung energetisch passt. So erreicht sie in Zukunft ihre Ziele mit viel mehr Leichtigkeit und einem spielerischen Gefühl.

Die Tore des Selbstzentrums

Dieses Zentrum besteht aus je vier Toren der Richtung und der Liebe. Die Tore der Richtung helfen dir zu erkennen, was du brauchst, um Stabilität und Ausrichtung in deinem Leben zu erfahren. Die Tore der Liebe beschreiben dir, wie du liebst und das Gefühl von Liebe am besten in dir stärken kannst.

7 Zusammenarbeit

Du vereinst Menschen für eine starke Idee und Vision. Du hast die Fähigkeit Teams zu bilden, die Zusammenarbeit zu fördern und beeinflusst den Verlauf eines Projekts durch deine Persönlichkeit – du bist ein natürlicher Leader.

Du gibst den Kurs vor, da du Weitblick hast, du besitzt Einfluss, weil du ein Vorbild bist.

1 Bestimmung

Mache dich selbst zum Hauptdarsteller deines Lebens. Arbeite mit dem kraftvollen Satz »Ich bin …«, erkenne dein authentisches Selbst und verbinde dich tief mit deiner Bestimmung.

Sei präsent im Hier und Jetzt mit all deiner Kreativität.

13 Erzählung

Wenn du etwas erzählst, bestärkst du andere Menschen, denn du drückst dabei Selbstliebe, deine Werte und dein authentisches Selbst aus. Lass alte Geschichten los, in denen du dich selbst als Opfer siehst, und höre anderen Menschen wirklich zu.

Du gibst Menschen eine Richtung, denn du hörst genau zu, was andere erzählen, verpackst die Erfahrungen und Lösungen aus den Geschichten in neue Erzählungen und machst die Weisheiten auf diese Weise auch anderen zugänglich.

2 Öffnung für den Flow

Du bist wertvoll, einfach so, wie du bist. Erlaube dir, zu empfangen und dich verletzlich zu zeigen. Öffne dich für den Fluss des Lebens, für Unterstützung, Liebe und Reichtum.

Du bist die Richtung und die Vision. Tu alles dafür, um im Fluss des Lebens zu sein.

25 Göttliche Ordnung

Du folgst deinem individuellen Lebensplan. Vertraue dem Universum und der göttlichen Ordnung in allen Bereichen deines Lebens. Dich mit der Quelle zu verbinden, ist dein Weg für Wohlbefinden und Reichtum in deinem Leben.

Du bist universelle Liebe, bewahre deine Unschuld.

46 Verkörperung

Dein Körper ist der Tempel deiner Seele. Liebe ihn und lerne, präsent in ihm zu sein. Wenn du deine Sinne schulst und deinen Körper achtsam behandelst, weckst du deine Lebensenergie.

Du liebst den menschlichen Körper und welche Wunder er vollbringt. Aussehen und Ästhetik sind dir wichtig. Außerdem besitzt du die Entschlossenheit, etwas zu Ende zu bringen und nicht zu früh aufzugeben.

15 Mitgefühl
Teile von Herzen deine Zeit, deine Aufmerksamkeit und deine Liebe, auch wenn du vielleicht Sorge hast, selbst nicht genug zu haben. Gib dabei dein eigenes Herz nicht auf und erlaube dir, in deinem eigenen Rhythmus und Flow zu sein.

Du liebst die Menschen, egal, was sie tun, und wie sie sich ausdrücken. Du liebst ihre Unterschiedlichkeit.

10 Selbstliebe
Übernimm Verantwortung für jeden Bereich deines Lebens und hör damit auf, anderen die Schuld und damit die Macht zu geben. Lerne, dich selbst zu lieben. Selbstliebe ist die Quelle deiner kreativen Kraft und deiner Anziehung.

Dich selbst zu lieben und dich mit all deinen Facetten zu akzeptieren erhöht dein Strahlen und deine Anziehungskraft. Liebe es, du selbst zu sein und verstärke diese Liebe von Tag zu Tag mehr.

BUCH-BONUS:
Nimm dir gleich jetzt die Zeit und notiere dir die Energie zu deinem Selbstzentrum in deiner Buch-Bonus-Vorlage. So hast du alles auf einen Blick und kannst viel besser in die tägliche Umsetzung kommen: **hd-buch.com/bonus**

KEHLZENTRUM

Bei ca. 71 Prozent der Menschen definiert
und bei 29 Prozent offen

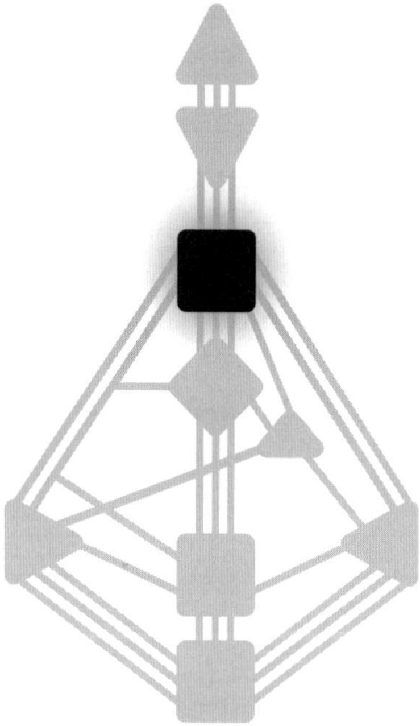

Funktion des Kehlzentrums

Das Kehlzentrum manifestiert und drückt sich aus durch Sprache und Handlung. Hier sitzen unsere Fähigkeiten zur Kommunikation – Sprache, Gestik, Mimik, aber auch Kreativität. Alle Zentren streben nach Ausdruck durch die Kehle, denn hier wird Energie in Materie umgewandelt. Die Lebenskraft, die Emotionen, die Intuition, die Gedanken, alles möchte gelebt und gehört werden. Das Kehlzentrum macht die eigene Energie im Austausch sichtbar, spürbar und hörbar.

Höchster Ausdruck des Kehlzentrums

Das Kehlzentrum möchte eine Wirkung in dieser Welt entfalten und etwas Bleibendes hinterlassen. Über dieses Zentrum möchten wir gesehen, gehört, wahrgenommen und anerkannt werden. Es geht darum, Aufmerksamkeit zu bekommen und Aufmerksamkeit zu schenken, aber auch darum, mit der eigenen Energie Einfluss auf die Welt zu nehmen. Die Kehle macht deine Innenwelt im Außen sichtbar.

Das definierte Kehlzentrum

Mit einem definierten Kehlzentrum hast du eine ganz bestimmte Art zu sprechen und zu handeln, die dir einen Wiedererkennungswert gibt. Du möchtest deiner Wahrheit Ausdruck verleihen.

Du hast die Begabung, jederzeit sprechen und handeln zu können, egal, vor wem und in welcher Situation. Die richtigen Worte und Handlungsabläufe fallen dir intuitiv ein. Dementsprechend bist du auch ein ausgezeichneter Vortragsredner, kannst aus dem Stegreif Interviews geben oder auf Instagram live gehen, selbst, wenn du nicht darauf vorbereitet bist.

Du liebst es, produktiv zu sein und die Dinge zu optimieren, besonders um noch mehr Informationen nach außen zu geben und mit der Welt zu teilen. Achte darauf, dass du in deiner Balance bleibst und in manchen Situationen einfach mal schweigst oder das Nichtstun genießt.

Worte sind kraftvoll, und wahrscheinlich hast du auch schon einmal erlebt, dass du damit andere Menschen verletzt oder verärgert hast und deine Kreativität missverstanden wurde. Bleibe trotzdem in deinen Ausdrucksfähigkeiten. Du wirst es nie allen recht machen, mit deiner definierten Kehle bist du aber hier, um dich auszudrücken und Energie in Bewegung zu setzen.

Business-Tipp

Nutze deine Möglichkeiten, deiner Energie und deiner Wahrheit Ausdruck zu verleihen. Bleibe dabei aber immer mit deiner Autorität verbunden, und achte auf den richtigen Zeitpunkt, um das zu erreichen, was du dir wirklich wünschst.

Authentische Ausstrahlung

- Du bist voller Kreativität und kraftvollem Ausdruck.
- Du besitzt Manifestationskraft.
- Du hast einen glasklaren Ausdruck und Stimmgewalt.
- Du bist fähig, auch anderen eine Stimme zu verleihen und ihnen beim Finden ihres authentischen Ausdrucks zu helfen.

Der Schattenmodus

Wird die Energie des Kehlzentrums übertrieben, sprichst und handelst du auch dann, wenn es absolut nicht angebracht ist, willst du andere verbal dominieren und unbedingt den Rahmen bestimmen, in dem kommuniziert wird.

In der unterdrückten Energie trauen sich Menschen mit definiertem Kehlzentrum gar nicht mehr, etwas Entscheidendes zu sagen oder das, was getan werden sollte, auch wirklich in die Hand zu nehmen, aus Angst einen Fehler zu machen. Häufig passiert es auch, dass sie etwas beginnen, es aber nicht zu Ende bringen, weil sie die eigene Strategie und Autorität nicht beachtet haben und nun die benötigte Energie fehlt.

Affirmation

Ich übernehme Verantwortung für meine Worte und Taten und mache mir meine wahre Intention bewusst. Ich erlaube auch anderen, sich auszudrücken und lade sie aktiv zu einem Austausch auf Augenhöhe ein.

EIN BEISPIEL AUS DEM COACHING

Jan versteht die Welt nicht mehr, als er den Text über das definierte Kehlzentrum liest. Seine Kehle ist als Manifestierender Generator 5/2 auch definiert, doch er kann sich in der Beschreibung überhaupt nicht wiederfinden. Schon seit er denken kann, fällt es ihm schwer, auch nur vor kleinen Gruppen zu sprechen, und ganz oft hat er keine Ahnung, was er tun soll, um sich und seiner Energie Ausdruck zu verleihen.

Seine letzte Beförderung ist genau an dieser Schwäche gescheitert, denn frei zu sprechen und Meetings zu leiten, wird selbstverständlich von ihm erwartet. Genau mit diesem Thema kommt er ins Human-Design-Mentoring. Er hat den Kanal 34–20 definiert und ist damit ein Manifestierender Generator mit einer direkten Verbindung vom Sakralzentrum zur Kehle. In diesem Kanal geht es darum, die eigene Lebenskraft auszudrücken und dabei im Hier und Jetzt präsent zu sein.

Das erinnert Jan an früher, als er noch Fußball gespielt hat. Auf dem Feld war von seiner Aufregung nichts zu spüren, dort konnte er sprechen, schreien und tun, was auch immer gerade nötig war. Wir reisen nun eine Runde durch sein Leben und Jan erinnert sich an gleich mehrere Situationen, in denen er in der Familie und in der Schule dafür bestraft wurde, seine Wahrheit auszusprechen und zu leben.

Auch in seinem jetzigen Job erinnert ihn die Situation oft an früher, es ärgert ihn, aber er bekommt dann einfach nicht die richtigen Worte heraus.

Im weiteren Gespräch stellen wir außerdem fest, dass sein aktueller Job und die Firma, in der er angestellt ist, überhaupt nicht seinen Werten entsprechen und er keinen Spaß hat, an dem, was er macht. Ich erkläre ihm, dass er etwas finden darf – und wenn es auch erst mal ein Hobby wie Fußball ist –, wo er sich ganz befreit ausdrücken kann und wieder lernt, die Energie seines Kehlzentrums im Sinne seiner Lebenskraft und Wahrheit einzusetzen. Erst im zweiten Schritt ist es dann möglich, auch in einem professionellen Umfeld in seinen Ausdruck zu finden – entweder im aktuellen Job oder, noch besser, bei einer Beschäftigung in einem Bereich, der ihm richtig Freude bereitet.

Schon während der Session ist Jan gefühlt um mehrere Zentimeter gewachsen und richtig klar in seinem Ausdruck. Ich bin mir sicher, dass er mit dem neuen Bewusstsein seinen Weg gehen und sein Kehlzentrum wieder in die volle Kraft bringen wird.

Das offene Kehlzentrum

Wenn du ein offenes Kehlzentrum hast, kannst du auf ganz unterschiedliche Arten kommunizieren und sprichst mit unterschiedlichen Menschen auf ganz verschiedene Weise. Deine Kommunikation wird eingefärbt von der Umgebung, in der du dich befindest, und den Menschen, die in deiner Nähe sind.

Mit Stille und Schweigen fühlst du dich entweder wohl oder es löst im Gegenteil eine riesige Unruhe in dir aus. Warte am besten darauf, dass du zum Sprechen aufgefordert und gefragt wirst, dann fließt die Energie korrekt, und deine Worte kommen bei deinem Gegenüber richtig an.

Du sprichst die Wahrheit der anderen aus. Übe, dich bewusst mit den Menschen um dich herum zu verbinden, wenn du eine Rede hältst, zum Beispiel mit dem Publikum. So sagst du genau das, was die Menschen gerade brauchen, manchmal sogar Dinge, von denen du keine Ahnung hast, woher du sie eigentlich weißt.

Es hilft dir sehr, dich auf einen Vortrag gut vorzubereiten, ob du die Notizen dann brauchst, ist eine andere Sache, aber so bist du ruhig, entspannt und hast deinen Rettungsanker. Im Business solltest du immer dann in Kommunikation gehen, wenn du die Energie dafür verspürst. Vielleicht kann es für dich gut funktionieren, Postings vorzubereiten, Newsletter oder Berichte vorzuschreiben und auf diese Weise die gerade vorhandene Energie des Ausdrucks zu nutzen, anstatt dich an anderen Tagen zu quälen.

Das offene Kehlzentrum sorgt außerdem dafür, dass du einen Hang zum Perfektionismus hast. Du hast das Gefühl, nicht loslegen zu können, bevor du nicht perfekt bist oder dein Projekt alle wichtigen Kriterien erfüllt. Lerne zu starten, wenn es an der Zeit ist, denn perfekt wird es ohnehin nie.

Mit deiner offenen Kehle kannst du sehr gut zuhören und besitzt ein hohes Maß an Diplomatie. Außerdem bist du flexibel und anpassungsfähig und hast die Begabung, dich so auszudrücken, wie es zu deiner Umgebung passt. Du kannst beispielsweise dein Thema vor einer Grundschulklasse ganz anders erklären, als auf einer Betriebsversammlung von Erwachsenen. Jeder versteht dich, wenn Zeitpunkt und Nachfrage im Vorhinein gepasst haben.

Business-Tipp

Nutze deine Kommunikationsenergie genau dann, wenn sie da ist und vertraue darauf, dass wenn du gefragt wirst, automatisch die richtigen Dinge aus dir heraussprudeln. Befreie dich von deinem Perfektionismus, der richtige Zeitpunkt ist immer jetzt.

Der Schattenmodus

Menschen mit offenem Kehlzentrum sprechen häufig zu viel und ohne dass sie dazu aufgefordert wurden, einfach um Aufmerksamkeit zu bekommen. Sie drücken sich dann unpassend aus und werden von ihrem Umfeld nicht anerkannt, was ihren Wunsch noch verstärkt und sie meist noch lauter plappern lässt.

Auf der anderen Seite kann es sein, dass jemand mit offenem Kehlzentrum zu häufig schweigt, auch wenn es gerade der richtige Moment für eine Ansage oder einen Einwand wäre. Diese

Menschen bereiten sich angestrengt auf alles vor und versuchen jede Eventualität zu berücksichtigen, anstatt sich von der Energie der Umgebung tragen zu lassen.

Affirmation

Ich werde besonders gehört und anerkannt, wenn ich auf die Einladung warte. Ich spreche nur mit den Menschen, die meine Worte und meine Wahrheit wertschätzen.

EIN BEISPIEL AUS DEM COACHING

Silke ist eine richtige Plappertante, im Büro eilt ihr dieser Ruf voraus, und jeder weiß, wenn sie erst einmal angefangen hat zu reden, dann ist sie so leicht nicht mehr zu stoppen. Eine Kollegin erzählt ihr von Human Design und in der ersten halben Stunde ihres Readings komme ich kaum dazu, ihr die Energie zu erklären, weil sie ständig Geschichten erzählen muss und ihre eigene Version beisteuern will.

Ich habe dann das Kehlzentrum, das eigentlich ziemlich zum Schluss meines Readings gekommen wäre, vorgezogen und sie genau auf diese Energie hingewiesen. Silke ist sofort ruhig geworden und im ersten Moment dachte ich, sie sei verärgert. Doch dann kullerten Tränen der Erleichterung über ihre Wangen. Ich habe sie daraufhin bewusst aufgefordert, darüber zu reden, was in ihr vorgeht, und sie hat es so beschrieben: »Mein Leben lang hatte ich das Gefühl, niemand hört mir zu, also habe ich angefangen, einfach mehr und lauter zu reden, um endlich beachtet zu werden, dabei wäre das Gegenteil so einfach und die Lösung gewesen.«

Wir haben dann verschiedene Strategien für unterschiedliche Lebensbereiche erarbeitet, die darauf hinausliefen, dass Silke schweigen, aufmerksam sein und die Energie spüren sollte, bis sie gefragt oder zum Sprechen aufgefordert wird. Ihr Leben und ihre Beziehungen haben sich um 180 Grad verwandelt, und sie ist viel zufriedener und entspannter geworden.

Die Tore des Kehlzentrums

Die Tore der Kehle zeigen dir, auf welche Art du kommunizierst und was für deinen korrekten Ausdruck wichtig ist.

62 Vorbereitung
Du bist gut genug vorbereitet. Vertraue dir und entspanne dich, du weißt genau das Richtige zur richtigen Zeit. Lass nicht zu, dass deine Zweifel dich aus dem jetzigen Moment reißen.

Du kommunizierst Details und Fakten und hast die Tendenz, alles genau zu durchdenken.

23 Assimilation
Du weißt, was als Nächstes passieren darf. Transformation und Veränderung sind unvermeidlich – warte nun auf die richtige Zeit und die richtigen Menschen, um deine Weisheit zu teilen.

Du kommunizierst deine individuelle Sichtweise, achte auf deine Strategie und Autorität.

56 Expansion
Lerne, Geschichten zu teilen, die in anderen Menschen Wachstum und Entwicklung anstoßen. Sprich weniger über negative oder destruktive Dinge – auf diese Weise stimulierst du kraftvolle und emotionale Energie.

Du bist Geschichtenerzähler, glaube an das Gute und kommuniziere dies.

35 Erfahrungen
Entdecke immer wieder neue Dinge und lass dadurch die Energie in dir sprudeln. Hab den Mut, durch deine Erfahrungen zu lernen. Du hast die natürliche Kraft, alles zu meistern.

Du erfährst immer neue Dinge, wenn du aufmerksam bist. Erlaube dir ständig neue Erkenntnisse und teile sie mit der Welt, wenn es sich für dich richtig anfühlt. Damit sorgst du insgesamt für Fortschritt.

12 Kanal zur Quelle

Deine Stimme und deine Worte haben eine direkte Verbindung zum Universum. Du stößt Transformation an. Hab zum richtigen Zeitpunkt den Mut, deine Gefühle und Empfindungen zu teilen. Deine Aura kommuniziert immer, auch wenn du nichts sagst.

Du hast Bewusstheit über das soziale Gefüge und weißt, wie alles funktioniert und in Bewegung gebracht werden kann.

45 Sammler

Du verstehst, wie kraftvoll materieller Reichtum ist und hilfst anderen, ihre Grundlage für Fülle zu schaffen. Du bist eine natürliche Führungsperson und nutzt deinen Reichtum (Erfahrungen, Wissen und Materielles), um dem großen Ganzen zu dienen.

Du bist kraftvoll und führst andere Menschen durch Bildung und Weisheit. Du bist reich und hast viel zu geben.

33 Geschichtenerzähler

Du sammelst Geschichten und reflektierst deren Weisheit und Wert. Warte auf den richtigen Zeitpunkt, um sie anderen Menschen auf eine ermächtigende Art und Weise zu erzählen.

Du teilst wertvolle Erfahrungen, um anderen Menschen Kraft zu geben.

8 Authentizität

Lerne, dich selbst authentisch auszudrücken. Menschen dürfen deinen Wert, deine Verletzlichkeit und dein Herz spüren. Finde deinen Weg, dich selbst auszudrücken, und lass dich auf diesem nicht zurückhalten.

Du drückst dich auf deine einzigartige Weise aus und leistest damit einen wertvollen Beitrag in dieser Welt.

31 Leadership
Du führst, indem du dienst und von Menschen dazu eingeladen wirst. Sie erkennen dich für deine Art von gesundem Leadership an. Deine Angst, nicht gesehen zu werden, darfst du hinter dir lassen.

Du bist einflussreich und führst bewusst und dann, wenn du dazu eingeladen bist.

20 Achtsamkeit
Sei mit allem, was du bist, präsent, achtsam und wachsam. Achte auf deine Intuition und sei bereit zu handeln, wenn die Zeit gekommen ist. Welche Fähigkeiten darfst du noch verbessern, damit sie bereitstehen?

Du bist klar in deinen Handlungen und präsent im Hier und Jetzt.

16 Begeisterung
Du verfeinerst deine Fähigkeiten und Fertigkeiten mit Begeisterung. Lass dich in deine Aktivität hineinfallen. Vertraue deiner Intuition und wisse: Du bist auf jeden Fall bereit für deine Reise und deine Entwicklung.

Du lernst und drückst dich aus, mit allen Details, und experimentierst, bis es richtig gut ist.

BUCH-BONUS:
Nimm dir jetzt gleich die Zeit und notiere dir die Energie zu deinem Kehlzentrum in deiner Buch-Bonus-Vorlage. So hast du alles auf einen Blick und kannst viel besser in die tägliche Umsetzung kommen: **hd-buch.com/bonus**

VERSTANDESZENTRUM

Bei ca. 47 Prozent der Menschen definiert
und bei 53 Prozent offen

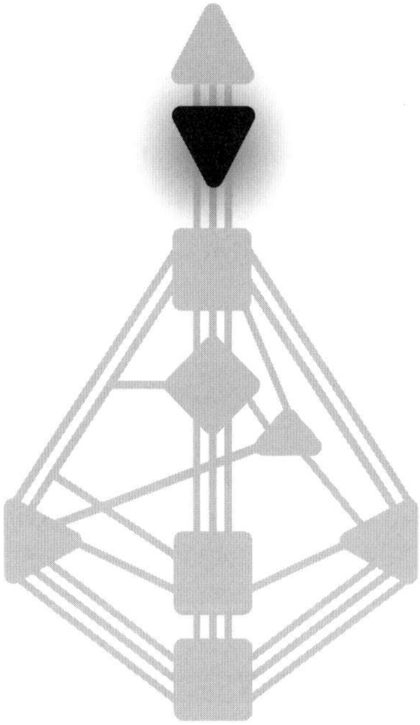

Funktion des Verstandeszentrums

Das Verstandeszentrum ist ein Bewusstseinszentrum, hier geht es ums Denken, Verstehen, Erkennen und Reflektieren. Der Verstand unterteilt in Gut und Böse, kreiert Befürchtungen, Sorgen und Ängste. Hier entscheidet sich, wie du die Welt wahrnimmst. Außerdem sorgt dieses Zentrum für dein Überleben, auch dann, wenn dein Körper nicht optimal funktioniert.

Höchster Ausdruck des Verstandeszentrums

Der Verstand wünscht sich mentale Sicherheit, sucht nach sinnvollen Konzepten und Ideen. Er möchte begreifen, wie die Welt funktioniert und möglichst alles sicher wissen. In diesem Zentrum werden Meinungen gebildet und Ansichten diskutiert. Der Verstand möchten schlau sein oder zumindest so wirken und endlich mental Frieden und Ruhe spüren.

Das definierte Verstandeszentrum

Wenn du ein definiertes Verstandeszentrum hast, bist du mental gefestigt und teilst deine Konzepte, Gedanken und Ideen mit anderen Menschen. Du versuchst, Dinge zu verstehen, Wissen anzusammeln und einen Sinn in deinem Leben zu finden.

Dein Gehirn arbeitet wie ein Supercomputer, ist sehr aufnahmefähig und wandelt alle Informationen so um, dass du sie mit deinem System verarbeiten kannst. Du bleibst bei deiner festgelegten Art zu denken und liebst es, klare Konzepte und Strukturen vorzufinden.

Mit Routinen, festen Abläufen und Workflows sorgst du dafür, dass Hirnkapazität eingespart wird und du viel effizienter arbeiten und lernen kannst. Setze deinen Verstand ruhig für deine Arbeit ein, aber nicht, wenn es darum geht, Entscheidungen zu treffen – das darfst du aus deiner Körperweisheit und Intuition heraus tun.

Je mehr du über unsinnige Sachen nachdenkst oder dir sogar Sorgen machst, umso voller wird dein Arbeitsspeicher. Sorge regelmäßig für eine Leere im Kopf, indem du Sport machst, meditierst oder auf andere Weise das Gedankenkarussell zum Stillstand bringst.

Mit einem definierten Verstand bist du eher skeptisch gegenüber neuen Systemen und magst es, wenn es schon Beweise dafür oder Studien darüber gibt, damit du es leichter in dein System aufnehmen kannst und nicht so viel selbst recherchieren und verifizieren musst. Du magst feststehende Konzepte und hast genau im Kopf, wie eine Zusammenarbeit oder eine Familienstruktur optimalerweise funktionieren sollte.

Business-Tipp

Sorge regelmäßig für einen klaren und freien Geist, damit du deinen Verstand effizient einsetzen und logisch und klar denken kannst.

Authentische Ausstrahlung

- Du besitzt Klarheit und Gradlinigkeit.
- Du strahlst eine Sicherheit aus, die anderen alle Zweifel nimmt.
- Du bist strukturiert und verlässlich, handelst und denkst immer auf die gleiche Art und Weise.
- Du bist konservativ, bleibst stabil in deinem Weltbild und bist in den eigenen Ansichten gefestigt.

Der Schattenmodus

Im Schatten beharren Menschen mit definiertem Verstandeszentrum sehr stur auf bestehenden Konzepten und Weltbildern und möchten nichts von neuen Informationen bzw. Fakten wissen, die nicht zu ihrem Weltbild passen. Es besteht eine hohe Tendenz, Entscheidungen mit dem Verstand zu treffen und dem Denken zu viel Bedeutung beizumessen. So wird versucht, jedes Problem mit dem Verstand zu lösen.

In der Unterdrückung der Energie teilst du die eigenen Ideen, Konzepte und Erkenntnisse nicht, aus Angst, nicht verstanden und abgelehnt zu werden.

Affirmation

Ich habe freundliche Gedanken und denke grenzenlos weit. Ich weiß, dass es unterschiedliche Sichtweisen gibt und bin offen für Neues.

EIN BEISPIEL AUS DER PRAXIS

Yasmin ist Manifestorin mit einer emotionalen Autorität und einem definierten Verstandeszentrum. Sie ist Anfang zwanzig und sehr selbstbewusst. In den letzten Jahren hat sie sich viel mit dem Thema Persönlichkeitsentwicklung auseinandergesetzt und ihr Weltbild hat sich ordentlich erweitert. Nun hat sie das Gefühl, alles zu wissen und gut auf ihre berufliche Zukunft vorbereitet zu sein. Es ist, als würde der Rahmen existieren und jetzt bräuchte sie nur noch das Bild darin zu malen.

Heute ist sie bei Freunden zu Besuch, das Gespräch nimmt die erste spannende Wendung, als sie hört, dass die beiden im Network-Marketing arbeiten. Davon hat sie schon mal gehört, allerdings nichts Gutes. Automatisch verschränken sich ihre Arme und sie sagt: »Das ist nichts für mich«. Ihr definierter Verstand ist sich sicher und möchte am liebsten auch nichts mehr dazu hören. Die beiden Freunde erzählen trotzdem noch ein bisschen weiter, und wider Erwarten wird sie neugierig und beginnt Fragen zu stellen. Eigentlich klingt das Ganze ja doch ganz spannend ...

Im Laufe des Abends wechseln sie noch mehrmals das Thema, und Yasmin fährt ziemlich spät nach Hause. Am nächsten Morgen geht ihr dieses Business-Modell nicht mehr aus dem Kopf, ihre emotionale Autorität hat darüber geschlafen, und heute fühlt es sich schon recht normal an, sie ist sogar ziemlich davon angetan. Später am Tag bittet sie ihre Freunde um ein kurzes Telefonat und liest am Abend noch ein Buch zum Thema. Nach zwei weiteren Tagen ist sie Feuer und Flamme und steigt mit in dieses spannende Geschäftsmodell ein.

Schon eine Woche später spricht sie über Network-Marketing, als hätte sie nie etwas anderes darüber gedacht.

Ihr definierter Verstand hatte das neue Thema erst abgeblockt, weil es nicht in Yasmins Weltbild passte und natürlich auch Veränderung bedeuten konnte. Nachdem sie jedoch genügend Zeit gehabt hatte, das Ganze sacken zu lassen und die Informationen zu verifizieren, kam das Thema dann voll und ganz bei ihr an und gehört nun wie selbstverständlich zu ihrem Leben.

Das offene Verstandeszentrum

Als Mensch mit einem offenen Verstand gibt es bei dir keine festgelegten Konzepte und Gedankenmuster. Dein Denken ist anpassungsfähig und wird von Konzepten, Ideen, Umgebungen und Menschen angeregt. Somit kannst du auch nicht verstehen, wenn jemand mental festgefahren ist und immer nur in den ewig gleichen Bahnen denkt.

Mit deinem offenen Verstand nimmst du die Gedanken und Konzepte von anderen Menschen auf und spiegelst sie ihnen. Identifiziere dich aber nicht mit ihnen, sondern erhalte dir deine mentale Flexibilität. Auch wenn Konzepte logisch klingen, achte auf deine Autorität, bevor du sie dir zu eigen machst.

Wenn du noch dazu eine definierte Kehle hast, kannst du sehr gut erklären (und auch auf sehr unterschiedliche Weise, je nachdem, wen du vor dir hast) und die Quintessenz komplexer Zusammenhänge wiedergeben.

Lass dich in deinem Leben von den unterschiedlichsten Menschen und Denkweisen inspirieren und berühren. Hör dir viele Sichtweisen und Meinungen an, achte auf die Weisheit deiner Autorität und entscheide aus ihrer Energie heraus, nicht aus einem Sicherheitsbedürfnis deines Verstandes.

Business-Tipp
Hab Vertrauen in den Fluss des Lebens, verschwende deine Energie nicht damit, krampfhaft alles wissen und verstehen zu wollen, sondern vertraue darauf, dass du das, was für dich wichtig ist, behältst. Sei dir immer wieder bewusst, dass du Konzepte und Gedanken spiegelst und dass es nicht deine eigenen sind.

Der Schattenmodus
Menschen mit offenem Verstandeszentrum sind in der Übertreibung fanatisch mit Konzepten und Ideen identifiziert, halten an ihnen fest und verteidigen sie vehement.

In der Unterdrückung machen sie sich permanent Sorgen und fühlen sich mental unsicher. Sie haben Angst, nicht intelligent zu sein, sehnen sich sehr nach Sicherheit und würden am liebsten noch auf alles eine Garantie bekommen.

Affirmation
Ich bin weise, ich kann unterschiedliche Sichtweisen erkennen und verstehen, und darf mit ihnen fließen. Ich schreibe mir das auf, an was ich mich erinnern will, und kann mein Sicherheitsbedürfnis loslassen.

EIN BEISPIEL AUS DER PRAXIS

Tobias ist Projektor und hat ein offenes Verstandeszentrum, bei seiner Freundin Linda ist es hingegen definiert. Tobias liebt es, Neues zu erfahren und sich in neue Konzepte einzudenken. Er hat das Human-Design-System in ihre Beziehung gebracht und viele weitere spannende Dinge, die Linda meist erst skeptisch beäugt, dann aber schließlich mit ihrer vollen sakralen Begeisterung angenommen hat.

Seit zwei Wochen läuft es aber nicht mehr rund zwischen ihnen. Alles hat damit angefangen, dass Tobias eine Serie auf YouTube entdeckt hat, bei der das gängige Weltbild infrage gestellt wird. Es wird davon gesprochen, dass die Menschheit erst seit wenigen Jahrzehnten auf diesem Planeten lebt, freie Energie zur Verfügung steht und die Erde eigentlich flach ist. Linda ist sich sicher, noch nie so einen Scheiß gehört zu haben. Sie kann es nicht fassen, dass Tobias immer wieder mit diesem Thema um die Ecke kommt und wirklich die Möglichkeit erwägt, dass unsere Welt ganz anders ist, als es scheint.

Die beiden sind es nicht gewohnt, uneins bei einem Thema zu sein und zweifeln ihre Beziehung an. Linda ist diejenige, die sich dann noch einmal die Unterlagen von ihrem gemeinsamen Human-Design-Reading anschaut und den Unterschied in der Funktionsweise ihres Verstandes entdeckt.

Tobias ist demnach offen, liebt es, Neues zu lernen, und es passiert ihm schnell, dass er sich mit Konzepten identifiziert und sie für sich als gegeben hinnimmt. Linda dagegen hat ein festgelegtes Weltbild, sie braucht eine Weile, um mit ihrer Autorität etwas Neues anzunehmen oder auch endgültig abzulehnen, wenn es sich auch auf längere Zeit nicht stimmig anfühlt.

Schließlich kommen die beiden in einem ruhigen Gespräch auf den Nenner, dass es okay ist, dass Tobias sich für diese neue Ansicht begeistert und Linda nicht. Sie beschließen, trotzdem glücklich sein zu dürfen und vereinbaren, dass Tobias dieses Thema besser mit seinem Kumpel bespricht, der dafür offen ist.

Solche Prozesse können natürlich nicht nur in privaten, sondern auch in beruflichen Beziehungen auftauchen und Staub aufwirbeln, etwa wenn ein Business-Partner andauernd neue Konzepte testen will und der andere sich wünscht, einfach mal bei dem zu bleiben, was schon die letzten fünf Jahre funktioniert hat. Beides ist genau dann richtig, wenn es mit der Autorität dieser Menschen zusammenpasst. An dieser Stelle noch einmal die Erinnerung an dich: Dein Verstand trifft keine Entscheidungen!

Die Tore des Verstandeszentrums

Bei den Toren des Verstandes gibt es immer ein Thema, das der Geist besonders gut lösen kann, und eine tief sitzende Angst, die es loszulassen gilt.

47 Mindset
Lerne, dein Mindset zu öffnen und Möglichkeiten, anstelle von potenziellen Problemen zu sehen. Lass dich von unterschiedlichen Sichtweisen inspirieren.

Du hast Angst vor Sinnlosigkeit.

Du willst in jedem Chaos den Sinn finden und bist besessen danach, dem Leben Sinn zu geben.

24 Geschenke
Öffne dich für das, was du wirklich verdient hast, und orientiere dich nicht an dem, was dir realistisch erscheint. Finde Fülle in jeder Situation und Erfahrung.

Du hast Angst, ignoriert zu werden.

Du weißt die Antwort spontan durch Eingebungen, hab Vertrauen, dass alles Wichtige von allein zu dir kommt.

4 Möglichkeiten
Dieses Tor hilft dir, Möglichkeiten anstelle von konkreten Antworten zu sehen. Es schenkt dir die nötige Geduld, um zu warten, bis sich diese Möglichkeiten in der physischen Welt manifestieren.

Du hast Angst vor Chaos.

Du kannst sehr gut logische Antworten formulieren.

17 Erwartungen
Teile deine Meinungen und Erwartungen nur, wenn Menschen danach gefragt haben. Erwarte immer, dass alles gut ausgeht.

Du hast Angst, deine eigene Meinung zu vertreten.

Du willst, dass alles auf Fakten beruht, weil Menschen deine Meinung anzweifeln könnten.

43 Einblick

Vertraue deinem inneren Wissen. Du weißt, wann die Zeit reif ist und du die Menschen und ihre Art zu denken verändern kannst. Wenn es soweit ist, schlüpfe in deine Rolle als Sprachrohr der Transformation.

Du hast Angst vor Zurückweisung.

Du besitzt eine einzigartige Perspektive und fürchtest dich davor, dass man dich wegen deiner Ideen für verrückt erklärt, dass sie für andere keinen Sinn ergeben.

11 Ideen und Konzepte

Hab Vertrauen, dass dich die richtigen Ideen zum passenden Zeitpunkt finden, und lerne, dich und deine Ideen wertzuschätzen.

Du hast Angst davor, Verbindungen zu verlieren und keine neuen Einfälle zu bekommen.

Du hast neue Ideen, die du teilen willst.

BUCH-BONUS:

Nimm dir gleich jetzt die Zeit und notiere dir die Energie zu deinem Verstandeszentrum in deiner Buch-Bonus-Vorlage. So hast du alles auf einen Blick und kannst viel besser in die tägliche Umsetzung kommen: **hd-buch.com/bonus**

INSPIRATIONSZENTRUM

Bei ca. 29 Prozent der Menschen definiert
und bei 71 Prozent offen

Funktion des Inspirationszentrums

Das Inspirationszentrum ist ein Druckzentrum, was heißt, es fordert dich auf, Fragen zu stellen, neue Perspektiven zu entdecken sowie Bedeutung und Sinn zu finden. Es hat die Motivation, sichere Konzepte für die Zukunft und immer neues Wissen zu finden.

Höchster Ausdruck des Inspirationszentrums

Der höchste Ausdruck des Inspirationszentrums ist es, einen Sinn zu finden, die Welt zu verstehen, alte Lehren zu deuten, Fragen zu stellen und durchaus auch alles infrage zu stellen. Das Inspirationszentrum möchte über das hinausgehen, was bekannt ist, und auch das Übersinnliche begreifen. Außerdem möchte es endlich den mentalen Druck loswerden und in den Ausdruck über die Kehle kommen.

Das definierte Inspirationszentrum

Wenn du ein definiertes Inspirationszentrum hast, schwirren dir ständig deine eigenen Fragen durch den Kopf, und du hast den inneren Druck, Antworten zu finden. Mental abzuschalten, fällt dir schwer.

Über Verwirrung und Zweifel zu Klarheit zu finden, ist dein natürlicher Prozess, und du nutzt deine Fähigkeiten, andere mit deinen Ideen, Ansichten oder Meinungen zu inspirieren.

Mit einem definierten Inspirationszentrum hast du eine philosophische Ader, die sehr interessiert an den ganz großen »Warum-Fragen« ist. Du hinterfragst die Welt, um sie zu verstehen und etwas in ihr voranzubringen.

Deine Intention im Business ist es, den Horizont von Menschen zu erweitern und mit deinem Content in die Tiefe zu gehen. Du liebst es, ausführlich und über einen längeren Zeitraum zu unterrichten oder mit Menschen in den Prozess zu gehen. Behalte deine hohen Standards bei, und gib dich nicht mit weniger zufrieden.

Mit einem definierten Inspirationszentrum strahlst du Weisheit und Erhabenheit aus. Du hast oft den Überblick mit der Perspektive eines Adlers. Falls dir mal keine neuen Ideen kommen, könnten dir monotone Tätigkeiten helfen, die deinen Verstand ablenken und neue Inspirationen fließen lassen.

Business-Tipp

Hinterfrage tiefer, um die Welt zu verstehen. Teile dein Wissen mit den Menschen, und sorge gleichzeitig für genug Me-Time, in der dich neue Inspirationen erreichen können.

Authentische Ausstrahlung

- Du bist fähig, gute Konzepte zu entwickeln.
- Du bist eine Inspiration für andere Menschen.
- Du bist die reinste Ideenmaschine.

Der Schattenmodus

In der Übertreibung konfrontierst du andere Menschen ständig mit deiner Verwirrung und deinen Zweifeln. Du stehst unter starkem mentalen Druck, der zu Selbstzweifeln, Besorgnis und Depressionen führen kann. Häufig bist du auch zu ungeduldig, gehst zu schnell in Aktion und verpasst dabei wertvolle Inspirationen.

In der Unterdrückung dieser Energie flüchtest du in mentale Konstrukte, versuchst Lösungen und Entscheidungen über deinen Verstand zu finden und agierst aus deinen Ängsten heraus.

Affirmation

Ich bin inspiriert und inspiriere andere. Ich teile meine Ideen, Ansichten und inneren Prozesse und achte dabei auf meine Strategie und Autorität.

EIN BEISPIEL AUS DEM COACHING

Julia ist Manifestierende Generatorin 2/4 und hat eine geniale Idee nach der anderen. Sie liebt es, andere Menschen zu inspirieren und mit ihnen über ihre Ideen diskutieren zu können.

In ihrer kleinen Marketingagentur versucht sie laufend, all ihre neuen Ideen einzubringen und ihr Geschäft ständig neu zu erfinden. Ihr Team findet es großartig, dass es mit Julia nie langweilig wird. Allerdings ist nicht zu übersehen, dass die Agentur kaum Gewinn abwirft und die Mitarbeiter immer wieder um ihren Job bangen müssen. Niemand versteht, woran das liegt, und auch Julia ist ratlos.

Im Coaching erkläre ich ihr, dass es trotz ihrer tausend Ideen wichtig ist, Dinge beizubehalten und manchmal einfach auf der Spur zu bleiben, da ihr kein Kunde auf Dauer bei diesen vielen Veränderungen folgen kann. Wenn jemand eine Marketingagentur sucht, möchte er wissen, wofür sie steht, und zwar für die nächsten Monate und Jahre und nicht nur bis übermorgen. Im Business darf sie sich also durchaus festlegen und dafür innerhalb der Projekte oder im Privatleben die bunte und wilde Seite des Manifestierenden Generators ausleben.

Sie versteht, dass es für ein erfolgreiches Business Kontinuität und Ausdauer braucht. Julia wird klar, dass nicht alle ihre Ideen von ihr selbst umgesetzt werden müssen und dass es für sie elementar wichtig ist, Entscheidungen im Einklang mit ihrer emotionalen Autorität zu treffen. Eine neue Idee fühlt sich in dem Moment einfach immer gut und aufregend an, aber wie ist es zwei bis fünf Tage später?

Gemeinsam schauen wir, welcher Schwerpunkt in ihrer Agentur gerade Sinn macht und ihr richtig viel Spaß bringt, und dann beschließt sie, jede Neuerung erst durch den Prozess mit ihrer emotionalen Autorität zu nehmen, ihre Assistentin soll sie täglich daran erinnern. Außerdem achtet sie ab jetzt noch mehr darauf, welche ihrer Ideen wirklich für sie selbst bestimmt sind, und wann es sinnvoll ist, sie mit den Menschen zu teilen, die sie umsetzen können und zu denen sie hundertprozentig passen.

Das offene Inspirationszentrum

Mit einem offenen Inspirationszentrum lässt du dich gerne auf neue Ansichten und Inspirationen ein. Du hast oft Fragen in deinem Kopf und bist dir bewusst, dass es weder deine eigenen sind, noch dass du Antworten darauf finden musst. Du genießt es, mehr zu wissen und Inspirationen aufzusaugen, ohne dich mit ihnen zu identifizieren. Dabei erkennst du leicht, von wem du wirklich inspiriert bist und wer dich nur verwirrt.

Gute Ideen entstehen in dir, wenn du an inspirierenden Orten oder mit anderen Menschen zusammen bist. Die Impulse in deinem Inspirationszentrum empfängst du von außen.

Du bist ein Spiegel für die Ideen anderer Menschen. Du kannst ihnen helfen, ihre Ideen zu sortieren und in die Tat umzusetzen. Außerdem fällt es dir leicht zu erkennen, welche Ideen relevant sind und welche unwichtig. Du nimmst natürlich auch die Zweifel und Verwirrungen der Menschen um dich herum wahr. Mache dir immer wieder bewusst, dass es nicht deine eigenen sind.

Sei offen für Inspirationen von außen, aber erkenne, wenn du dich mit unwichtigen Themen oder Fragen und Problemen anderer Menschen beschäftigst. Lass diese Gedanken in deinem Kopf bewusst los, denn sie blockieren nur deine Energie.

Business-Tipp

Wechsle öfter deine Umgebung und triff dich mit den verschiedensten Menschen, so bekommst du neue Inspirationen. Sei ein möglichst neutraler Spiegel für die Ideen anderer und hilf, sie in die Umsetzung zu bringen.

Der Schattenmodus

Mit einem undefinierten Inspirationszentrum hast du im Schatten das Bedürfnis, alles ganz genau wissen zu müssen, auch wenn es nichts mit dir zu tun hat. Du übernimmst die Zweifel und Verwirrungen von anderen Menschen und versuchst, Antworten auf Probleme zu finden, die nicht deine eigenen sind.

Auch kann es passieren, dass du versuchst, Entscheidungen ausschließlich aus dem Verstand heraus zu treffen, weil du so sehr im Kopf bist und glaubst, du musst dich mit allem mental auseinandersetzen.

Sei dir bewusst, welche Gedanken und Inspirationen deine eigenen sind und welche von anderen Menschen kommen, damit du nicht deren Energie lebst, sondern deine.

Affirmation

Ich lasse mich gern inspirieren und bin mir bewusst, welche Dinge in meinem Kopf für mich wichtig sind und welche nicht. Ich treffe meine Entscheidungen nach meiner Autorität.

EIN BEISPIEL AUS DEM COACHING

Sandra ist Abteilungsleiterin mit ungefähr 20 Mitarbeitern, die sie betreuen darf. Eigentlich liebt sie ihren Job, denn als Generatorin 1/4 besitzt sie ein tiefes inneres Wissen und genießt die Arbeit mit Menschen.

Im Laufe der Jahre ist ihre Arbeit aber immer anstrengender geworden, an manchen Tagen muss sie sich regelrecht aus dem Bett quälen und fragt sich, warum sie immer weniger Freude empfindet.

Im Mentoring mit ihrer Chart werfen ihre ständige Müdigkeit und die Erschöpfung Fragen auf, denn als sie mir ihre Beziehung und ihren Job beschreibt, ist sie voller Energie und Freude – trotzdem sieht es im Alltag so ganz anders aus.

Als ich ihr ganz zum Schluss erkläre, was es mit dem offenen Inspirationszentrum auf sich hat und dass es sich ständig um die Probleme und Sorgen von anderen Menschen dreht, wenn sie sich, statt sie zu spiegeln, damit identifiziert, geht ihr ein Licht auf.

Zu den meisten ihrer Mitarbeiter hat Sandra mit der Zeit eine enge Beziehung aufgebaut. Sie kennt deren Sorgen und Nöte genau und möchte ihnen allen unglaublich gerne helfen.

Das Problem ist, sie kennt nicht nur die Themen ihrer Mitarbeiter, die sich auf den beruflichen Kontext beziehen und damit auch in ihrem Verantwortungsbereich liegen, sondern auch sehr viele private Sorgen und Ängste. Während ihre Mitarbeiter es genießen, mit ihr über alles reden zu können und ihre Themen bei ihr abzuladen, nimmt Sandra all diese Probleme mit nach Hause und versucht fieberhaft Lösungen zu finden, obwohl sie keines dieser Themen selbst betrifft.

Ich erkläre ihr, dass genau das der Grund sein kann, warum ihr Sakralzentrum so ausgebrannt ist und sie sich so erschöpft fühlt. Sie nutzt ihr offenes Inspirationszentrum im Schatten und lähmt ihre eigene Energie durch die ständigen Gedankenspiralen, die sich um andere drehen.

Sandra bekommt von mir die Aufgabe, klare Grenzen zu setzen. Das heißt, sie darf sich weiter liebevoll um ihre Mitarbeiter kümmern, aber nur noch im beruflichen Kontext. Außerdem empfehle ich ihr, sich gleich nach der Arbeit eine Runde zu bewegen, um aus den Gedanken rauszukommen und ihre Körperenergie ins Fließen zu bringen.

Sandra hat schon in der folgenden Arbeitswoche wieder viel mehr Energie und ist sehr dankbar für die Erkenntnisse, die ihr Human Design gebracht hat.

Die Tore des Inspirationszentrums

Die Tore des Inspirationszentrums zeigen dir die Themen, mit denen sich dein Gehirn gerne beschäftigt, und welchen mentalen Druck du hast.

64 Die göttliche Verbindung

Erlaube dir, zu träumen. Auch wenn du jetzt noch nicht weißt, wie du deine Träume realisierst – vertraue darauf, dass mit der Zeit die nötige Klarheit dafür entsteht.

Du hast den Druck, der Vergangenheit einen Sinn geben und Verwirrung und Chaos auflösen zu müssen.

61 Wunder

Bewahre dir dein Staunen und setze dich nicht unter Druck, alles wissen zu müssen. Sei einfach im Hier und Jetzt präsent.

Du hast den Druck, immer etwas Neues lernen zu müssen. Du liebst mysteriöses und geheimes Wissen.

63 Geheimnis/Neugier

Nutze deine Fragen, um Potenziale und Träume in dir und anderen wachzurütteln. Lass deine Neugierde und deinen Wissensdurst nicht durch Selbstzweifel ausbremsen.

Du empfindest den Druck, einen Sinn erkennen zu wollen und möchtest endlich nicht mehr zweifeln. Du suchst nach Logik und neuen Mustern.

BUCH-BONUS:

Nimm dir gleich jetzt die Zeit und notiere dir die Energie zu deinem Inspirationszentrum in deiner Buch-Bonus-Vorlage. So hast du alles auf einen Blick und kannst viel besser in die tägliche Umsetzung kommen: **hd-buch.com/bonus**

NACHWORT

MEINE HUMAN-DESIGN-ERFOLGSGESCHICHTE

Bevor es auf den letzten Seiten des Buches um dich geht und darum, wie du dieses heilige Wissen für dich anwenden kannst, möchte ich dir von meiner Human-Design-Geschichte erzählen. Um ehrlich zu sein, kommt es mir selbst manchmal wie ein Märchen vor, weil die Selbsterkenntnis, die ich durch das Human-Design-System erfahren habe, wie ein fehlendes Puzzlestück alle meine bis dahin erlernten Skills zusammengefügt und sich ein klares Bild für mein Leben ergeben hat. Lass uns aber mal ein paar Jahre vorher starten.

2016 Jahren war ich Ende zwanzig, verheiratet, angestellte Physiotherapeutin und lebte mit meinem damaligen Mann in einem Reihenhaus in meiner Heimatstadt. Es hätte alles so schön, idyllisch sein und ins Bild einer deutschen Kleinstadt passen können, wenn da nicht in mir dieser Wunsch nach mehr gewesen wäre. Der Wunsch nach Freiheit, danach, auf der ganzen Welt zu leben, viel Geld zu verdienen und mehr Menschen zu Glück, Gesundheit und Erfolg zu verhelfen, als den paar Patienten, die täglich auf meiner Behandlungsbank lagen und die, anstatt ihr Leben zu verändern, lieber die tausendste Nackenmassage genießen wollten, damit morgen alles so bleiben konnte, wie es gestern schon war.

Kurz vor Weihnachten sah ich bei Facebook die Werbung für ein Persönlichkeitsentwicklungsseminar, und da mein damaliger Mann nicht mit wollte, schnappte ich mir meine besten Freundinnen. In dem Seminar »Die Kunst, dein Ding zu machen« tat sich vor mir eine ganz neue Welt auf. Ich bekam dadurch den Mut, für mich und meine Träume loszugehen. Im April 2017 erblickte mein Podcast »Körperkunde« das Licht der Welt. Damals sprach ich über ganzheitliche Gesundheit und lernte, meine Stimme zu nutzen und auch bei Gegenwind zu meiner Meinung zu stehen. In dieser Zeit integrierte ich meine definierte Kehle, die bis dahin der Meinung gewesen war, dass ich nichts zu sagen hätte, was andere interessiert.

Ich ging mutig einen Schritt nach dem anderen. Kündigte mein Angestelltenverhältnis und eröffnete eine Privatpraxis für Physiotherapie und Osteopathie. Nebenbei unterrichtete ich Anatomie an Altenpflegeschulen und abends gab ich Posaunen- und Trompetenunterricht für Kinder und Jugendliche. Für mich waren das wichtige Schritte, um mehr Geld zu verdienen. Gleichzeitig war diese Zeit auch unglaublich hart. Mit locker 60 Stunden Arbeit jede Woche plus mein Onlineprojekt, kam ich regelmäßig an meine körperlichen und emotionalen Grenzen.

An meinem 30. Geburtstag im April 2018 beschloss ich, anstelle einer Feier einen Fallschirmsprung zu machen. Dieser reelle Sprung war der Auslöser für weitere Sprünge, die mein Leben betrafen. Ich war zu diesem Zeitpunkt bereits auf einigen Ebenen gewachsen und spürte nun immer deutlicher, dass ich in meine Ehe und in all die Jobs, die ich machte, nicht mehr hineinpasste.

In den darauffolgenden Monaten trennte ich mich von meinem Mann, zog aus und startete ziemlich zeitgleich im Network-Marketing. Von meinem Mentor und mittlerweile auch Lebenspartner Marco an die Hand genommen, ließ ich Stück für Stück meine Glaubenssätze zum Thema Geldverdienen und harter Arbeit los. Er brachte mir bei, unternehmerisch zu denken, und von da an konnte ich meine kommunikativen, intuitiven Fähigkeiten mit unternehmerischem Fokus und der entsprechenden Strategie zusammenbringen.

Im darauffolgenden Jahr kündigte ich nacheinander meine unterschiedlichsten Jobs, bis ich Ende 2019 auch meine private Praxis abmeldete. Ich konnte nun von meiner Tätigkeit im Network-Marketing in Kombination mit meinem Podcast leben. Ein riesiger Schritt in Richtung Freiheit war getan, und das Jahr 2020 konnte kommen.

Schon zu Beginn dieses Jahres merkte ich meine Erschöpfung sehr. Die Jahre zuvor, in denen ich, wie ich jetzt weiß, nicht nach meinem Human Design gelebt hatte, hatten ihre Spuren hinterlassen. Ich beschloss, mir Pausen und Auszeit zu gönnen. Passenderweise wurden Anfang 2020 auch sämtliche Veranstaltungen, Seminare und Meetings abgesagt, zu denen ich sonst unterwegs gewesen wäre. Und genau in diesem Moment kam Human Design in mein Leben.

Die ersten Videos hatte ich am ersten Abend verschlungen, direkt meine Chart ausgerechnet und mein erstes Buch bestellt. Human Design war Liebe auf den ersten Blick für mich. Ich empfand so viel Dankbarkeit, endlich gesehen zu werden. Ich nutzte jede freie Minute, um mich immer tiefer in dieses System einzuarbeiten und sofort alles umzusetzen, was ich über mich erfuhr. Ich lernte in meinen ersten Ausbildungen und Readings so viel über mich und über die Menschen in meinem Leben, wie noch nie zuvor.

Meine Intuition schrie regelrecht »JA« bei allen Themen, und ich beließ es nicht bei der Theorie: Marco und ich trennten unsere Schlafplätze, und ich richtete mir ein eigenes Projektorinnen-Zimmer ein, in das ich mich zurückziehen und ganz in meiner Energie sein kann.

Ich verstand auch endlich, warum der 0-8-15 Online-Unternehmer-Weg für mich so schwer und steinig gewesen war. Ich hatte das fehlende Puzzlestück gefunden, das meine Fähigkeiten Unternehmerin zu sein, perfekt ergänzte und auf das nächste Level hob.

Ich begann auf Instagram, auf meinem Kanal, auf dem ich vorher nur private Bilder und Gesundheits-Content geteilt hatte, von meinen Erkenntnissen zu berichten und von Human Design zu erzählen. Ab diesem Moment konnte ich mich vor Reading- und Coaching-Anfragen nicht mehr retten. Die ersten Sessions gab ich Menschen aus meiner näheren Umgebung, sie durften zahlen, was sie wollten. Im August 2020 ging ich dann mit meinem ersten offiziellen Human-Design-Business-Mentoring nach draußen. Für damals 888 Euro gab ich Menschen meine Erkenntnisse weiter und zeigte ihnen, wie sie ihre Energie im Business nutzen konnten. Schon vier Wochen später musste ich das Angebot stoppen, weil ich hoffnungslos ausgebucht war. Mein Human-Design-Business startete also genau so, wie es für eine Projektorin passend ist.

Durch Human Design und meine veränderte Energie schrieben sich im Jahr 2020 unglaublich viele neue Partner in mein Network-Team ein, die alle von allein zu mir gefunden haben. Ich erklomm drei Zielstufen innerhalb eines Jahres mit einer unfassbaren Leichtigkeit und mein Einkommen im Network stieg in den hohen vierstelligen Bereich an.

Gleichzeitig entstand wie von selbst mit Human Design ein weiteres Business. Im Dezember 2020 nahm ich die ersten Human-Design-Workshops auf, um mehr Menschen ihr Design näherzubringen, als ich das in Einzelsessions leisten konnte. Und obwohl es auf meinem Visionboard stand, konnte ich es lange nicht fassen, dass 2020 mein Einkommen von rund 25 000 Euro Jahresgehalt als Physiotherapeutin, auf über 100 000 Euro gewachsen war.

Während ich diese Zeilen schreibe, spüre ich die pure Dankbarkeit für die Erkenntnisse, die ich aus Human Design gewinnen durfte und die kraftvollen Entscheidungen, die ich daraufhin getroffen habe.

Mittlerweile habe ich eine eigene Human-Design-Ausbildung, mehrere Workshops, eine intensive 1:1 Begleitung für Unternehmer und ein Team mit neun Mitarbeitern am Start, die meine Arbeit unterstützen und ohne die das alles nicht möglich wäre. (DANKE!) Ich habe es geschafft, Millionärin zu werden, mir damit ein freies Leben zu ermöglichen und viele andere Menschen mit meiner Energie zu unterstützen.

Ist das alles möglich geworden, einfach, weil ich ein bisschen was über Human Design gelesen habe? Nein! Denn es gab eine Geschichte vor Human Design und ich wette, wenn ich nicht schon vorher unternehmerische Skills gehabt hätte, wäre dieses Wachstum so nicht möglich gewesen. Steve Jobs hat in einer seiner Reden davon gesprochen, die Punkte des Lebens miteinander zu verbinden und daraus etwas Erfolgreiches zu machen, bei dem man erst im Rückblick den Nutzen jedes einzelnen Schrittes versteht. Bei mir kommen meine Menschenkenntnis und das Gesundheitswissen aus meiner Zeit als Phyisotherapeutin/Osteopathin mit meinen Fähigkeiten, Menschen zu führen, zu coachen und unternehmerisch zu denken zusammen. Zu all dem ist 2020 Human Design gestoßen und ich habe sofort gespürt, es ist ein Schlüssel, um mein Leben auf das nächste Level zu heben.

Natürlich musst du nicht genau meine Fähigkeiten haben, um erfolgreich zu sein, sondern ganz im Gegenteil deine eigenen entwickeln und nutzen. Was dir aber bewusst sein darf, ist, dass Human Design der Schlüssel zu deiner Energie ist und wenn du es schaffst, diese Energie privat und im Beruf zu leben, dann geschieht pure Magie in deinem Leben.

Einer der wichtigsten Punkte ist dabei sicherlich, korrekte Entscheidungen zu treffen. Ich bin eine Milzautorität, das bedeutet, ich treffe spontane und intuitive Entscheidungen. Als ich mir das auch im Business erlaubt habe, war das Wachstum täglich zu sehen.

Sei dir bewusst, dass du eine unglaubliche Power entwickelst, wenn du deine Energie lebst, mutige Entscheidungen triffst, die niemand anderes treffen würde, und für dich einstehst, egal, was andere Menschen sagen oder denken. Human Design ist nicht dazu da, dir beizubringen, Everybody's Darling zu sein, es zeigt dir vielmehr, wie du kraftvoll deinen eigenen, authentischen Weg gehen kannst.

Das mache ich seit 2020 mehr als jemals zuvor und werde es auch in Zukunft tun. Denn das hier ist erst der Anfang. Die nächsten großen Entwicklungen und Transformationen werden folgen, und wenn du Lust hast, inspiriere ich dich auch in Zukunft gerne mit all dem, was ich mache, und nehme dich mit in meine Welt.

Folge mir dafür gerne auf Instagram unter @humandesign.mentoring oder hör in meinen neuen Podcast »Codes of Life« hinein.

Mit meiner Geschichte möchte ich dir Mut machen, deine einzigartige Energie zu leben und dein Traumleben zu erschaffen. Auf den folgenden Seiten gebe ich dir noch einige Tipps, wie du die Erkenntnisse, die du über deine Chart gewonnen hast, umsetzen kannst.

ERFOLGREICH UND GLÜCKLICH MIT HUMAN DESIGN

Wow, ich hoffe du bist an dieser Stelle angekommen und fühlst dich inspiriert und voller neuer Erkenntnisse über dich selbst und deine Mitmenschen. Vielleicht hast du meinen Rat vom Anfang befolgt und deine Chart neben dir liegen gehabt und Schritt für Schritt erkannt, wer du bist und wie du tickst.

Natürlich bleibt es bis hierhin eine mentale Erkenntnis, jetzt geht es daran, all das auch für dich auszuprobieren und in deinem Leben praktisch anzuwenden. Human Design kann dein Schlüssel für Erfolg und Glück sein, wenn du die Energie deiner Chart auch wirklich in dein Leben bringst.

Mein Leben hat Human Design um 180 Grad gedreht und mit jeder neuen Erkenntnis, die ich erst mental habe und dann tatsächlich umsetze, tut es das wieder und wieder. Ein spannender Veränderungsprozess hat begonnen, der mich beruflich unglaublich erfolgreich gemacht hat, meine Beziehungen transformierte und mich immer selbstbewusster und freier werden lässt.

Du hast in diesem Buch die Basis für das Verständnis deiner Human-Design-Energie vor dir. Das Human-Design-System reicht allerdings noch viel, viel tiefer – lass dir das von einer Einser-Linie im Profil gesagt sein. Du hast nun eine Grundlage, und es ist wichtig, diese zu integrieren und das Erfahrene umzusetzen, bevor du tiefer eintauchst. Ich weiß, dass es wirklich spannend ist, alles über die Tore, Kanäle, Planeten, Transite und Returns zu erfahren, und zu verstehen, was noch unter der Chartoberfläche abläuft. ABER Wissen ist wertlos, wenn du es nicht lebst und es damit zu Weisheit wird.

Du hast dieses Buch gekauft und auf dem Titel steht: »Erfolgreich und glücklich mit Human Design«. Das Lesen dieses Buches allein wird dich weder glücklich noch erfolgreich machen. Jetzt liegt es an dir, in die Umsetzung zu gehen und deine wundervolle Energie auch wirklich zu leben. Ohne diesen nächsten Schritt von dir war es, ehrlich gesagt, Zeitverschwendung, dass ich dieses Buch geschrieben habe und dass du es gelesen hast.

Um dir bei deinen nächsten Schritten zu helfen, habe ich dir einen Buch-Bonus-Umsetzungskurs erstellt. Du hast schon das ein oder andere Mal in diesem Buch davon gelesen. Nutze unbedingt diese Gelegenheit, um tiefer einzutauchen und dich intensiver mit deiner Chart auseinanderzusetzen. Ein exklusives Workbook hilft dir unter anderem dabei, deine Energie zu entdecken und über deinen eigenen Schreibprozess tiefer zu verankern. Mache deine Energie sichtbar, damit du dich immer wieder an deine eigene, magische Energie erinnerst und sie jeden Tag mehr verkörperst.

Hier geht's zum Buch-Bonus: **hd-buch.com/bonus**

In Human Design geht es um Individualität und nicht um Schubladendenken. Alles, was ich in diesem Buch geschrieben habe, ist auch ein wenig generalisiert. Wie du hoffentlich an den Beispielen gemerkt hast, ist nicht jeder Generator wie der andere und auch nicht jeder mit einem 6/2-Profil dem anderen ähnlich. Um eine differenzierte Aussage treffen zu können, ist es daher natürlich wichtig, alle Aspekte von dir anzuschauen und zu einem großen Bild zusammenzusetzen.

Betrachte die Informationen in diesem Buch wie ein Puzzle für Kinder: Es handelt sich dabei um große Puzzleteile, die sich leicht zusammensetzen lassen und daher gut verständlich sind. Human Design als Ganzes gleicht eher einem Puzzle mit unendlich vielen Teilen, die auch nicht mehr die typischen Puzzleverbindungen haben, sondern frei zu einem ganz einzigartigen Bild zusammengesetzt werden können. Das Bild einer Chart in dieser Ganzheit zu verstehen, braucht Zeit, Übung und sehr viel mehr Wissen. Um ehrlich zu sein, haben die meisten Human-Design-Coaches und -Reader nicht das ganz tiefe Wissen und auch ich bin immer noch dabei, zu lernen. Dein eigener Prozess, dein Human Design zu verstehen und zu leben, dauert rund sieben Jahre. Das ist der Zeitraum, in dem sich bei kontinuierlicher Arbeit an dir selbst sogar auf Zellebene etwas verändert und du anschließend ein komplett anderer Mensch bist.

Erlaube dir, in diesen Prozess einzusteigen, denn du hast durch mein Buch alle Informationen, die du brauchst, um diese Wandlung in dir selbst anzustoßen und die nächsten Monate und Jahre in deine Kraft zu kommen. Beginne, jede Entscheidung mit deiner Autorität zu treffen, die Schatten deiner Zentren in das strahlendste Licht zu holen, und deine Bedürfnisse wahrzunehmen und zu leben.

Bitte unterbrich das typische Muster dieser Welt, dass alle alles wissen wollen, aber keiner den Mut hat, es auch wirklich und radikal anzuwenden.

Wenn du als Vorbild und Leader für eine neue Welt vorangehen möchtest, darfst du lernen, kompromisslose Entscheidungen für dich und deine Energie zu treffen. Du darfst Veränderungsprozesse in dir anstoßen und ihnen erlauben, dich komplett auf den Kopf zu stellen. Und du darfst lernen, die Dinge konsequent umzusetzen.

Durch diesen Prozess wirst du automatisch eine tiefe Verbindung zu dir selbst aufbauen und dem Leben und seinem natürlichen Fluss Vertrauen schenken. Du wirst auch tiefe Verbindungen zu anderen aufbauen und starke, erfolgreiche Communitys erschaffen.

Wenn du dich im Innen veränderst, verändert sich die Welt.

Danke für deinen Mut, in diesen Prozess einzutauchen, und danke für dein Vertrauen mir gegenüber, dich dabei begleiten zu dürfen. Ich hoffe, du hast erkannt, wie einzigartig, wundervoll und liebenswert du bist. Deine Energie wird gebraucht in dieser Welt, und zwar genau so, wie du gemeint warst und nicht so, wie die alten Strukturen dich haben wollen. Erlaube dir, heller zu strahlen, klarer zu kommunizieren, inspirierter zu handeln und stärker zu lieben.

Danke, dass es dich gibt.

128 Seiten, broschiert, zweifarbig,
ISBN 978-3-95803-392-4

128 Seiten, broschiert, zweifarbig,
ISBN 978-3-95803-377-1

112 Seiten, broschiert, zweifarbig,
ISBN 978-3-95803-031-2

112 Seiten, broschiert, zweifarbig,
ISBN 978-3-95803-007-7

»Achtsamkeit ist ein Zustand, der uns ermöglicht, präsent im Hier und Jetzt zu leben. Sie ist nicht so sehr eine Methode, sondern eher eine innere Haltung, die wir Schritt für Schritt entwickeln können. Als einer der effektivsten Wege gegen Stress, Angst und eine Vielzahl von körperlichen und psychischen Beschwerden ist sie schon über 2500 Jahre alt.«

Heike Mayer, Achtsamkeitslehrerin und Kursleiterin für MBSR (Mindfulness-Based Stress Reduction)

Wichtiger Hinweis

Die Informationen und Ratschlage in diesem Buch wurden mit größter Sorgfalt von Autorin und Verlag erarbeitet und geprüft. Alle Leserinnen und Leser sind jedoch aufgefordert, selbst zu entscheiden, ob und inwieweit sie die Anregungen in diesem Buch umsetzen wollen. Eine Haftung der Autorin bzw. des Verlags für Personen-, Sach- oder Vermögensschaden ist ausgeschlossen.

Die beschriebenen Fallbeispiele sind repräsentativ und wurden aus Respekt vor der Persönlichkeit verfremdet.

Liebe Leserin, lieber Leser, ich habe die Begriffe in diesem Buch nicht konsequent gegendert, weil das im Human Design eher unüblich ist und auch den Lesefluss sehr stört. Wenn ich also im allgemeinen Teil vom Manifestor, Generator, Manifestierendem Generator, Projektor und Reflektor spreche, ist natürlich immer auch die weibliche Person gemeint!

FSC
www.fsc.org
MIX
Papier | Fördert gute Waldnutzung
FSC® C014889

Der Umwelt zuliebe
- produzieren wir zu über 90 % in Deutschland
- achten wir auf kurze Transportwege
- drucken wir auf Papier aus verantwortungsvollen Quellen

5. Auflage 2024

Umschlaggestaltung: Hauptmann & Kompanie Werbeagentur, Zürich, nach einer Vorlage von Julia Schiefer
Layout und Satz: Margarita Maiseyeva, Donaueschingen
Druck und Bindung: Pustet, Regensburg
ISBN 978-3-95803-463-1

www.scorpio-verlag.de